经济、金融复杂系统的非线性分析方法

马军海/著

科学出版社
北京

内 容 简 介

本书基于本团队近十几年来的研究工作，并参考国内外学者的最新研究成果，以经济、金融复杂系统中各种复杂现象为主要研究对象，较为系统地介绍了经济、金融复杂系统分析方法。本书所介绍的非线性系统的定量分析方法，是探索演化复杂系统分岔和混沌现象的理论基础，也是洞悉非线性系统内在复杂性变化的理论基础，有望为从事该领域以及相关领域的学者提供有益参考。

本书既适用于相关专业的本科生、硕士和博士研究生作为教材和参考书目使用，也适合从事工程、社会系统复杂性、经济、金融等领域的研究工作者使用，是一本很好的掌握复杂系统知识和了解复杂系统研究进展的前沿读物。

图书在版编目(CIP)数据

经济、金融复杂系统的非线性分析方法/马军海著. —北京：科学出版社，2021.6

ISBN 978-7-03-068268-0

Ⅰ. ①经… Ⅱ. ①马… Ⅲ. ①经济分析-非线性-分析方法 ②金融-非线性-分析方法 Ⅳ. ①F224.12 ②F83

中国版本图书馆 CIP 数据核字（2021）第 040462 号

责任编辑：王丹妮／责任校对：贾娜娜
责任印制：张 伟／封面设计：无极书装

科学出版社出版
北京东黄城根北街 16 号
邮政编码：100717
http://www.sciencep.com
北京盛通商印快线网络科技有限公司 印刷
科学出版社发行 各地新华书店经销
*
2021 年 6 月第 一 版 开本：720 × 1000 1/16
2021 年11月第二次印刷 印张：14
字数：280 000

定价：138.00 元

（如有印装质量问题，我社负责调换）

前　　言

伴随着社会的不断进步和科技的飞速发展，现实的经济、金融系统也逐渐变得越来越复杂，由于系统内外在多要素的耦合以及突发随机扰动的不断发生，经济和金融系统的内在结构也变得多元化、复杂化。传统的研究方法已不再完全适用于分析和探明这类现实的经济、金融复杂系统的内在规律，而复杂非线性系统分析方法的优势则日益凸显出来。

南宋大诗人朱熹在《观书有感》中有诗云："半亩方塘一鉴开，天光云影共徘徊。问渠那得清如许？为有源头活水来。" 只有不断地寻找和探索 "质变" 意义上研究方法与研究切入点，才有可能为彻底探明这类系统的内在复杂特征打开 "胜利之门"。这是研究工作从 "必然王国" 通向 "自由王国" 的必由之路。

近十几年来，本研究团队将复杂系统的理论、方法与现实的经济、金融系统相结合，一直活跃于探索这类复杂系统的理论研究和实践应用领域的舞台，通过探究参数演化、多参数耦合与复杂性演化之间的关联，可为政府和相关部门政策的制定、干预时机与时点的选择提供借鉴。本书有望为从事经济、金融系统的工作者提供新的研究和分析视角，同时也希望能为学者在研究工作中发现新的动力学特征和新现象助力，进一步丰富和发展非线性动力学的理论与方法体系，从而推动非线性动力学理论的学科交叉及研究进程。

本书共分 10 章，主要结构内容如下。

第 1 章主要介绍国内外非线性动力系统的研究背景以及研究现状。

第 2 章主要介绍混沌 (Chaos) 的相关概念和理论基础。

第 3 章主要介绍非线性系统李雅普诺夫 (Lyapunov) 指数的计算方法。

第 4 章主要介绍复杂系统的稳定性判定理论及其应用。

第 5 章主要介绍复杂系统分岔的基本理论，主要包括分岔理论和系统降维理论。

第 6 章主要介绍 Melnikov 方法及其应用。

第 7 章主要介绍经济、金融复杂系统中的离散分析方法及其应用。

第 8 章主要介绍时滞复杂系统理论基础及其应用。

第 9 章主要介绍混沌理论在缓解牛鞭效应方面的应用。

第 10 章主要介绍分数阶微积分在管理、经济系统中的应用。

由于作者水平有限，书中难免存在不足之处，敬请广大读者批评指正。

作　者

2020 年 10 月 1 日

目　　录

第 1 章 绪　　论

1.1　研究的背景和意义

作为较经典的分析方法，线性系统分析方法由于理论本身的局限性和分析手段所限，其分析过程往往只对现实复杂系统进行相应的简化；或是人为地略去系统中的非线性因素来对现实的复杂系统进行线性化处理；抑或是建立分段的线性逼近方程来描述现实的管理、经济、金融和工程这一复杂系统本身。这一方法在一定时期内发挥了较重要的作用，解决了一些关乎国计民生的行业实际问题，其理论体系也逐步得到完善。由于社会的发展，伴随着科技的不断进步，原来的线性系统分析方法在实际应用过程中受到了很大的挑战，已不再完全适用于描述现实的各种实际复杂系统。

但就其普遍规律来看，由于各种量之间复杂的相互作用，其数学模型实际上都呈现出非线性性质，虽然这种简化使得分析易于处理，但同时也忽略了大量信息，使得线性分析不够准确，尤其随着时间的演化，分析结果可能和实际情况大相径庭。任何现实存在的结构体系在时间和空间上都是有限的，而线性模型在时间上或空间上是无限的，所以线性模型只能是非线性模型的局部近似。

很早以前，经济学家在研究经济系统时就发现了现实问题中的某些经济、金融系统是非线性的，但由于受限于计算技术、复杂系统分析方法以及非线性模型在求解上的困难，所以非线性经济系统的分析方法多年来一直未有理论和分析方法上的较大突破。最近几十年，由于科学技术的日益进步，特别是计算机科学的飞速发展，自然科学在许多领域掀起了向非线性方向推进的热潮，揭示了诸如湍流、孤子、吸引子、吸引盆、混沌等新的现象及其发生机理，特别是对于混沌以及通向混沌道路出现的揭示和发现，被誉为是继相对论和量子力学之后的第三次物理学的大革命。

随着非线性分析方法和计算机技术的快速发展，经济学家和经济研究工作者可以采用诸多工具与方法来对非线性经济现象进行多角度、多层次的深入研究，这种非线性经济的分析方法为观察和研究经济现象、经济系统的复杂性打开了一扇新的窗户。

众所周知，传统线性经济系统具有叠加性系统、非线性经济系统的分析方法，打破了传统的线性系统的可叠加性的基本原理，为经济系统的分析提供了新的理论和方法，如具有多重均衡、分岔现象、蝴蝶效应、途径依赖和内在的随机性等。非线性系统在特定参数下表现出的混沌特性受到众多学者的关注，混沌理论与数理经济学相结合，非线性动力学开始活跃于经济分析的舞台，这是打破线性分析范式的重要尝试。非线性分析经常会得出与均衡分析结果迥异的但有意义的结论，从理论方法上推动了经济学的发展，涌现出了大量的新的研究成果，同时诞生了一个新的具有生命力的学科——非线性经济学 (或者称为混沌经济学)。

非线性动力系统是非线性经济学的重要组成部分，它研究经济变量随时间演变的极限行为。经过庞加莱 (Poincaré)、李雅普诺夫等的奠基和发展，动力系统已成为现代数学的重要分支之一，非线性动力系统理论为研究经济、金融系统的复杂动态行为提供了有力的工具。

混沌是非线性动力系统普遍存在的一种运动形式，是非线性动力系统的固有特性，同时是非线性科学研究的重要内容之一，混沌研究对非线性动力学的发展有着全局性、本质性的影响。

混沌是当今举世瞩目的前沿课题及学术热点，它揭示了自然界及人类社会中普遍存在的复杂性，有序与无序的统一，确定性与随机性的统一，大大拓广了人们的视野，加深了人们对客观世界的认识。它在自然科学及社会科学等领域中，覆盖面之大、跨学科之广、综合性之强、发展前景及影响之深远都是空前的。著名物理学家约瑟夫 • 福特 (Joseph Ford) 认为混沌是 20 世纪物理学中继量子力学和相对论之后的第三次革命，他说："相对论消除了关于绝对空间与时间的幻想，量子力学消除了关于可控测量过程的牛顿式的梦，而混沌则彻底消除了拉普拉斯关于决定论是可预测性的幻想。" 混沌理论作为一门交叉学科，目前已被广泛应用于管理科学与工程、经济学、心理学、物理、机械、信息技术、地质学、天文学、生物、化学，乃至美术、音乐等领域。

确定性的非线性系统也会产生混沌。其特殊性主要表现在两个方面：一是非线性系统本身的确定性，二是所产生现象具有随机性。其现象所展现出来的是具有自相似结构的奇怪吸引子，不同的非线性系统可能表现出结构不相同的奇怪吸引子，但又表现为有限结构。

经济全球化和互联网的普及加快了全球经济发展进程，经济系统越来越呈现出开放和变幻多样的特点，全球经济运行的影响因素及相互关系的复杂性极大增加。传统的经济学理论已无法准确描述。在解决复杂多样的经济问题上，非线性经济学 (混沌经济学) 逐渐显现出独特优势，并取得较大进展，因而成为当代经济学的前沿课题。其根源在于不可积性普遍存在于宏观经济系统中，不可积性导致系统发生混沌现象，混沌的出现使人们意识到即使完全确定的非线性系统，也可能存在运动和演化过程中固有的随机性，从而突破了新古典经济学的理论基础。

非线性科学的发展，混沌现象的产生，拓宽了其在自然科学中的应用，并渗透到社会科学、人文科学等领域，其中寡头垄断市场的动态博弈行为是混沌理论的一个经典研究对象。寡头垄断市场是普遍存在的一种市场结构，一方面关系到国家安全的保护性行业，如电力、能源等成为国有寡头市场；另一方面在完全竞争行业中，随着竞争的加剧，以及行业内的淘汰和并购，最终也形成寡头垄断市场，如碳酸饮料、IT 和电子商务等领域。

随着中国经济开放程度的提高，在未来全球经济市场中，中国企业面临的国际竞争将不可避免，如何在激烈的竞争中保持竞争优势，做出科学管理决策，是摆在政府及各寡头企业决策者面前不可避免的难题。将博弈理论和分岔与混沌理论相结合，分析和研究经济系统中各部门之间的博弈过程与动力学特征，在一定程度上具有前瞻性和适用性。通过对实际市场的分析，构造相应的博弈模型，在一定程度上对市场具有模拟功能，通过模型推导以及数值仿真，博弈结果比较客观地反映了各寡头企业之间的博弈过程，这对政府修订市场政策及各寡头决策者制定本企业发展策略具有重要的现实意义。

1.2　非线性动力系统概述

系统是指一些客体彼此间相互联系、相互作用的集合。客体主要是指自然科学中的物质、社会事务和组织等。系统的特性用状态变量表示，当状态变量随着时间的改变而改变，即系统是非平衡态时，称此类系统为动力系统。

早期学者对于动力系统的研究主要局限在具有线性形式的动力学方程，其易解且具有简单特性和服从叠加原理。科学家可以叠加简单问题的解得到原来复杂问题的解，一些分析工具在许多学科中会得到应用，如傅里叶变换 (Fourier transform)。但对于远离平衡态运作的系统，叠加原理通常不再适用，这时非线性 (nonlinearity) 就不可避免。但实际中，客体多是以非线性系统存在的。非线性动力系统中状态变量随时间变化的定量表达形式有两种：连续的数学方程或离散的数学方程，统称为非线性动力学方程。

用系统的思想研究解决人类社会实践问题，可以追溯到远古时代。但是将系统作为一个重要的科学概念予以研究与发展，则是 20 世纪末的事情。20 世纪 90 年代初期，我国以钱学森为首的科学家提出了开放的复杂巨系统理论。本质内容是：从系统学角度考虑，所有自然界和社会中的复杂事物与现象，都可以应用复杂的巨系统来表达。传统的系统复杂性理论是研究复杂系统如何在一定的规则下产生有组织的行为以及系统进化所涌现出来的行为，美国圣塔菲研究所 (Santa Fe Institute，SFI) 的霍兰 (Holland) 等逐渐拓宽了复杂系统的研究内容，认为复杂性位于混沌的边缘，并逐步把研究内容转到经济系统。

现代经济理论中绝大部分理论是用线性微分、差分方程表示的，并且是具有线性可加性的线性系统。从某种意义上说，线性范式是现代经济理论的特点。但是，随着系统科学、混沌理论的迅速发展，学者逐渐意识到经济分析的线性范式存在严重问题。线性分析范式有可能是造成现代经济分析和预测在重要情况下普遍失效的本质原因。把作为复杂非线性系统的经济系统当作简单的线性系统，并进行线性范式经济分析，必然存在严重的偏差，这样的分析方法当然是无效的。

非线性科学、系统科学的发展严重动摇了当今主流经济学科的理论基础，挑战了经济学的发展。非线性科学体系的主要研究对象一般具有开放性、能动性，而绝大多数客观事物便具有这些复杂特性，非线性是导致这种复杂性的本质原因，随机决定论特别地从理论上更深刻、更辩证地反映了客观事物的本质。

1.3 国内外研究现状

混沌理论的发展最初是由法国数学家和物理学家庞加莱所创立的微分方程理论及其对解的性态和稳定性研究发展起来的。之后的许多学者对其进行了深入研究和扩展。1903 年，庞加莱在研究三体问题时发现了混沌，成为世界上了解混沌存在可能性的第一位学者。1954 年，苏联数学家科尔莫哥洛夫 (Kolmogorov) 在探索概率起源过程中发现了哈密顿 (Hamilton) 函数中微小变化时条件周期的保持性。1963 年，他的学生阿诺德 (Arnold) 对此做了严格的数学证明。同时，瑞士数学家莫泽 (Moser) 对此给出了一个改进的证明。以这三位数学家名字的首位字母命名的 KAM 定理是人们用微扰方法处理不可积系统所取得的最成功的结果，具有极为重要的理论价值。1963 年，美国气象学家洛伦兹在研究大气时发现了确定性的非周期流，一个确定性系统在某些条件可出现非周期的无规则行为，即轨道对初始条件的敏感依赖性，也就是著名的“蝴蝶效应”。这之后，Ruelle 等对这类运动的特性进行的研究也得到了类似的随机结果，混沌运动开始被广泛关注和研究。1975 年，美籍华裔数学家李天岩 (Tianyan-Li) 和美国数学家约克 (Yorke) 在研究一维连续映射导出的离散动力系统时，得到了一个著名的结果：“周期 3 意味着混沌”。并且首次将混沌的概念引入科学界 (Li and Yorke, 1975)。此后 “混沌” 作为一个新的科学名词正式出现在科学文献中，随着对不同问题研究的需要，出现了几个不同的混沌定义。但无论哪种定义，对初始条件的敏感依赖性被认为是混沌最重要的本质特征，从长期意义上讲，系统的未来行为是不可预测的。进入 20 世纪 80 年代后，混沌理论产生了巨大的进步，倍周期分岔和普适常数理论等被发现，混沌理论的应用范围越来越广泛。

许多学者为混沌理论的创立做了开拓性的工作，包括庞加莱、洛伦兹、费根鲍姆 (Feigenbaum)、Yorke、李天岩、斯美尔 (Smale) 和曼德勃罗 (Mandelbrot) 等。混沌是非线性动态系统所特有的一种运动形式，它是在确定性系统中出现的一种貌似不规则的、内在的随机运动，是既普遍存在又极其复杂的现象。混沌运动模糊了确定性运动和随机运动的界限，它具有不可重复性，局部不稳定而整体稳定。对混沌的研究大大丰富了我们对事物演变的认识，不仅使我们对一些非线性系统的复杂行为有了正确的认识，也使许多长期以来无法解决的复杂现象的研究找到了新的希望。根本原因在于，无论机械工程、电子通信，还是生命科学、经济社会等系统都表现出复杂的非线性特征，利用传统的线性模型和研究方法，常常会出现无法接受的分析和计算误差，甚至系统中微弱的非线性也可能导致现行计算方法的本质错误。近年来，在大量的微观和宏观经济系统中发现了混沌现象，研究经济、金融系统中的混沌行为机制，并对其进行控制成为学者研究的热点。

1.3.1 混沌理论在经济学中的研究现状

在国内外学者对经济现象，包括微观 (如寡头垄断模型) 和宏观模型 (如经济周期模型) 的分析过程中，越来越多地发现了非线性微分方程和非线性差分方程描述的动力系统所表现出的一定参数范围内的混沌特征，进而对其进行研究。

近年来，随着研究的深入，混沌理论在经济中的应用越来越受到学者的重视，并取得了良好的效果。李红权和邹琳 (2007) 针对我国金融市场特点，引入小数据量算法等对时间数据进行处理、计算，并分析了该混沌系统，得到了我国金融证券市场的混沌动力学结构。徐峰等 (2007) 在原有双寡头有限理性博弈模型中引入延迟决策，并对其进行研究，分析得到了其对广告系统的影响，并研究了该系统的动力学特性；Dubiel-Teleseynski(2011) 研究了不同理性调价下双寡头重复博弈模型，进而利用动力学原理解释了规模不经济情况；在存在延迟决策的条件下，马军海 (2005) 研究了一类寡头博弈模型博弈过程和结果的变化。针对该结果，吉伟卓和马军海 (2007)、牟玲玲等 (2010) 分别将其引入电力市场和非均衡房地产市场，并得到了相应的动力学结果；Dragone 等 (2012) 通过在原有的寡头垄断模型中加入外部环境效应，对污染治理进行了系统动力学分析。目前，混沌理论的研究已经深入展开，并逐步应用到各经济领域，其重要性越来越得到学者的肯定。

1.3.2 混沌理论在博弈论中的研究现状

在研究博弈，尤其是寡头博弈的过程中，国内外学者越来越多地注意到在寡头博弈模型中出现的复杂动力学行为，因此将混沌理论应用于博弈过程，尤其是寡头博弈过程，是近些年的研究热点。通过对经典古诺 (Cournot) 模型和伯川德 (Bertrand) 模型的改进，引入有限理性、不完全信息等因素，使得模型更加贴近现实经济发展博弈过程，从而发现了由于产量、价格等变化决策的改变而引起的在重复博弈过程中的系统分岔及通向混沌的现象。

典型的寡头博弈过程中的混沌现象，是在 Puu 和 Sushko(2004) 研究三寡头产量博弈过程中发现的，首先发现了在传统古诺模型中出现了混沌吸引子，进而诸多学者引入了有限理性预期和非线性成本等因素进行改进，Agiza 等 (2001) 改进了 Bischi 等 (2000) 的有限理性模型，研究了在非线性成本函数和有限理性的条件下的双寡头博弈模型。Yassen(2008) 在传统产量博弈模型的基础上，加入了时滞因素，分析发现，系统出现了分岔、混沌等复杂动力学现象。卢亚丽 (2012) 在有限理性的双寡头古诺重复博弈模型中加入了产量调整速度因素，进而研究了其变化程度对产量和利润的影响，并分析了其复杂的动力学现象。彭靖 (2010) 在价格博弈模型的基础上加入了延迟决策，通过三寡头价格重复博弈来讨论空调行业价格博弈过程中的分岔、混沌等复杂动力学行为。

第 2 章　非线性系统中的混沌理论

非线性动力学研究非线性力学系统中各种运动状态的定量和定性规律，尤其是运动模式和演化行为。目前，非线性动力学已从经典的以摄动法和渐近分析的方法为基础的弱非线性、弱耦合系统的研究阶段，进入近代的更深入地研究系统的复杂行为的阶段。对有限维系统来说，研究的中心问题是分岔和混沌。

分岔是指非线性系统的定性行为随着参数变化而发生质变的现象。分岔研究不仅能揭示系统不同状态之间的联系和转化，而且是研究失稳和混沌产生的机理与条件的重要途径之一。

2.1　混沌理论的产生、发展和定义

非线性混沌理论是 20 世纪提出的最重要的科学概念之一，它的基本思想起源于 20 世纪初，形成于 20 世纪 60 年代后，发展壮大于 20 世纪 80 年代。这一理论揭示了有序与无序的统一、确定性与随机性的统一、简单性与复杂性的统一、稳定性与不稳定性的统一、完全性与不完全性的统一、自相似性与非相似性的统一，并成为正确的宇宙观和自然哲学的里程碑。

确定性非线性动力学系统中对初值极为敏感的、貌似随机的运动称为混沌。它不同于无序、紊乱或噪声，它具有某种自相似结构。它起源于非线性相互作用，因而普遍地存在着。混沌理论被认为是继相对论、量子力学之后，在科学领域中人类认识世界和改造世界的最富有创造性的第三次大革命。对混沌的认识使人们对非线性动力学系统的长期演化行为的研究进入一个前所未知的世界，把经典力学体系的动力学推进一个新的阶段，并极大地丰富了确定性、随机性和统计规律性及其相互关系的研究内容。这说明混沌是一种关于过程的科学而不是关于状态的科学，是关于演化的科学而不是关于存在的科学。

混沌研究的先驱是法国科学家庞加莱。1903 年，庞加莱在《科学与方法》一书中提出了“庞加莱猜想”。他把动力学系统和拓扑学有机地结合起来，并提出在一定范围内三体问题的解是随机的的论断，实际上，这是一种保守系统中的混沌。他的思想和方法对后来的研究有着深远的影响。

1954 年，苏联科学家 Kolmogorov 发表了后来被认为是 KAM 定理雏形的论文《哈密顿函数中微小变化时条件周期运动的保持》。几乎同时，瑞士数学家莫泽对这一结论给出了更进一步的完整的数学证明。这种思想为探讨保守系统是否

存在混沌以及如何发现混沌指明了方向，也为确认并探明耗散系统以及保守系统是否存在混沌找到了行之有效的理论上和实际应用上的方法。KAM 定理为揭示 Hamilton 系统中 KAM 环面的破坏以及混沌运动奠定了基础。

1963 年，美国数学家、麻省理工学院教授、混沌学开创人之一洛伦兹在研究大气在温度梯度作用下的自然对流系统时，提出了一种极其简化的天气预报模型，这就是著名的洛伦兹方程。洛伦兹在他的天气模型中看到了比随机性更多的东西——一种细致的几何结构，发现了天气演变对初值的敏感依赖性。研究表明，洛伦兹方程在某种状态下是一种耗散系统，但这种耗散系统的解的性质却极其复杂，在某些情况下也可能产生混沌现象。这是混沌解的第一个例子。

1964 年，法国天文学家海伦 (Henon) 从研究球状星团中得到启发，给出了著名的海伦映射，发现其系统运动轨道在相空间中分布似乎越来越令人捉摸不定。海伦用它建立的“热引力崩塌”理论，解释了几个世纪以来一直遗留的关于太阳系的稳定性问题。

1964 年，乌克兰数学家沙可夫斯基 (Sharkovsky) 给出了关于连续单峰映射是否出现某一周期解的一般性定理。

1971 年，法国的吕埃勒 (Ruelle) 和荷兰的塔肯斯 (Takens) 共同创造了“奇怪吸引子 (strange attractor)”这个术语，他们形容混沌奇怪吸引子为“一簇曲线，一团斑点，有时展现为光彩夺目的星云或烟雾，有时展现为非常可怕和令人生厌的花丛，数不清的形式有待探讨，有待发现”。他们描述了这种奇怪吸引子的几何特征，发现了一条由奇怪吸引子通向混沌的道路，这一研究工作作为该领域开拓性的研究成果，为后来的研究工作奠定了坚实的工作基础，并对后来关于 Smale 马蹄吸引子的研究起到一定的推动作用。

Smale 马蹄吸引子是在洛伦兹之后，美国数学家 Smale 发现的一种被称作“马蹄”的结构，在以后的岁月里成为混沌经久不衰的形象。Smale 的马蹄结构，可比喻为在一团橡皮泥上任意取两点，然后把橡皮泥拉长，再折叠回来，不断地拉长、折叠，使之错综复杂地自我嵌套起来。这样原来确定的两点最终离得很近，但又是从相距任意远处开始运动的。接着 Smale 又提出了马蹄变换，为 20 世纪 70 年代混沌理论的研究做好了重要的数学理论准备。

1972 年 12 月 29 日，洛伦兹在美国科学发展学会第 139 次会议上发表了题为《蝴蝶效应》的论文，提出一个貌似荒谬的论断：在巴西一只蝴蝶翅膀的拍打能在美国得克萨斯州产生一个龙卷风，并由此提出了天气的不可准确预报性。时至今日，这一论断仍为人津津乐道，更重要的是，它激发了人们对混沌学的浓厚兴趣。

1975 年，著名学者李天岩和 Yorke 发表的论文《周期 3 意味着混沌》震惊了整个学术界，它找到了由周期状态通向混沌状态的条件和道路。这就是数学界著名的 Li-Yorke 定理，其被认为是对混沌的第一次正式表述，“Chaos”一词也从此被正式使用。

1976 年，著名生态学家梅 (May) 以单峰映射为对象，重点研究了逻辑斯谛 (logistic) 方程，全面系统地分析了这一方程的复杂动力学内在本质特征，系统研究了方程所对应的复杂系统进入分岔、混沌区域的道路及其精细结构，绘制了轮廓图，提出了树枝分岔、切分岔、不动点、谐波、鞍点 (saddle point) 等混沌学新词汇。

1977 年，第一次国际混沌会议在意大利召开，标志着混沌科学的诞生。

1978 年，费根鲍姆在梅的研究工作基础上独立地发现了复杂系统在倍周期分岔中分岔间距的几何收敛率的内在规律，并发现收敛率 (即其每次缩小的倍数) 为一个常数 $4.6692\cdots$，通常称为费根鲍姆常数。费根鲍姆发现的是一条普遍适用于一切从有序转变到混沌的动力系统在转变点上的自然规律。这种普适性不仅是结构的，而且是测度的。这一发现的意义在于，动力系统中存在标度变换。事物整体具有与其部分相似的结构，说明在完全确定的系统中不需要引入任何干扰，就可能出现不规则的随机运动，这是一种内在特性。费根鲍姆关于普适性的发现，把混沌学研究从定性分析推进到定量计算阶段，指引人们走上混沌科学的大道，推动了非线性科学的发展，成为混沌学研究的一个重要里程碑。

20 世纪 80 年代以来，混沌研究进入了一个新的时期。

1980 年，法国数学家芒德布罗 (Mandelbrot) 用计算机绘出了世界上第一张芒德布罗集的混沌图像。

1980 年，意大利的弗兰切斯基尼 (Franceschini) 用计算机研究流体从平流过渡到湍流时，发现倍周期化现象，验证了费根鲍姆常数。

1981 年，Takens 和 Packard 等在 Whitney 的拓扑嵌入定理上，提出重构动力学轨迹相空间的延迟坐标法，从而为时间序列分析提供了一条新的思路。

1981 年，Takens 提出了判定奇怪吸引子的实验方法，而 Holmes 和 Marsden(1982) 转述并发展的 Melnikov 理论分析方法可用于判别二维系统中稳定流形和不稳定流形是否横截相交，也即判断是否可能出现混沌。

1983 年，Grassberger 和 Procaccia 提出了一种计算实验系统的奇怪吸引子分形维数方法，简称为 G-P 算法，开创了各学科领域计算时间序列分形维数的热潮。

1984 年，中国著名科学家郝柏林院士编辑的《混沌》一书在新加坡出版，对混沌科学的发展起到了一定的推动作用。

1985 年，Wolf 等提出了计算时间序列李雅普诺夫谱的数值算法，其已成为判断一个时间序列是否为混沌时间序列的最基本算法。

1987 年，Lapdes 和 Farber 首先提出了混沌时间序列的神经网络预测技术，开始了混沌时间序列的神经网络建模与预测的研究热潮。

1987 年，Farmer 和 Sidorowich 提出了预测混沌时间序列的局域预测法，从而开创了混沌时间序列预测的研究热潮。

1990 年，美国海军实验室的 Pecora 和 Carroll 在电子线路上实现了混沌同步，引发了混沌通信研究的热潮。

1990 年，美国马里兰大学物理学家 Ott、Grelogi 和 Yorke 提出了控制混沌的参数微扰方法，被后来的混沌控制学者简称为 OGY 法。

1992 年以后，由郝柏林院士任主编、郑伟谋和吴智仁任副主编的非线性科学系列丛书的出版，大大推进了我国混沌科学的理论和应用研究的发展。

在混沌理论的发展中，各种混沌现象不断被发现，各种分析方法和判据也相继被提出。混沌理论在许多领域获得了广泛的应用。

混沌研究的重要特点就是跨越了学科界限。混沌现象是丝毫不带随机因素的固定规则所产生的，研究动态系统的混沌机制在今天有更大的现实意义：它说明精确的预测从原则上讲是能够实现的，加上计算机的快速跟踪，就能够深入探讨各种强非线性系统的特征，开创了模型化的新途径。

如今，混沌已成为各学科关注的一个学术热点 (Behnia et al., 2013a, 2013b)。确定性系统的混沌使人们看到了普遍存在于自然界而人们多年来却忽视的一种运动形式。混沌无所不在，它存在于大气中、海洋湍流中、野生动植物种群数的涨落中、风中飘拂的旗帜中、心脏的振动中、人们手中香烟的袅袅烟纹中、自来水龙头的水滴中等。世界是混沌的，混沌遍布世界。目前，许多科学家都在利用非线性动力学的方法来研究混沌运动，探索复杂现象的无序中的有序和有序中的无序，这就是新兴的混沌学的任务 (王洪礼等, 2002)。

20 世纪 90 年代，非线性动力学中分岔和混沌理论的建立，使非线性科学有了可靠的理论保证，并激励着众多的自然科学、工程学和数学工作者的深入探索和研究。而混沌的应用研究比理论研究更为引人注目，很难再有另外一门学科能在这么短的时间内渗透到如此之多的学科中并产生重要的影响。

正如模糊论填补了精确论和概率论之间的空白一样，混沌论在确定论和随机论之间架起一座桥梁。但混沌的意义远不止这些。混沌有无序的一面，但在某些情况下它反而是组织结构高度有序的表现，是系统进化和产生信息之源。这些都将对人们的科学观和方法论产生重大影响，并激励人们去研究和探索。混沌理论在解决各种问题上的威力已初见端倪，为人们认识世界、改造世界提供了有力的武器。今天，伴随计算机等技术的飞速进步，混沌学已发展成为一门影响深远、发展迅速的前沿科学 (陈予恕等, 1992; 韩茂安和顾圣士, 2001)。

混沌不是偶然的、个别的事件，而是普遍存在于宇宙间各种各样的宏观及微观系统的，万事万物，莫不混沌。混沌也不是独立存在的科学，它与其他各门科学互相促进、互相依靠，由此派生出许多交叉学科，如混沌气象学、混沌经济学、混沌数学等。混沌学不仅极具研究价值，而且有现实应用价值，能直接或间接地创造财富。混沌学的前途不可限量。

虽然混沌现象已引起学术界的极大兴趣，但迄今为止，“混沌”一词还没有一个公认的普遍适用的数学定义。有的学者认为，在不严格的意义上，如果一个系统同时具有对初值的敏感依赖性以及出现非周期运动，就可认为系统是混沌的。但更多的学者认为，给出混沌的精确定义是相当困难的事情。这是因为，首先，不使用大量的技术术语就不可能定义混沌；其次，不同研究领域的人使用的混沌定义应有所不同，如正拓扑熵、正李雅普诺夫指数以及存在奇怪吸引子等。突变论的创始人 Tome 更是认为，“混沌”一词不可能有严格的数学定义。从事不同领域研究的学者都是基于各自对混沌的理解进行研究并谋求各自的应用。

“混沌”一词最先由李天岩和 Yorke 提出。1975 年，他们在《美国数学月刊》上发表了论文《周期 3 意味着混沌》，并给出了混沌的一种数学定义，现称为 Li-Yorke 定义或 Li-Yorke 定理。其具体表述如下。

考虑一个把区间 $[a,b]$ 映为自身的、连续的、单参数映射：

$$F:[a,b]\times R\to[a,b],\quad (x,\lambda)\to F(x,\lambda),\quad x\in\mathbb{R}$$

也可写成点映射的形式：

$$x_{n+1}=F(x_n,\lambda),\quad x_n\in[a,b]$$

连续映射或点映射 $F:[a,b]\times R\to[a,b],(x,\lambda)\to F(x,\lambda),x\in\mathbb{R}$, 称为混沌的，如果：

(1) 存在一切周期的周期点；

(2) 存在不可数子集 $S\subset[a,b]$，S 不含周期点，使得

$$\lim_{n\to\infty}\inf\left|F^n(x,\lambda)-F^n(y,\lambda)\right|=0,\quad x,y\in S,\quad x\neq y$$
$$\lim_{n\to\infty}\sup\left|F^n(x,\lambda)-F^n(y,\lambda)\right|>0,\quad x,y\in S,\quad x\neq y$$
$$\lim_{n\to\infty}\sup\left|F^n(x,\lambda)-F^n(p,\lambda)\right|>0,\quad x\in S,\quad p\ \text{为周期点}$$

此定义中前两个极限说明子集的点 $x\in S$ 相当集中而又相当分散；第三个极限说明子集不会趋近于任意点。与此同时，Li-Yorke 定理给出了 Logistic 映射：

$$x_{n+1}=\lambda x_n(1-x_n),\quad x_n\in[0,1],\quad \lambda\in[0,4]$$

在 $\lambda^*=3.57$ 时出现混沌的例子。

这一定理本身只预言有非周期轨道存在，并不管这些非周期点的集合是否具有非零测度，也不管哪个周期是稳定的。因此 Li-Yorke 定义的缺陷在于集合 S 的勒贝格测度有可能为零，此时混沌是不可预测的。我们感兴趣的是可观测的情形，此时 S 有一个正测度。

根据 Li-Yorke 定义，一个混沌系统应具有三种性质:

(1) 存在所有阶的周期轨道;

(2) 存在一个不可数集合，此集合只含有混沌轨道，且任意两个轨道既不趋向远离也不趋向接近，而是两种状态交替出现，同时任一轨道不趋向于任一周期轨道;

(3) 混沌轨道具有高度的不稳定性。

可见，周期轨道与混沌运动有密切关系。

Devaney(2003) 曾给出了一种人们常用的混沌定义。该定义把混沌归结为三个特征：不可预测性、不可分解性、具有规律性行为。Devaney 的定义具体如下。

设 (X,ρ) 是度量空间，$f: X \to X$ 是连续映射，称 f 在 X 上是混沌的，如果:

(1) f 具有对初值的敏感依赖性;

(2) f 在 X 上拓扑传递;

(3) f 的周期点在 X 中稠密。

其中，f 具有对初值的敏感依赖性是指 $\exists\,\delta > 0$，使 $\forall\, x \in X$，及 x 的邻域 $N(x)$，总是 $\exists\, y \in N(x)$ 及 $n \geqslant 0$，使 $\rho(f^n(x), f^n(y)) > \delta$；而 f 在 X 上拓扑传递是指，$\forall\, U, V$ 为开集，且 $U, V \subset X$，$\exists\, k > 0$，使 $f^k(U) \cap V \neq \varnothing$。

上述混沌定义中的三个条件具有深刻的含义。因为对初值具有敏感依赖性，所以混沌的系统是不可预测的。因为拓扑传递性，系统不能被细分或不能被分解为两个在 f 下不相互影响的子系统 (两个不变的开子集合)。然而，在这混乱性态当中，有规律性的成分，即稠密的周期点。注意到，在定义中已经证明了后面两条，即拓扑传递性和周期点的稠密性便蕴涵了对初值的敏感依赖性，因而现在有的文献便将后面两个条件作为混沌的定义。

一般地，如果一个接近实际而没有内在随机性的模型仍然具有貌似随机的行为，就可以称这个真实物理系统是混沌的。一个随时间确定性变化或具有微弱随机性的变化系统，称为动力系统，它的状态可由一个或几个变量数值确定。而一些动力系统中，两个几乎完全一致的状态经过充分长时间后会变得毫不一致，恰如从长序列中随机选取的两个状态那样，这种系统被称为敏感地依赖于初始条件。而对初始条件的敏感的依赖性也可作为一个混沌的定义。

除了上述对混沌的定义之外，还有诸如 Smale 马蹄、横截同宿点、拓扑混合及符号动力系统等定义。对混沌概念是否有统一的数学定义并不重要，已有的许多不同的数学描述，恰恰表现了这一概念不寻常的魅力。重要的是它的认识论意义。复杂的并曾经被认为是不可认识的现象，其实是我们这个世界基本的存在方式，是不可能回避也无须回避的现实。可以说，混沌是复杂性的概念，是动力系统能够引以为豪地献给整个科学的礼物。

2.2　混沌的特征

混沌现象普遍存在于自然界中，与我们的日常生活息息相关。举一个最常见的例子，一支点燃的烟，烟雾在平稳的气流中冉冉升起，突然卷曲成一团剧烈扰动的烟雾，四处飘散。仔细观察烟雾上升的过程就可以发现，在烟雾上升的初始，它是一种较平稳的层流状态的气流；而上升到某个高度后，在烟雾边界开始出现一些极小的振动图案；然后这些振动图案迅速扩大，并开始出现一些卷曲结构；再向上升，这些卷曲就扰乱了整个烟雾。很明显，这个系统对初始的微小扰动非常敏感，卷曲后形成的空间图案依赖于微小的扰动。这是在热气流加速上升的过程中，层流变湍流的绝妙演示。

像这样典型的混沌现象还有很多，如风中的旗帜、滴水的水龙头、湍流、天体运动、气象变化、股票市场的波动、种群的演化、疾病的蔓延等。混沌现象是非线性系统的普遍属性，它包含极其丰富的信息，而这些互不相同的现象却有着相同的特征。

1. 对初值的敏感依赖性

混沌系统具有对初值的高度敏感性，也就是说，初值上非常小的误差 (如测量的精度、截断误差以及噪声的影响等) 会导致完全不同的结果。这与经典物理中的“误差范围内的等同或一致性”相矛盾。以著名的逻辑斯谛映射 (logistic map) 为例，$x_{n+1}=4x_n(1-x_n)$，分别取 $x_0=0.300$ 和 $x_0=0.301$，迭代 12 次后的结果如表 2.1 所示。

表 2.1　逻辑斯谛映射迭代计算结果

迭代次数	初值：0.300	初值：0.301	迭代次数	初值：0.300	初值：0.301
1	0.8400	0.8416	7	0.8716	0.7650
2	0.5376	0.5332	8	0.4476	0.7190
3	0.9943	0.9956	9	0.9890	0.8081
4	0.0225	0.0176	10	0.0434	0.6202
5	0.0879	0.0692	11	0.1661	0.9422
6	0.3208	0.2576	12	0.5542	0.2179

从表 2.1 可以看出，对于初值的微小误差，在前 3 次迭代中表现得并不明显，从第 4 次迭代开始，误差逐渐增大，到第 10 次迭代以后，两个结果已经呈指数

分离。因此，系统行为的长期预报是不可能的，在实际中，人们只能使初始条件达到有限的精度，而不可能消除误差。

2. 确定系统中的内在随机性：有序与无序的统一

确定性代表有序，随机性代表无序，而混沌则是有序与无序的统一。这种内在的随机性与通常所讲的噪声有本质的区别。噪声可以通过多种手段减弱甚至除去，而内在的随机性与系统同在。

3. 局部不稳定而整体稳定

混沌系统相邻的轨道是指数分离的，这导致混沌系统是局部不稳定的。但由于耗散系统在演化过程中能量的耗散，运动的轨迹会向吸引子收缩。同时满足这两者，通过拉伸与折叠变换，才能使指数型发散的轨迹族维持在有限范围的吸引子上。拉伸使初值的微小差异放大，折叠使系统丧失初值所包含的关于系统的信息。这种拉伸与折叠的混沌操作保证了系统整体的稳定性。

4. 奇怪吸引子

混沌吸引子不同于不动点或极限环吸引子，它不是整数维的而是非整数维的，具有正的李雅普诺夫指数，称为奇怪吸引子。奇怪吸引子的存在表明，虽然混沌轨道的具体位置具有对初值的敏感依赖性，但混沌轨道的大体位置还是可知的，那就是在吸引子上。

5. 分形结构与无限自相似

拉伸变换使诸轨线在相空间中密集和遍历，折叠变换使吸引子具有层次结构。由于系统轨线方向导数的唯一性，相邻轨线不会相交，因此吸引子的层次结构为分形，混沌系统的维数为分维。混沌轨道遍历系统的每一个角落，但轨道间还总有空洞的存在。对它的局部进行放大，便可得到整体的框架，这就是混沌系统的无限自相似结构。

6. 连续功率谱特性

功率谱是分析时间序列与信号的常用方法之一，它描述的是傅里叶变换后的振幅分布。

对于时间序列 $x_1, x_2, \cdots, x_N$ 的功率谱。一般是采样 N 个值，对于周期条件 $x_{N+j} = x_j$，计算其自相关函数也称为离散的卷积函数：

$$C_j = \frac{1}{N}\sum_{i=1}^{N} x_i x_{i+j}$$

采用时间序列 $x_j(j=1,2,\cdots,N)$ 的自相关函数，再采用自相关函数的傅里叶变换来直接计算频谱。

$\psi_m=\dfrac{1}{n}\sum\limits_{j=1}^{N-m}x_jx_{j+m}$ 为序列的自相关函数，则通过傅里叶变换的时序的频谱便为

$$S_k=|\hat{x}_k|^2=\sum_{m=1}^{N-1}\psi_m\cos(2\pi mk/N),\quad k=1,2,\cdots,N$$

功率谱的宽度代表信号中分频的范围。周期吸引子因其周期性具有分立的功率谱，噪声则因其无规则性具有连续功率谱。混沌信号也具有连续谱，即在混沌区内，确定性系统的行为表现为随机性。

2.3　混沌研究的工具与常见方法

近年来，国内外学者进行了大量的研究，提出了多种研究分岔与混沌的理论和方法，如奇异性方法、李雅普诺夫–施密特 (Lyapunov-Schmidt) 约化方法、中心流形法、庞加莱–伯克霍夫 (Poincaré-Birkhoff) 范式方法、幂级数法、摄动法和频域法、时间历程、功率谱、多尺度法、庞加莱截面、李雅普诺夫指数、分维数、后继函数法、Melnikov 函数法和 Shilnikov 函数法等，其中 Melnikov 函数法和 Shilnikov 函数法是成功地用于全局动力学分析的两种著名的解析方法，但它们在高维系统研究中都遇到了很大的困难。由于非线性问题的复杂性，理论分析有很大难度，因此数值计算和模拟手段对分岔研究有重要意义。目前，混沌研究大都采用数值方法，对其机理和判据的理论结果极少，而对于随机动力系统混沌的研究就更少了，这些都是值得探讨的课题。另外，当前值得关注的其他课题还有：多自由度系统分岔问题、多频激励下系统的非线性特征、强非线性大振动的求解方法和解的性态、非线性系统的局部和全局分岔、突变理论及混沌特性和机理、非线性随机系统的分岔、非自治系统和高余维退化系统的范式理论等。

关于这些研究工具与方法，我们将会选择一些典型的、有代表性的，在本书中进行介绍。

2.4　通向混沌的道路

我们已经知道，混沌是存在于非线性系统中的普遍现象，一个非线性动力学系统运动的充分发展是进入混沌状态。那么，系统由简单的运动状态，如平衡态、周期运动和拟周期运动进入混沌状态的方式有哪些呢？这是非线性动力学研究中的一个重要问题。就目前的研究结果来看，研究者通过实验和数值模拟等方法已

经找到了四条重要的通向混沌的道路，本章主要讨论这四条通向混沌的道路：倍周期分岔通向混沌、阵发 (间歇) 性通向混沌、拟周期通向混沌、KAM 环面破裂通向混沌。其中，倍周期分岔通向混沌是这四条道路中最常见和最典型的通向混沌的道路。

2.4.1 倍周期分岔通向混沌

倍周期分岔途径也称费根鲍姆途径，是最常见、最典型的通向混沌的道路。简单来说，由倍周期分岔通向混沌就是系统由某种规则的运动状态，如某种定态解或周期解，随着参数的变化，使得系统的周期不断加倍，直至周期演化为无限的，从而逐步过渡到混沌运动状态。

1. 周期倍化分岔过程

不只是复杂的系统，一个很简单的系统也可能出现混沌运动状态。下面我们以著名的虫口模型为例来说明一个系统是如何由规则的运动状态过渡到混沌状态的。

虫口模型是生物学家 May 在 1976 年给出的，反映了生态学中昆虫的繁殖情况，是一个简单的非线性系统。

设某种昆虫代与代之间没有混合，即一代消亡后，另一代才出生，并且都在一个有限的环境中生息繁衍，令其第 n 代种群总数为 x_n，第 $n+1$ 代种群总数为 x_{n+1}，在考虑卵的出虫率和其他一些外界因素后，这种昆虫第 $n+1$ 代种群总数和第 n 代种群总数的关系可以表示为逻辑斯谛映射：

$$x_{n+1} = \lambda x_n(1-x_n), \quad n = 1, 2, 3, \cdots$$

其中，参数 $\lambda \in [0,4]$，$x_n \in [0,1]$。

从任意的初值出发开始迭代，一般都先有一个暂态过程，但我们所关心的是迭代的终态情况，也就是迭代的次数很大，即 $n \to \infty$ 的情况。终态的情况和参数 λ 的取值有很大关系，经过大量的数值模拟可以得到以下结果，从这些结果可以清楚地看到混沌的产生和发展过程。

无论初值如何，当 $\lambda < 1$ 时，迭代的终态都将趋于零，$x = 0$ 是稳定点。当 $1 < \lambda < 3$ 时，迭代的终态趋于一个确定的值 $1 - 1/\lambda$，此值与参数 λ 有关，且与 λ 一一对应，此时 $x = 0$ 和 $x = 1 - 1/\lambda$ 是两个平衡点，其中 $x = 0$ 是不稳定点，而 $x = 1 - 1/\lambda$ 是稳定点，$\lambda = 1$ 是分岔点。例如，在表 2.2 中，取 $\lambda = 2.5$，则经一定次数的迭代后终态稳定在 0.6，即 0.6 是系统唯一的一个不动点，此时称系统周期为 1。当 $\lambda = 3$ 时，系统再次出现分岔，$x = 1 - 1/\lambda$ 变为不稳定点。当 $3 < \lambda < 1 + \sqrt{6} \approx 3.449$ 时，系统的终态分岔成两支，即一个 λ 值对应两个终态值，系统的终态在两个值之间往复跳跃，这对应连续系统中的极限环，因此，系统在 $\lambda = 3$ 时发生倍周期分岔。例如，取 $\lambda = 3.3$ 时，系统的终态轮流取 0.479 427

和 0.823 603 两个值，也就是经过两次迭代后回到原来的值，此时称系统为周期 2。当 $3.449 < \lambda < 3.544$ 时，曲线进一步倍分岔，一个 λ 值对应四个终态值，例如，取 $\lambda = 3.5$ 时，系统的终态轮流取 0.382 82、0.826 941、0.500 884、0.874 997 四个值，也就是经过四次迭代后回到原来的值，此时称系统为周期 4。当 λ 继续增大时，曲线进一步倍分岔，出现周期为 8，16，32，$\cdots$，这就是倍周期分岔过程。当 $\lambda = 3.569$ 时，系统的终态开始取无穷多不同的值，终态对初值极其敏感，变得不可预测，也就是说开始出现混沌状态，此时称系统的周期为 ∞。在此之前，系统的终态都是周期的、可预测的，并与初值无关，当 $3.569 < \lambda < 4$ 时，系统基本上就是混沌状态了，但是其中也有周期窗口等结构。分岔现象如图 2.1 所示。

表 2.2　不同参数下的周期变化

λ	终态
2.5	$x_{n+1} = x_n = 0.6$，一个不动点，周期为 1
3.3	$x_{n+2} = x_n$，0.479 427 $\Leftrightarrow$ 0.823 603，周期为 2
3.5	$x_{n+4} = x_n$，0.382 82 $\Leftrightarrow$ 0.826 941 $\Leftrightarrow$ 0.500 884 $\Leftrightarrow$ 0.874 997 $\Leftrightarrow$ 0.382 82，周期为 4
$\cdots$	周期为 8，16，32，$\cdots$ 的倍周期分岔过程
3.569～4	混沌区，周期为 ∞，有周期窗口，有一定结构

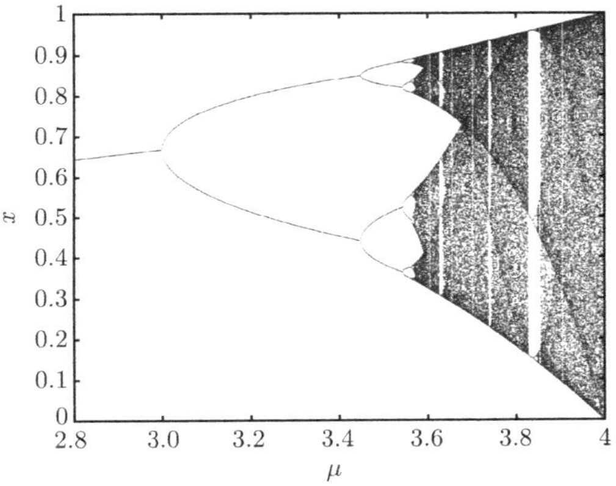

图 2.1　逻辑斯谛映射分岔图

为了更加清楚地认识混沌对初值的敏感依赖性，我们取 $\lambda = 3.8$ 做数值实验，取两个有微小差异的初值 0.4 和 0.400 001，从表 2.3 可以看到，开始的几次迭代结果的差别是非常小的，迭代到 30 次以后，结果的差别就较大了，对初值的敏感依赖性就充分地体现出来了。这是倍周期分岔途径最早的一个实例，后经费根鲍姆的研究发现，这是一条通向混沌的典型道路：一个系统若发生倍周期分岔，必将导致混沌。

表 2.3 不同迭代次数时的计算结果

n	$x_{n+1}=3.8x_n(1-x_n)$	
0	0.4	0.400 001
1	0.912	0.912 001
2	0.304 973	0.304 970
3	0.805 465	0.805 461
⋮	⋮	⋮
30	0.196 339	0.933 465
⋮	⋮	⋮
37	0.301 837	0.671 026
⋮	⋮	⋮
41	0.320 146	0.182 932
42	0.827 080	0.567 978
43	0.543 471	0.932 440
⋮	⋮	⋮

2. 费根鲍姆常数

1978 年，费根鲍姆在研究倍周期分岔过程中发现存在普适常数，后来该常数被命名为费根鲍姆常数。设 λ_m 为第 m 个分岔点的参数值，在数值模拟过程中发现，相邻两个分岔点间的间隔随着分岔的过程越来越小，而相邻分岔点间隔的比值趋于一个常数：

$$\lim_{m\to\infty}\frac{\lambda_m-\lambda_{m-1}}{\lambda_{m+1}-\lambda_m}=\delta=4.669\ 201\ 609\ 102\ 990\ 9\cdots$$

这就是费根鲍姆常数，它具有普适性，不仅逻辑斯谛映射是这样，实验证明许多系统在通过倍周期分岔产生混沌的过程中都存在这个普适常数。倍周期分岔是一条通向混沌的典型道路。费根鲍姆常数的发现说明倍周期分岔进入混沌是一种普遍的自然现象，人类在对自然规律的认识上又前进了一步，它所包含的意义还有待进一步去发掘。

2.4.2 阵发 (间歇) 性通向混沌

产生混沌的阵发途径由玻莫 (Pomeau) 和曼尼维尔 (Manneville) 于 1980 年首先提出，因而也称为 PM 类阵发道路。阵发性混沌的概念起源于湍流理论，它描述流场中在层流 (规则的周期运动) 背景上湍流 (层流间或长或短地随机跳跃) 随机爆发的现象，表现为层流和湍流相交而使相应的空间区域随机地交替。若振动系统在特定参数下呈现阵发性，随着参数的变化，阵发性中无规则运动突发得越来越频繁，系统便由周期运动转化为混沌运动。阵发产生混沌的途径也具有普适特性。

阵发性混沌是指系统较长时间尺度的规则运动和较短时间尺度的无规则运动的随机交替变化现象。也就是说，系统从有序向混沌转化时，在非平衡非线性的条件下，某关键参数的变化达到一定的临界阈值时，系统就会出现时而有序、时而混沌的随机振荡，当有关参数继续变化时，整个系统会由阵发性混沌发展为混沌。这种规则的运动状态通过有时规则有时混乱的阵发 (间歇) 状态转变为混沌运动状态，称作阵发性通向混沌。

Pomeau 和 Manneville 应用 Floquet 理论将阵发性分为三种形式。在周期轨道对应的不动点处，系统的庞加莱映射的线性化系数矩阵称为 Floquet 矩阵。矩阵特征值 λ 的模横穿过复平面上的单位圆表示周期轨道具有线性不稳定性，即发生了阵发性转变。穿过单位圆的三种方式为 $\lambda=1,-1,\mathrm{e}^{\mathrm{i}\theta}$，表示不稳定性的三种类型。因而阵发性的三种不同的形式分别是 I 型 $(\lambda=1)$ ：这一途径的间歇性与逆切分岔现象有关；Ⅱ 型 $\left(\lambda=\mathrm{e}^{\mathrm{i}\theta}\right)$ ：该途径的间歇性与 Hopf 分岔现象有关；Ⅲ 型 $(\lambda=-1)$ ：这种途径的间歇性与滞后分岔现象有关。

阵发性混沌与倍周期分岔产生的混沌是孪生现象，凡是能产生倍周期分岔的系统，原则上均可发生阵发性混沌现象。

2.4.3 拟周期通向混沌

拟周期道路又称 Hopf 分岔道路或 Ruelle-Takens 道路，是由法国物理学家 Ruelle 和荷兰数学家 Takens 于 1971 年在《论湍流的本质》一文中提出的。他们修正了朗道 (Landau) 和 Hopf 提出的关于湍流发生机制的假设，纽豪斯 (Newhause) 于 1978 年又对他们的结论作了进一步的改进。

1942 年，Hopf 提出了著名的 Hopf 分岔后不久，1944 年，著名物理学家 Landau 第一个提出了湍流产生的理论，该理论认为，在流动系统中，随着雷诺数 Re 的不断增加，系统发生连续失稳而产生一系列新的振荡模式。起初，当 Re 极小时，流体处于与时间无关的层流状态，对应相空间的稳定不动点；当 Re 超过某临界值时，出现 Hopf 分岔，即出现频率为 ω_1 的振荡而使流体失稳；当 Re 进一步增大到另一临界值时，发生二次 Hopf 分岔，出现新的频率为 ω_2 的振荡，运动用相空间的二维环面表示，通常 ω_1/ω_2 为无理数，这种准周期运动使流体运动进一步复杂化，每一次 Hopf 分岔都分岔出一个新的不可公约的频率；当 Re 进一步增大时，将出现更多频率的准周期运动，最后这种极复杂的准周期运动便是湍流。即湍流是无数次 Hopf 分岔形成的无数频率的准周期振荡的结果 (由无穷多次 Hopf 分岔通向混沌)。基于这一猜测，混沌 (湍流) 可视为无穷多个频率耦合的振荡现象。

然而，后来经实验证明，该湍流理论并不符合实际。1971 年，Ruelle 首先从理论上证明，进入湍流不必出现无穷多个不可公约频率分量，实际上只需要四次分岔就可以产生湍流，即不动点 → 极限环 → 二维环面 → 三维环面 → 奇怪吸引子 (湍流)，这就是著名的 $T^4 \to$ 混沌道路，也就是说四维环面上具有四个不可公约的频率的拟周期运动一般是不稳定的，经扰动后会转变为奇怪吸引子，这代替了 Landau-Hopf 道路。

后来，Ruelle 又和 Takens、Newhause 进一步从理论上证明只要经过三次分岔，由二维环面上的准周期运动就可以直接失稳而成为奇怪吸引子，也就是 $T^3 \to$ 混沌道路。这条道路在许多流体力学实验中得到了验证。

但是，后来的理论和实验均证明了三维环面上存在三个不可公约的频率的稳定的拟周期运动，且这一稳定的拟周期运动是典型的，因此 $T^3 \to$ 混沌道路又被否定了，代之以 $T^2 \to$ 混沌道路。$T^2 \to$ 混沌道路是典型的，为了从理论和实验上证实，Thompson 和 Hunt 用重整化群的思想得出了这种转变的普适特性。

因此，拟周期道路可以表示为不动点 → 极限环 → 二维环面 → 混沌，每一次分岔可以看作一次 Hopf 分岔，分岔出一个新的不可公约的频率。

2.4.4 KAM 环面破裂通向混沌

1954 年，苏联数学家 Kolmogorov 提出的环面不变定理 (现常称为 KAM 定理) 指出，近 Hamilton 系统的轨线分布在一些环面 (称为 KAM 环面) 上，它们一个套在另一个外面，而两个环面内充满混沌区。它在法向平面上的截线称为 KAM 曲线。对于可积 Hamilton 系统，如单摆的相图是椭圆平衡点和双曲平衡点交替出现，相平面被鞍点连续分割，相空间中的各部分的运动互不相混。在不可积小摄动情况下，只在鞍点附近发生一些变化，鞍点连线破断并在鞍点附近产生剧烈振荡。这种振荡等价于 Smale 马蹄的结构，从而引起混沌运动，相应的区域称为混沌区。

这里应指出二自由度和多自由度系统的一个重要区别。二自由度系统的 KAM 环面是三维相空间的二维环面，因此，随机层中的运动局限于一个区域内，不会跑远，但是如三自由度系统，相空间是五维的，而 KAM 环面是三维的，不足以把轨线禁锢在其中，随机层中的轨线就可以自由漂移，以极慢的速度越离越远，称为 Amold 扩散。

第 3 章　非线性系统的李雅普诺夫指数判定计算方法

李雅普诺夫指数判定计算方法可以很好地表征各种复杂系统状态的定量和定性规律特性，尤其是运动的模式和演化行为。

非线性是产生混沌的必要条件而非充分条件，一个非线性系统具有下列特征时会发生混沌：系统的轨迹出现奇怪吸引子；所计算的系统中出现至少有一个李雅普诺夫指数大于零的情况；系统演化的功率谱具有连续谱上叠加有尖峰的特点；系统出现倍周期分岔将直接导致周期呈指数形式增长，并最终丧失周期等特征，这些现象导致系统产生混沌。其中，李雅普诺夫指数是定量判断混沌的一个重要的依据。若系统的李雅普诺夫指数为正数，则说明轨道的每个局部都不稳定，相邻的轨道以指数分离的形式迅速分开；若系统的李雅普诺夫指数是负数，则表明系统的相空间是收缩的，即轨道在局部是稳定的；若系统的李雅普诺夫指数为零，则说明系统的轨道既不分离也不靠近。一维映射只有一个李雅普诺夫指数，n 维映射有 n 个李雅普诺夫指数，只要其中有一个李雅普诺夫指数是正数，系统就会产生混沌。如果大于 0 的李雅普诺夫指数有两个以上，就称为超混沌。

本章主要讨论李雅普诺夫指数的计算方法。

3.1　李雅普诺夫指数

在非线性动力系统的研究中，李雅普诺夫指数是一种判定动力系统运动的稳定性和混沌特性的重要工具，是描述非线性系统动态特性的重要动力学参数，它是相空间中相邻近轨道的平均收敛程度或平均发散程度的一种度量。李雅普诺夫指数为判断混沌系统提供了一个定量的标准：当系统的最大李雅普诺夫指数小于零时，系统做周期运动或拟周期运动，运动为渐近稳定运动；当系统的最大李雅普诺夫指数大于零时，系统产生混沌运动；当系统的最大李雅普诺夫指数等于零时，系统做周期运动或拟周期运动，运动为渐近稳定运动或临界稳定运动；当系统的最大李雅普诺夫指数从负值趋于零再到负值时，系统在此零点产生倍周期分岔；当系统的最大李雅普诺夫指数从正值趋于零再到负值时，系统在此零点产生切分岔；当系统的最大李雅普诺夫指数从负值趋于零再到正值时，此零点为系统从周期运动或拟周期运动向混沌运动过渡的分岔点。若系统的最大李雅普诺夫指数为正，则说明系统以指数规律膨胀或分离，因此它对初始条件极为敏感。初始状态的一个很小的扰动，就会出现“蝴蝶效应”，正因为这种敏感性，所以系统会产生极其复杂的行为表现和几乎不可预见的特性。

下面给出李雅普诺夫指数的推导。对于李雅普诺夫指数的研究，最初是从离散系统开始的，对于一个一般离散的二维映射：

$$\begin{cases} x_{n+1} = f(x_n) \\ y_{n+1} = f(y_n) \end{cases}$$

设其初值有微小误差 $|x_0 - y_0|$，经过一次迭代后有

$$|x_1 - y_1| = |f(x_0) - f(y_0)| = \frac{|f(x_0) - f(y_0)|}{|x_0 - y_0|}|x_0 - y_0| \approx \left|\left.\frac{\mathrm{d}f}{\mathrm{d}x}\right|_{x_0}\right| |x_0 - y_0| \quad (3.1)$$

其中

$$\left|\left.\frac{\mathrm{d}f}{\mathrm{d}x}\right|_{x_0}\right| = \lim_{x_0 \to y_0} \frac{|f(x_0) - f(y_0)|}{|x_0 - y_0|} \quad (3.2)$$

由第二次迭代得

$$|x_2 - y_2| \approx \left|\left.\frac{\mathrm{d}f}{\mathrm{d}x}\right|_{x_1}\right| |x_1 - y_1| \approx \left|\left.\frac{\mathrm{d}f}{\mathrm{d}x}\right|_{x_1} \left.\frac{\mathrm{d}f}{\mathrm{d}x}\right|_{x_0}\right| |x_0 - y_0| \quad (3.3)$$

依次进行下去，经过 n 次迭代，得

$$|x_n - y_n| \approx \left|\prod_{i=0}^{n-1} \left.\frac{\mathrm{d}f(x_i, \mu)}{\mathrm{d}x}\right|_{x_i}\right| |x_0 - y_0| \quad (3.4)$$

可见，两个系统对初始扰动的敏感度由导数 $\left|\left.\frac{\mathrm{d}f}{\mathrm{d}x}\right|_{x_0}\right|$ 决定，它与初值 x_0 有关。映射整体对初值的敏感性需要对全部初始条件平均，共进行 n 次迭代，每次迭代的平均分离值为 $\left|\prod_{i=0}^{n-1} \left.\frac{\mathrm{d}f}{\mathrm{d}x}\right|_{x_i}\right|^{\frac{1}{n}}$。

由上可见，如果系统的初值存在微小误差，则系统的轨线会随着时间 (或迭代) 产生分离，分离程度常用李雅普诺夫指数来度量，它为几何平均值的对数：

$$\lambda = \frac{1}{n} \ln \left(\prod_{i=0}^{n-1} \left.\frac{\mathrm{d}f(x_i, \mu)}{\mathrm{d}x}\right|_{x_i} \right) \quad (3.5)$$

其中，x_i 为第 i 次迭代值。令 $n \to \infty$，得李雅普诺夫指数的计算公式：

$$\lambda = \lim_{n \to \infty} \frac{1}{n} \sum_{i=0}^{n-1} \ln \left| \frac{\mathrm{d}f(x_i, \mu)}{\mathrm{d}x} \right| \quad (3.6)$$

利用李雅普诺夫指数 λ，相空间内初始时刻两点的距离将随时间 (或迭代次数) 作指数分离：

$$|x_n - y_n| \approx |x_0 - y_0| \cdot \mathrm{e}^{n\cdot\lambda} \tag{3.7}$$

对于 n 维连续动力系统，为了更加形象，我们考虑一个无穷小 n 维球面的长时间演化行为。由于流的局部变形特性，随着时间的演化，n 维球面将变为 n 维椭球面。第 i 个李雅普诺夫指数按椭球第 i 个主轴的长度 $p_i(t)$ 定义为

$$\lambda_i = \lim_{t\to\infty} \frac{1}{t} \ln \frac{p_i(t)}{p_i(0)} \tag{3.8}$$

n 维相空间有 n 个李雅普诺夫指数，因此也称为李雅普诺夫指数谱，将其从大到小排列，一般地，令 $\lambda_1 \geqslant \lambda_2 \geqslant \lambda_3 \geqslant \cdots \geqslant \lambda_n$。通常来说，正的李雅普诺夫指数和零李雅普诺夫指数对吸引子起支撑作用，而负的李雅普诺夫指数对吸引子起收缩作用，这两种因素的交互作用形成了奇怪吸引子复杂的空间结构。

对于一维情形，吸引子只可能是不动点，此时李雅普诺夫指数是负的。

对于二维情形，吸引子可以是不动点或者极限环。对于不动点来说，相空间中任意方向两靠近点之间的距离都是收缩的，因此两个李雅普诺夫指数都是负的，这时我们不妨简记不动点的李雅普诺夫指数为 $(\lambda_1, \lambda_2) = (-, -)$。对于极限环来说，若取相空间中两靠近点之间的距离始终垂直于环线的方向，它一定是收缩的，此时李雅普诺夫指数为负；若取相空间中两靠近点之间的距离沿轨线的切线方向，它既不增大也不缩小，此时李雅普诺夫指数为零。因此，可记极限环的李雅普诺夫指数为 $(\lambda_1, \lambda_2) = (0, -)$。

类似地，对于三维情形，有下面六种情况。

不动点：$(\lambda_1, \lambda_2, \lambda_3) = (-, -, -)$。

极限环：$(\lambda_1, \lambda_2, \lambda_3) = (0, -, -)$。

二维环面：$(\lambda_1, \lambda_2, \lambda_3) = (0, 0, -)$。

奇怪吸引子：$(\lambda_1, \lambda_2, \lambda_3) = (+, 0, -)$。

不稳定二维环面：$(\lambda_1, \lambda_2, \lambda_3) = (+, 0, 0)$。

不稳定极限环：$(\lambda_1, \lambda_2, \lambda_3) = (+, +, -)$。

由以上的分析可以看出，李雅普诺夫指数是表征系统运动特征的量，它沿某一方向取值的大小表示系统长时间在吸引子中相邻轨线沿该方向的平均发散或收缩的快慢程度。另外还可以看出，任何吸引子必有一个负的李雅普诺夫指数，平庸吸引子没有正的李雅普诺夫指数，混沌吸引子至少有一个正的李雅普诺夫指数，若系统有两个或两个以上的李雅普诺夫指数为正，则系统是超混沌的。因此，只要计算出吸引子至少有一个正的李雅普诺夫指数，就可以肯定这是一个奇怪吸引子，从而系统会出现混沌运动。

3.2 复杂系统李雅普诺夫指数的计算方法

在对混沌的研究和实际应用中，往往不需要计算出系统全部的李雅普诺夫指数，而只需要计算出系统的最大李雅普诺夫指数，因而，人们对李雅普诺夫指数算法的研究，一般只是针对系统的最大李雅普诺夫指数而言的。

对于离散系统，即时间序列的李雅普诺夫指数的计算，国内外专家学者已经提出了很多有效的方法，如 Wolf 方法、雅可比方法、p-范数方法、小数据量法及对这些方法的改进方法。其中，Wolf 方法适用于时间序列无噪声、切空间中小向量的演变高度非线性的情况；雅可比方法适用于时间序列噪声大、切空间中小向量的演变接近线性的情况；而 p-范数方法在 Wolf 方法和雅可比方法之间架起了一座桥梁，适当选取参数 p 就可以统一这两种算法，但是 p-范数的选取和计算都很复杂，实际操作起来比较困难；小数据量法操作起来比较方便，而且具有对小数据组比较可靠、计算量较小、相对易操作的优点。

对于连续系统，最初人们是先将其离散化，再应用上述介绍的方法来计算系统的李雅普诺夫指数。后来，逐渐发展了专门用来计算连续系统李雅普诺夫指数的方法。下面我们主要讨论连续系统李雅普诺夫指数的计算。

3.2.1 李雅普诺夫指数的雅可比算法

设连续系统是由式 (3.9) 所给定的微分方程描述的：

$$\dot{x} = F(x) \tag{3.9}$$

其中，$\dot{x} = \dfrac{\mathrm{d}x}{\mathrm{d}t}, x \in \mathbb{R}^n$ 是连续的 n 维空间中的点。其连续的切空间 U 中 $x(t)$ 处的点的切向量可以用式 (3.10) 描述：

$$\dot{e} = J(x(t))e, \quad J = \frac{\partial F}{\partial x} \tag{3.10}$$

这里 J 是 F 的雅可比矩阵。令 U 中变量 $e(0) \mapsto e(t)$ 是一个连续的线性算子映射。解方程可以得到

$$e(t) = U(t, e(0)) \tag{3.11}$$

这样映射 U 的演化渐近行为可用式 (3.12) 来完全地刻画，即

$$\lambda(x(0), e(0)) = \lim_{t \to \infty} \frac{1}{t} \ln \frac{\|e(t)\|}{\|e(0)\|} \tag{3.12}$$

于是这种演化渐近行为的平均数便表示为

$$
\begin{aligned}
\lambda &= \lim_{k\to\infty}\frac{1}{k\Delta t}\sum_{j=1}^{k}\ln\frac{\|e((j+1)\Delta t)\|}{\|e(j\Delta t)\|} \\
&= \lim_{k\to\infty}\frac{1}{k\Delta t}\ln\left(\frac{\|e((k+1)\Delta t)\|}{\|e(k\Delta t)\|}\frac{\|e(k\Delta t)\|}{e((k-1)\Delta t)}\cdots\frac{\|e(2\Delta t)\|}{\|e(\Delta t)\|}\right)
\end{aligned} \tag{3.13}
$$

这便是计算连续系统李雅普诺夫指数的著名的雅可比计算方法。该方法计算比较简捷，实际操作起来也不困难，在实际问题中应用比较广泛。

这一方法为后述诸多计算李雅普诺夫指数的方法奠定了理论基础。

3.2.2 复杂系统李雅普诺夫指数奇异值分解计算方法

基于奇异值分解计算李雅普诺夫指数的方法最初是由离散系统得到的，但是可以把连续系统离散化，将这种方法推广到计算连续系统的李雅普诺夫指数。将连续系统离散化的方法有很多，如四阶龙格–库塔 (Runge-Kutta) 法、欧拉法等。这里首先介绍离散系统和连续系统李雅普诺夫指数的定义。

对于一个 n 维的离散动力系统：

$$
X_{k+1} = F(X_k) \tag{3.14}
$$

设 $\{X_k\}$ 是该系统的一条轨道，ΔX_k 为偏离该轨道的一个微小量，则 ΔX_k 的演化满足：

$$
\Delta X_{k+1} = \left(\left.\frac{\partial F}{\partial X}\right|_{X=X_k}\right)\Delta X = J_k\Delta X_k = J^{(k)}\Delta X_1 \tag{3.15}
$$

设 $T(X)=\lim\limits_{k\to\infty}((J^{(k)})^{\mathrm{T}}J^{(k)})^{1/(2k)}$，$T(X)$ 是一个正定矩阵，$\lambda_1\geqslant\lambda_2\geqslant\cdots\geqslant\lambda_n>0$ 是 $T(X)$ 的 n 个特征值，则系统的第 i 个李雅普诺夫指数为

$$
\sigma_i = \ln\lambda_i,\quad i=1,2,\cdots,n \tag{3.16}
$$

对于 n 维连续动力系统：

$$
\dot{X} = F(X)
$$

其中，$X=(x_1,x_2,\cdots,x_n)^{\mathrm{T}}\in\mathbb{R}$；$F(X)=(f_1(X),f_2(X),\cdots,f_n(X))^{\mathrm{T}}$；$\dot{X}=\dfrac{\mathrm{d}X}{\mathrm{d}t}$。

设初始条件为 x_0 时系统的轨道为 $X(t,x_0)$，若给其初始条件一个微小的变化 $\delta_x(x_0,0)$，则在 t 时刻系统轨道的偏差 $\delta_x(x_0,t)=x(t,x_0+\delta_x(x_0,0))-x(t,x_0)$。定义系统的李雅普诺夫指数为

$$
\sigma = \lim_{t\to\infty}\frac{1}{t}\ln\frac{\|\delta_x(x_0,t)\|}{\|\delta_x(x_0,0)\|} \tag{3.17}
$$

表示系统相邻轨道收敛 (或发散) 的程度。

对于 n 维连续动力系统，当 $t=0$ 时，以 x_0 为中心、$\|\delta_x(x_0,0)\|$ 为半径作 n 维球面，由于各个方向上收缩或扩张的程度不同，因而，随着时间的演化，在 t 时刻此 n 维球面变为 n 维椭球面，设此椭球面的第 i 个坐标轴方向的半轴长为 $\|\delta_x(x_0,t)\|$，则系统的第 i 个李雅普诺夫指数为

$$\sigma_i=\lim_{t\to\infty}\frac{1}{t}\ln\frac{\|\delta x_i(x_0,t)\|}{\|\delta_x(x_0,0)\|},\quad i=1,2,\cdots,n \tag{3.18}$$

设 $J^{(k)}=J_kJ_{k-1}\cdots J_1$，$J^{(k)}$ 的奇异值为 $\eta_i\,(i=1,2,\cdots,n)$，则系统的李雅普诺夫指数为 $\sigma_i=\lim\limits_{k\to\infty}\dfrac{1}{k}\ln\eta_i\,(i=1,2,\cdots,n)$。其具体的证明过程可见相关文献。

3.2.3 复杂系统李雅普诺夫指数的局部线性化计算方法

近年来，李雅普诺夫指数已经作为一种研究动力学系统混沌行为的主要工具，得到了广泛的应用。但是，只有在很少的一些简单情况下，才有可能精确计算出系统的李雅普诺夫指数，因而，对于准确而有效地计算李雅普诺夫指数的数值方法的研究就变得相当重要。Carbonell 等于 2002 年提出了一种计算李雅普诺夫指数的数值方法，并通过数值模拟验证了这种方法的准确性。

这种方法适用于用常微分方程 (ordinary differential equation, ODE) 表示的连续时间动力系统。它的基本思想如下：首先，将给定的非线性常微分方程及其相应的变分方程近似化为两个分段线性的常微分方程。其次，对这两个新的方程应用 QR (quadrature rectangle) 分解或 SVD (singular value decomposition) 分解的方法，得到原系统李雅普诺夫指数的近似值。这种方法的一个主要的优点是：不需要对两个分段线性的常微分方程进行联合积分。下面具体介绍这种方法。由于需要用局部线性化的方法对两个方程进行数值积分，因而我们有必要先简单介绍一下局部线性化方法。

考虑系统

$$\dot{x}=f(t,x),\quad t\geqslant t_0\in\mathbb{R},\quad x(t_0)=x_0\in\mathbb{R}^m \tag{3.19}$$

这是一个 m 维的 ODE，满足解的唯一性条件，并且 $f:\mathbb{R}\times\mathbb{R}^m\to\mathbb{R}^m$ 是可微的。

局部线性化方法也称为欧拉指数法，是一种对常微分方程进行积分的数值方法。它是对系统 (3.19) 右端进行局部分段线性化，再对线性化后的方程精确计算。

在每一点 t_n，由局部线性化方法给出的系统的近似解表示为式 (3.20) 的递归关系：

$$y_{t_{n+1}}=y_{t_n}+\phi(t_n,y_{t_n};h_n) \tag{3.20}$$

这里，$t_n = t_0 + h_n (0 \leqslant h_n \leqslant h, n = 0, 1, 2, \cdots)$ 是离散化的时间，$h < 1$ 是最大步长，$y_{t_0} = x_0$ 是给定的初始条件。其中，对所有的 $s \in \mathbb{R}, u \in \mathbb{R}^m, M \in \mathbb{R}^{m\times m}$，有

$$\phi(s, u; h_n) = R_0({f_x}'(s,u), h_n)(f(s,u) + h_n {f_t}'(s,u)) - R_1({f_x}'(s,u), h_n){f_t}'(s,u)$$

$$R_k(M, h) = \int_0^h \exp(Mu) u^k \mathrm{d}u \tag{3.21}$$

在任一点 $t \geqslant t_0$，系统 (3.19) 的解局部线性化近似为

$$y(t) = y_{t_{n_t}} + \phi(t_{n_t}, y_{t_{n_t}}, t - t_{n_t}) \tag{3.22}$$

这里 $n_t = \max\{n = 0, 1, 2, \cdots, t_n \leqslant t\}$。此外，式 (3.22) 还是分段线性常微分方程

$$\begin{cases} \dot{y} = f(t_n, y_{t_n}) + {f_x}'(t_n, y_{t_n})(y(t) - y_{t_n}) + {f_t}'(t_n, y_{t_n})(t - t_n) \\ y(t_n) = y_{t_n} \end{cases} \tag{3.23}$$

的解。其中，$t \geqslant t_0$，　$t \in [t_n, t_{n+1}]$。令

$$\dot{X} = f'_x(t, x(t))X, \quad X(t_0) = I \tag{3.24}$$

是系统 (3.19) 的一条给定轨线 x 的变分方程，它的解 X 称为一个基解矩阵。Osedelec(1968) 将关于系统 (3.19) 的一条给定轨线 x 的李雅普诺夫指数定义为

$$\lambda_x^i = \ln(\mu_x^i) = \lim_{t\to\infty} \frac{1}{t} \ln\left|X(t) p_x^i\right| \tag{3.25}$$

其中，正交矩阵 $Q_x(t)$ 和上三角矩阵 $R_x(t)$ 满足：

$$\begin{aligned} X(t) &= Q_x(t) R_x(t) \\ \tilde{A}_x(t) &= Q_x(t)^{\mathrm{T}} {f_x}'(t, x(t)) Q_x(t) \end{aligned} \tag{3.26}$$

在实际问题中，式 (3.25) 只能在一个有限的时间区间内计算，因而我们又引入以下定义。

基于 QR 分解，关于系统 (3.19) 的轨线 $x(t)$ 的截断李雅普诺夫指数为

$$\lambda_x^i(T) = \frac{1}{T - t_0} \ln (R_x(T))_{ii} = \frac{1}{T - t_0} \int_{t_0}^T (\tilde{A}_x(s))_{ii} \mathrm{d}s \tag{3.27}$$

其中，$T < \infty$。

在这里假设对系统 (3.19) 能够应用指数二分法，所以有下面的事实成立。

给定正数 ξ_i、ρ_i，存在不依赖于时间 T 的常数 $K_i, L_i \geqslant 1$ $(i = 1, 2, \cdots, r)$，使得

$$-\rho_i - \frac{1}{T - t_0}\ln(L_i) \leqslant \lambda_x^i(T) - \lambda_x^i \leqslant \xi_i + \frac{1}{T - t_0}\ln(K_i) \tag{3.28}$$

下面我们介绍如何通过局部线性化来近似计算系统的李雅普诺夫指数。

令 x 是系统 (3.19) 的轨线，λ_x^i 是这条轨线的第 i 个李雅普诺夫指数。我们定义第 i 个李雅普诺夫指数 λ_x^i 的近似值为

$$\lambda_x^i(T) = \frac{1}{T}\ln\left\|Y(T)p_x^i\right\| \tag{3.29}$$

其中，p_y^i 为矩阵 $\Lambda_Y = (Y(T)^T Y(T))^{1/2T}$ 的第 i 个特征向量；$Y(T)$ 为分段线性方程

$$\begin{cases}\dot{Y} = f_x{}'(t_n, y(t_n))Y, & t \in [t_n, t_{n+1}] \\ Y(t_n) = Y_n\end{cases} \tag{3.30}$$

在时刻 $T < \infty$ 的解。这里，$t_0 \leqslant t_n < t_{n+1} \leqslant T,\quad n = 1, 2, \cdots, N$，$Y(t_0) = I$，$y$ 是分段线性方程 (3.23) 的解，同时也是系统 (3.19) 的解的局部线性近似。

和计算 $\lambda_x^i(T)$ 的方法类似，可以利用式 (3.27) 来计算式 (3.29)，即根据式 (3.30) 解的 QR 分解或 SVD 分解来改写式 (3.30)。计算的误差可以通过事先给定适当的 t_n 和 T 的值来控制。

3.2.4　一种避免溢出的复杂系统计算李雅普诺夫指数的算法

在计算李雅普诺夫指数时，一个很重要的问题是，经常会出现溢出现象，有时即使不出现溢出现象，也很难达到所需要的精度。何小兰 (1997) 提出了一种计算李雅普诺夫指数的方法，通过对一些模型的数值模拟，证实了这种方法确实有明显的优点。这种方法的具体计算过程介绍如下。

设 M 是一个度量空间，对 $\forall x \in M$，T_xM 是 M 的切空间，Q_x^t 是 M 上的流，x 为初始状态。对 $\forall a \in T_xM$，定义

$$\lambda(x, a) = \lim_{t\to\infty}\frac{1}{t}\ln\frac{\|DQ_x^t(a)\|}{\|a\|} \tag{3.31}$$

为系统的李雅普诺夫指数。

考虑系统

$$\dot{x} = f(x), \quad x(0) = x_0 \tag{3.32}$$

设其相空间为 M，则存在一个算子 $Q^t : M \to M,\quad x_0 \to Q^t x_0$。考虑 M 的切空间 TM，由 Q^t 可以衍生出切算子 $DQ^t : TM \to TM,\quad a \to DQ^t(a)$。由此可以

得到一个线性方程

$$\delta\dot{x} = \frac{\partial f(Q^t x_0)}{\partial x}\delta_x, \quad \delta_x|_{t=0} = \delta x_0 \tag{3.33}$$

这就是式 (3.32) 的李雅普诺夫线性化方程。

对于方程 (3.33)，存在一个算子半群 $U_{x_0}^t$，使得

$$\delta_x = U_{x_0}^t \delta x_0 = (DQ_{x_0}^t)\delta x_0, \quad \delta_x|_{t=0} = U_{x_0}^{t=0}\delta x_0 = \delta x_0$$

则

$$U_{x_0}^{t=0} = \begin{pmatrix} 1 & & 0 \\ & \ddots & \\ 0 & & 1 \end{pmatrix}, \quad U_{x_0}^{T+S} = U_{Q_{x_0}^S}^T \cdot U_{x_0}^S, \quad U_{Q_{x_0}^S}^{t=0} = \begin{pmatrix} 1 & & 0 \\ & \ddots & \\ 0 & & 1 \end{pmatrix} \tag{3.34}$$

下面我们介绍李雅普诺夫指数的具体算法。

设 $e_1^j, e_2^j, \cdots, e_n^j$ 为 $T_{x_0}M$ 的一组标准正交基，用 Gramm-Schmid 正交化方法正交基底 $U_{x_0}^t e_1^j, \cdots, U_{x_0}^t e_n^j$：

$$\begin{aligned} e_1^{j+1} &= \frac{U_{x_0}^t e_1^j}{\left\|U_{x_0}^t e_1^j\right\|}, \cdots, \\ e_k^{j+1} &= \frac{U_{x_0}^t e_k^j - (e_1^{j+1} \cdot U_{x_0}^t e_k^j)e_1^{j+1} - \cdots - (e_{k-1}^{j+1} \cdot U_{x_0}^t e_k^j)e_{k-1}^{j+1}}{\left\|U_{x_0}^t e_k^j - (e_1^{j+1} \cdot U_{x_0}^t e_k^j)e_1^{j+1} - \cdots - (e_{k-1}^{j+1} \cdot U_{x_0}^t e_k^j)e_{k-1}^{j+1}\right\|} \end{aligned} \tag{3.35}$$

记

$$\begin{aligned} & a_1^j = \left\|U_{x_0}^t e_1^j\right\| \\ & a_i^{j+1} = \left\|U_{x_0}^t e_i^j - (e_1^{j+1} \cdot U_{x_0}^t e_k^j)e_1^{j+1} - \cdots - (e_{i-1}^{j+1} \cdot U_{x_0}^t e_i^j)e_{i-1}^{j+1}\right\| \\ & 2 \leqslant i \leqslant n, \quad j = 0, 1, 2, \cdots \end{aligned}$$

设 $\{e_1, e_2, \cdots, e_n\}$ 为 T_xM 的一组标准正交基，$\{x_i\}_{1\leqslant i\leqslant n}$ 与 $\{y_i\}_{1\leqslant i\leqslant n}$ 为 $T_{x_0}M$ 的任意两组基，则

$$\begin{aligned} & x_i = \sum_{j=1}^n a_{ji}e_j, \quad y_i = \sum_{j=1}^n b_{ji}e_j \\ & U_{x_0}^t x_i = \sum_{j=1}^n a_{ji}U_{x_0}^t e_j, \quad U_{x_0}^t y_i = \sum_{j=1}^n b_{ji}U_{x_0}^t e_j, \quad i = 1, 2, \cdots, n \end{aligned}$$

$$\begin{aligned} \left\|U_{x_0}^t x_1 \wedge \cdots \wedge U_{x_0}^t x_n\right\| &= |\det(a_{ij})| \left\|U_{x_0}^t e_1 \wedge \cdots \wedge U_{x_0}^t e_n\right\| \\ \left\|U_{x_0}^t y_1 \wedge \cdots \wedge U_{x_0}^t y_n\right\| &= |\det(b_{ij})| \left\|U_{x_0}^t e_1 \wedge \cdots \wedge U_{x_0}^t e_n\right\| \end{aligned} \tag{3.36}$$

这样，就有

$$\frac{\left\|U_{x_0}^t x_1 \wedge \cdots \wedge U_{x_0}^t x_n\right\|}{\|x_1 \wedge \cdots \wedge x_n\|} = \frac{\left\|U_{x_0}^t y_1 \wedge \cdots \wedge U_{x_0}^t y_n\right\|}{\|y_1 \wedge \cdots \wedge y_n\|}$$

由于 $\|e_1^0 \wedge \cdots \wedge e_n^0\| = 1$，对任意给定的 τ，根据所需要的精度，选取适当的 m，有

$$\begin{aligned}
&\frac{1}{m\tau} \ln \left\|U_{x_0}^{m\tau} e_1^0 \wedge \cdots \wedge U_{x_0}^{m\tau} e_k^0\right\| = \frac{1}{m\tau} \ln \frac{\left\|U_{x_0}^{m\tau} e_1^0 \wedge \cdots \wedge U_{x_0}^{m\tau} e_k^0\right\|}{\|e_1^0 \wedge \cdots \wedge e_k^0\|} \\
&= \frac{1}{m\tau} \ln \left[\frac{\left\|U_{x_0}^{m\tau} e_1^0 \wedge \cdots \wedge U_{x_0}^{m\tau} e_k^0\right\|}{\left\|U_{x_0}^{(m-1)\tau} e_1^0 \wedge \cdots \wedge U_{x_0}^{(m-1)\tau} e_k^0\right\|} \right. \\
&\quad \left. \cdot \frac{\left\|U_{x_0}^{(m-1)\tau} e_1^0 \wedge \cdots \wedge U_{x_0}^{(m-1)\tau} e_k^0\right\|}{\left\|U_{x_0}^{(m-2)\tau} e_1^0 \wedge \cdots \wedge U_{x_0}^{(m-2)\tau} e_k^0\right\|} \cdot \cdots \cdot \frac{\left\|U_{x_0}^{\tau} e_1^0 \wedge \cdots \wedge U_{x_0}^{\tau} e_k^0\right\|}{\|e_1^0 \wedge \cdots \wedge e_k^0\|} \right] \qquad (3.37) \\
&= \frac{1}{m\tau} \sum_{j=0}^{m-1} \ln \left\|U_{x_j}^{\tau} e_1^j \wedge \cdots \wedge U_{x_j}^{\tau} e_k^j\right\| \\
&= \frac{1}{m\tau} \sum_{j=0}^{m-1} \sum_{i=1}^{k} \ln a_i^{j+1} = \frac{1}{m\tau} \sum_{j=i}^{m} \sum_{i=1}^{k} \ln a_i^j
\end{aligned}$$

因此

$$\lambda_k = \lim_{m \to \infty} \frac{1}{m\tau} \sum_{j=1}^{m} \ln a_k^j, \quad 1 \leqslant k \leqslant n \text{ 且 } \lambda_1 \geqslant \lambda_2 \geqslant \cdots \geqslant \lambda_n \qquad (3.38)$$

由于 m 的选取，此方法可达到任意精度，而且在计算过程中不会出现溢出现象。

另外，还有一些其他计算李雅普诺夫指数的方法，如有限元法等，由于要用到一些更专业的知识，在此我们不再做具体的介绍，有兴趣的读者可参阅相关文献。

进入 21 世纪以来，非线性科学在自然科学领域中的一系列重大成果在社会科学特别是在经济学领域中产生了巨大影响，国内外专家学者对非线性科学在经济、金融等方面的应用研究取得了很大的进展。

Chen(2008a, 2008b) 通过数值模型讨论了具有时滞反馈的金融系统中的复杂行为。Cai 等 (2012) 研究了一个三维自治非线性金融混沌系统，并从不同的方面介绍了紧不变集。对非线性金融系统的研究也可以结合延迟反馈策略进行讨论 (Ding et al.，2012；Ding and Cao，2015)。Zhao 等 (2011) 基于稳定性理论对三维混沌金融系统的同步策略进行了研究。Yu 等 (2012) 研究了一个新的超混沌金融系统，并对该系统的稳定性、超混沌吸引子、分岔等相关内容进行了讨论。Tacha

等 (2016) 提出了一个由两个非线性变量组成的三维非线性金融混沌系统。Zhao 和 Wang(2014) 研究了额外不干扰的混沌金融系统的 H∞ 控制问题，并设计了延迟反馈控制器，可以令误差系统在规定性能下渐近稳定。Xu 等 (2015) 研究了带有参数扰动的混沌金融系统及其动力学属性，该研究中时滞反馈控制器不仅具有时变性，也具有自适应性。Yang 等 (2016) 研究了延迟反馈对财务系统的影响，并通过中心流形理论等对动力系统的稳定性进行了研究。Szumiński(2018) 对两种混沌金融模型进行了比较，并对参数范围进行了分析。

超混沌是指系统具有至少 2 个正的李雅普诺夫指数，它比只有 1 个正的李雅普诺夫指数的混沌系统更复杂，广泛存在于自然界、实验室和社会经济等众多领域，以及至少有四维的非线性系统中。部分文献对于超混沌系统的原理、构造、结构和内在复杂特性等进行了深入细致的研究。

奇怪非混沌吸引子是人们在发现了奇怪吸引子后的又一个重大研究成果，它具有分形结构，但它的最大非零李雅普诺夫指数为负值，不具有对初值的敏感依赖性，这是它与混沌吸引子的显著差异。部分文献对奇怪非混沌吸引子的产生、演化、内在复杂性以及同步和控制等进行了研究。

对于外力和噪声作用下的复杂非线性经济、金融系统的内在复杂性、局部和全局分岔分析、超混沌、奇怪非混沌吸引子、控制和同步等问题的研究，还处在起步阶段，研究结果还很少，这将是今后的一个主要的工作方向。

第 4 章 复杂系统的稳定性判定理论及其应用

判别和度量混沌现象对于把握系统的复杂性具有重要意义。前面 3 章主要介绍了复杂系统的定量分析方法，本章将主要介绍复杂系统的定性分析方法，它比定量分析方法更具有直观性，并且能够比较全面地描述系统的局部和全局复杂特征。对于一些经济现象要进行定性的判断，可以用以下总结的复杂系统的定性本质和规律去判别。

4.1 基本概念

为了说明方便，我们常采用向量与矩阵的符号。这里向量和矩阵的定义、性质、运算法则均与线性代数中的一致，在此不再重复。下面考虑自变量为 $\mathbb{R}^n$ 中的向量 x 且取值也在 $\mathbb{R}^n$ 中的向量函数 $g(x)$，即

$$g(x)=\begin{pmatrix} g_1(x) \\ g_2(x) \\ \vdots \\ g_n(x) \end{pmatrix}=\begin{pmatrix} g_1(x_1,x_2,\cdots,x_n) \\ g_2(x_1,x_2,\cdots,x_n) \\ \vdots \\ g_n(x_1,x_2,\cdots,x_n) \end{pmatrix}$$

向量函数 $g(x)$ 连续，即 $g_i(x_1,x_2,\cdots,x_n)$ $(i=1,2,\cdots,n)$ 作为 $x_1,x_2,\cdots,x_n$ 的函数都连续。

利普希茨 (Lipschitz) 条件：设向量函数 $g(x)$ 在矩形区域

$$W=\{(x,y)\,||x-x_0|\leqslant a,\,|y-y_0|\leqslant b\}$$

连续，如果有常数

$$L>0$$

使得对于所有的

$$(x,y)\in W$$

都有

$$|g(x)-g(y)|\leqslant L\,|x-y|$$

则称 $g(x)$ 在 W 上满足 Lipschitz 条件，L 称为 Lipschitz 常数。

称向量函数 $g(x)$ 在 $\mathbb{R}^n$ 中某区域 W 上是局部 Lipschitz 的，如果对于 W 的每一个点，存在该点的一个邻域 $W_0\,(W_0 \subset W)$，使得 $g(x)$ 在 W_0 上是 Lipschitz 的。

对于给定的微分方程，它的通解一般有无限多个，而给定初始条件后，其解有时唯一，有时不唯一。下面考虑微分方程解的存在性与唯一性。

设 t 是时间变量，$t \in I$，I 是实数轴上的开区间，x 是 n 维向量，$x \in W$，W 是 n 维欧几里得空间 $\mathbb{R}^n$ 中的区域。考虑微分方程系统

$$\dot{x} = f(t, x) \tag{4.1}$$

其右端向量函数 $f(t,x)$ 在 $I \times W$ 上连续，又关于 x 在 W 上是局部 Lipschitz 的，且有对 $t \in I$ 一致的 Lipschitz 常数。

下面我们不加证明地给出一些基本的定理。

定理 4.1　微分方程解的存在性与唯一性。

对微分方程 (4.1)，$t_0 \in I$ 与 $x_0 \in W$，存在常数 $a > 0$，使得在区间 $J = [t_0 - a, t_0 + a]$ 上有微分方程 (4.1) 的唯一解 $x = x(t)$，连续并满足初始条件 $x(t_0) = x_0$。

定理 4.2　解对初值的连续依赖性与可微性。

若方程 (4.1) 的解 $x(t, y_0)$ 在区间 $[t_0, t_1]$ 上有定义，则存在 y_0 的邻域 $V \subset W$，使得当 $z_0 \in V$ 时，就有方程 (4.1) 的唯一解 $x(t, z_0)$ 也在区间 $[t_0, t_1]$ 上有定义，且当 $t \in [t_0, t_1]$ 时有 $|x(t, y_0) - x(t, z_0)| \leqslant |y_0 - z_0|\,\mathrm{e}^{L(t-t_0)}$。

如果方程 (4.1) 右端的向量函数 $f(t,x)$ 还对 x 连续可微 (即一切偏微商 $\dfrac{\partial f_i}{\partial x_j}(i, j = 1, 2, \cdots, n)$ 连续)，则该方程的解 $x = x(t, x_0)$ 对初值 x_0 是连续可微的。

定理 4.3　解对参数的连续性与可微性。

考虑依赖于参数 μ 的微分方程

$$\dot{x} = f(t, x, \mu) \tag{4.2}$$

其中，$t \in I$，$x \in W$，$\mu \in I_1$，I_1 也是 $\mathbb{R}^1$ 内的开区间。设向量函数 $f(t, x, \mu)$ 在 $I \times W \times I_1$ 上连续，关于 x 在 W 上是局部 Lipschitz 的，有对 $t \in I$，$\mu \in I_1$ 一致的 Lipschitz 常数。

微分方程 (4.2) 对 $t_0 \in I$，$x_0 \in W$，$\mu_0 \in I_1$ 存在常数 $a > 0, \rho > 0$，使得当 $|\mu - \mu_0| \leqslant \rho$ 时，方程 (4.2) 的满足条件 $x(t_0, \mu) = x_0$ 的解 $x(t, \mu)$ 在区间 $J = [t_0 - a, t_0 + a]$ 上有定义，并且是 t 和 μ 的连续函数。

如果向量函数 $f(t, x, \mu)$ 还对变量 x 与 μ 有连续偏微商，则方程 (4.2) 满足条件 $x(t_0, \mu) = x_0$ 的解 $x(t, \mu)$ 对 μ 连续可微。

4.2 相平面上的平衡点及其稳定性

本节讨论最简单也是最常见的二维系统，首先从常系数齐次线性系统入手，其一般形式为

$$\dot{x} = Ax$$

其中，$x = \begin{pmatrix} x_1 \\ x_2 \end{pmatrix}$；$A = \begin{pmatrix} a_{11} & a_{12} \\ a_{21} & a_{22} \end{pmatrix}$。

根据线性代数的知识我们知道，对于任意一个矩阵 $A \in \mathbb{R}^{2\times 2}$，一定存在一个可逆矩阵 P，使得 $J = P^{-1}AP$ 为下列四种形式之一：

$$\begin{pmatrix} \lambda_1 & 0 \\ 0 & \lambda_2 \end{pmatrix}, \begin{pmatrix} \lambda & 0 \\ 0 & \lambda \end{pmatrix}, \begin{pmatrix} \lambda & 0 \\ 1 & \lambda \end{pmatrix}, \begin{pmatrix} a & -b \\ b & a \end{pmatrix}$$

事实上，对于第一种情况，对应矩阵 A 有两个实特征值 λ_1 和 λ_2，且 $\lambda_1 \neq \lambda_2$，此时可以设 $P = \begin{pmatrix} p_{11} & p_{12} \\ p_{21} & p_{22} \end{pmatrix} = \begin{pmatrix} v_1 & v_2 \end{pmatrix}$，由于 $J = P^{-1}AP$，则 $AP = PJ$，即 $A\begin{pmatrix} v_1 & v_2 \end{pmatrix} = \begin{pmatrix} v_1 & v_2 \end{pmatrix}\begin{pmatrix} \lambda_1 & 0 \\ 0 & \lambda_2 \end{pmatrix}$，$\begin{pmatrix} Av_1 & Av_2 \end{pmatrix} = \begin{pmatrix} \lambda_1 v_1 & \lambda_2 v_2 \end{pmatrix}$，即 $Av_i = \lambda_i v_i$，$i = 1, 2$，也就是 $(\lambda_i I - A) v_i = 0, i = 1, 2$，因此，取相应于 λ_i 的一个特征向量 $v_i, i = 1, 2$，即可得到 $P = \begin{pmatrix} v_1 & v_2 \end{pmatrix}$。此时，原系统化为

$$\begin{cases} \dot{y}_1 = \lambda_1 y_1 \\ \dot{y}_2 = \lambda_2 y_2 \end{cases}$$

其解为

$$\begin{cases} y_1(t) = c_1 \mathrm{e}^{\lambda_1 t} \\ y_2(t) = c_2 \mathrm{e}^{\lambda_2 t} \end{cases}$$

λ_1 和 λ_2 取值的不同情况及其对应系统的相图如下。

1. λ_1 和 λ_2 均为正

此时解曲线在相平面上的图形如图 4.1 所示，箭头表示 t 增加时曲线的方向。从图上我们可以看出，除坐标轴上两条曲线外，其余各解曲线都沿两个方向远离原点，这时原点称为结点，并且是不稳定的，因此也称为源。

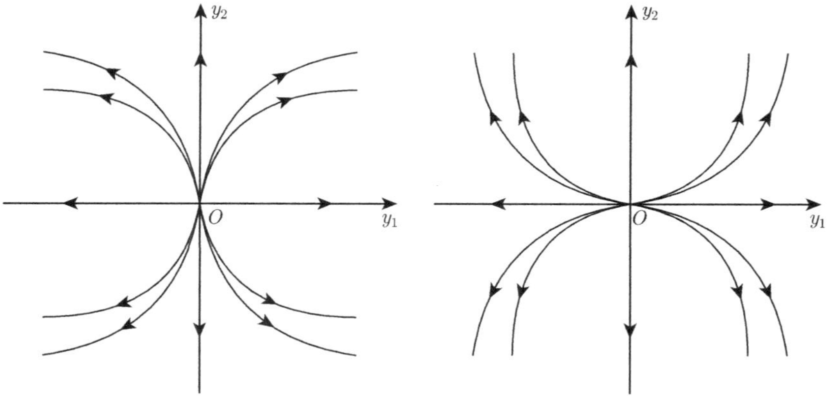

(a) $0<\lambda_1<\lambda_2$　　(b) $0<\lambda_2<\lambda_1$

图 4.1　复杂系统的源

2. λ_1 和 λ_2 均为负

此时解曲线在相平面上的图形如图 4.2 所示，箭头表示 t 增加时曲线的方向。从图上我们可以看出，除坐标轴上两条曲线外，其余各解曲线都沿两个方向趋于原点，这时原点也称为结点，并且是稳定的，因此也称为汇。

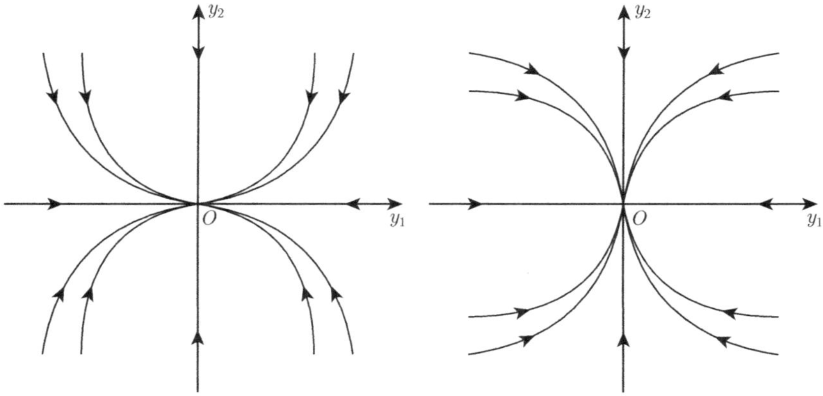

(a) $\lambda_1<\lambda_2<0$　　(b) $\lambda_2<\lambda_1<0$

图 4.2　复杂系统的汇

3. $\lambda_1 < 0 < \lambda_2$

此时解曲线在相平面上的图形如图 4.3 所示，箭头表示 t 增加时曲线的方向。从图上我们可以看出，t 趋于无穷时只有两条曲线趋于原点，其余各曲线都沿另外两个方向趋于无穷，当 t 趋于无穷时，其中有两条曲线趋于原点。这时原点称为鞍点。

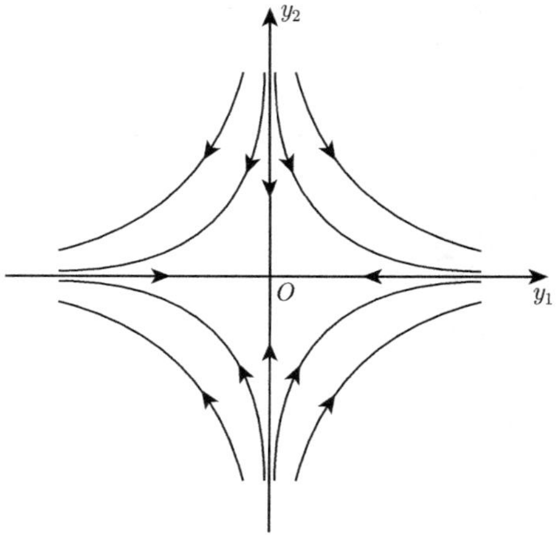

图 4.3　复杂系统的鞍点 ($\lambda_1 < 0 < \lambda_2$)

4. $\lambda_2 < 0 < \lambda_1$

这时与情况 3 类似，只是箭头的方向相反。此时解曲线在相平面上的图形如图 4.4 所示。

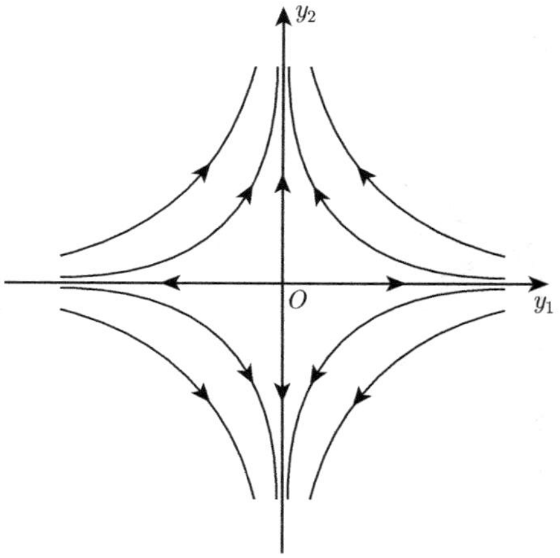

图 4.4　复杂系统的鞍点 ($\lambda_2 < 0 < \lambda_1$)

第二种情况实际上是第一种情况的特殊情况，就是特征值是重根，并且特征值 λ 有两个线性无关的特征向量的情况。对应两种相图如图 4.5 和图 4.6 所示，其中，图 4.5 对应 $\lambda > 0$ 的情况，不稳定，图 4.6 对应 $\lambda < 0$ 的情况，稳定。这时的结点称为临界结点。

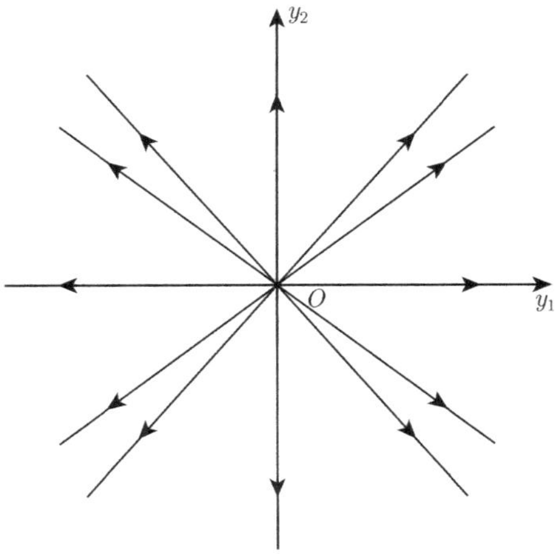

图 4.5　临界结点 ($\lambda > 0$)

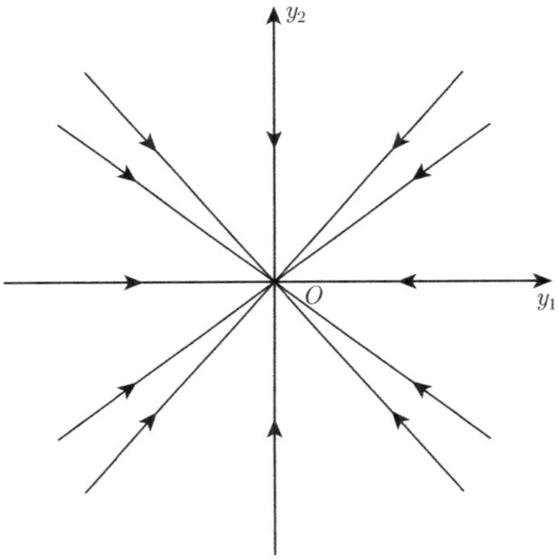

图 4.6　临界结点 ($\lambda < 0$)

第三种情况的特征值是重根，但是矩阵不能对角化，也就是特征值 λ 没有两个线性无关的特征向量，此时矩阵 P 的求法如下。

由于 $J = P^{-1}AP$，则 $AP = PJ$，即 $A\begin{pmatrix} v_1 & v_2 \end{pmatrix} = \begin{pmatrix} v_1 & v_2 \end{pmatrix}\begin{pmatrix} \lambda & 0 \\ 1 & \lambda \end{pmatrix}$，$\begin{pmatrix} Av_1 & Av_2 \end{pmatrix} = \begin{pmatrix} \lambda v_1 + v_2 & \lambda v_2 \end{pmatrix}$，即 $(A - \lambda I)\, v_1 = v_2$，$Av_2 = \lambda v_2$。这时，对于特征值 λ，先求出一个特征向量 v_2，求解向量方程 $(A - \lambda I)\, x = v_2$，由于 v_2 非零，故上述向量方程一定有非零解，且与 v_2 线性无关，取一个解令其为 v_1，再

令 $P = \begin{pmatrix} v_1 & v_2 \end{pmatrix}$ 即可。这时，原系统化为

$$\begin{cases} \dot{y}_1 = \lambda y_1 \\ \dot{y}_2 = y_1 + \lambda y_2 \end{cases}$$

其解为

$$\begin{cases} y_1(t) = c_1 \mathrm{e}^{\lambda t} \\ y_2(t) = (c_1 t + c_2)\,\mathrm{e}^{\lambda t} \end{cases}$$

这时，相平面上曲线的情况相对比较复杂，这里仅分析 $\lambda < 0$ 的情况，$\lambda > 0$ 的情况与此类似。

由于 y_1 的形式比较简单，所以先考虑 y_1 的情况。显然，当 $c_1 > 0$ 时，在右半平面，当 $t \to +\infty$ 时，$y_1 \to 0$，当 $t \to -\infty$ 时，$y_1 \to +\infty$；相反，当 $c_1 < 0$ 时，在左半平面，当 $t \to +\infty$ 时，$y_1 \to 0$，当 $t \to -\infty$ 时，$y_1 \to -\infty$。

现在考虑 y_2 的情况。当 $c_1 > 0$ 时，无论 c_2 如何，随着 t 的增加，$c_1 t + c_2$ 最终会大于零，因此，当 $t \to +\infty$ 时，$y_2 \to 0$；当 $t \to -\infty$ 时，$y_2 \to -\infty$。$c_1 < 0$ 的情况与此相反，在此不再详细讨论。此时的结点称为非正常结点，相图如图 4.7 所示。

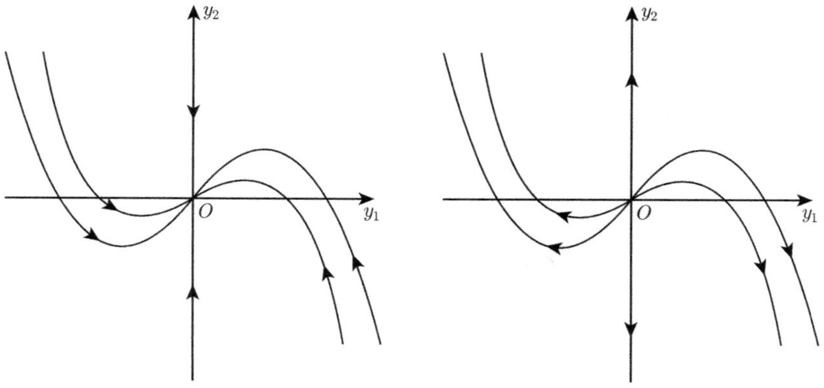

(a) λ<0　　(b) λ>0

图 4.7　非正常结点

第四种情况，对应矩阵 A 有一对复共轭特征值 $a \pm b\mathrm{i}$，其中 $a, b \in \mathbb{R}$，$b \neq 0$。考虑 A 的特征值 $a - b\mathrm{i}$，且设 $f + g\mathrm{i} = \begin{pmatrix} f_1 + g_1\mathrm{i} \\ f_2 + g_2\mathrm{i} \end{pmatrix}$ 是 A 的从属于特征值 $a - b\mathrm{i}$ 的一个特征向量，则有

$$A(f + g\mathrm{i}) = (a - b\mathrm{i})(f + g\mathrm{i})$$

$$\begin{aligned}&\Leftrightarrow Af+\mathrm{i}Ag=(af+bg)+(ag-bf)\,\mathrm{i}\\&\Leftrightarrow Af=af+bg,\quad Ag=-bf+ag\\&\Leftrightarrow A\begin{pmatrix}f & g\end{pmatrix}=\begin{pmatrix}f & g\end{pmatrix}\begin{pmatrix}a & -b\\ b & a\end{pmatrix}\end{aligned}$$

此时，令 $P=\begin{pmatrix}f_1 & g_1\\ f_2 & g_2\end{pmatrix}$ 即可。这时，原系统化为

$$\begin{cases}\dot{y}_1=ay_1-by_2\\ \dot{y}_2=by_1+ay_2\end{cases}$$

其解为

$$\begin{cases}y_1\left(t\right)=\mathrm{e}^{at}\left(c_1\cos(bt)-c_2\sin(bt)\right)\\ y_2\left(t\right)=\mathrm{e}^{at}\left(c_1\sin(bt)+c_2\cos(bt)\right)\end{cases}$$

这时，根据 a、b 取值的不同情况，平衡点有以下几种类型。

5. 吸引的焦点

此时对应 $a<0$，又根据 b 的符号，相图有两种形式：$b>0$ 时是逆时针旋转的螺线，$b<0$ 时是顺时针旋转的螺线。图形如图 4.8 和图 4.9 所示。

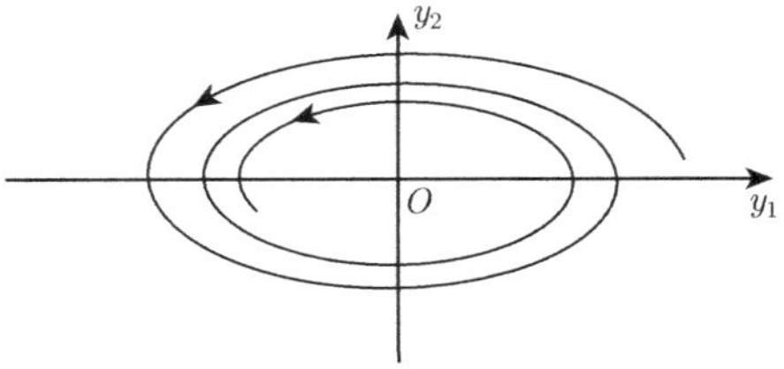

图 4.8　$a<0$，$b>0$

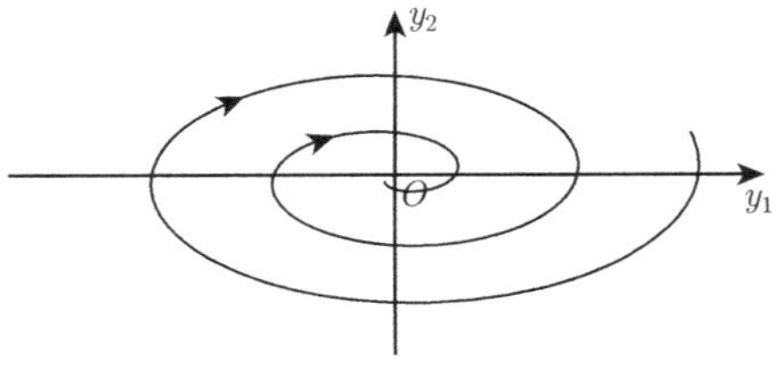

图 4.9　$a<0$，$b<0$

6. 排斥的焦点

此时对应 $a>0$，又根据 b 的符号，相图有两种形式：$b>0$ 时是逆时针旋转的螺线，$b<0$ 时是顺时针旋转的螺线。图形如图 4.10 和图 4.11 所示。

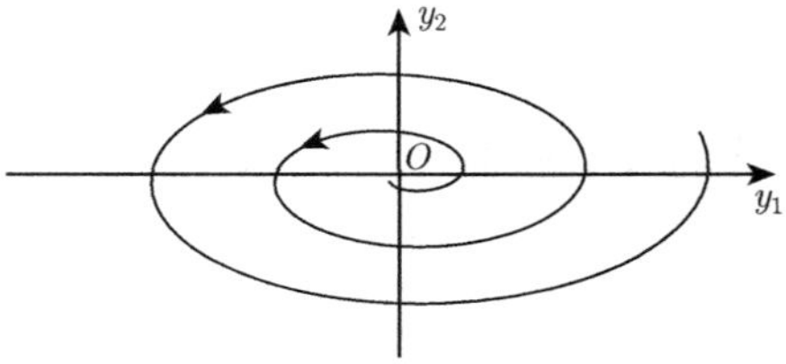

图 4.10　$a>0$，$b>0$

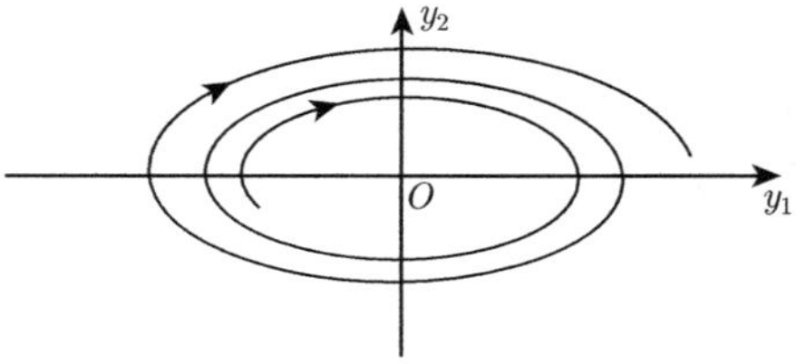

图 4.11　$a>0$，$b<0$

7. 中心

此时对应 $a=0$，又根据 b 的符号，相图有两种形式：$b>0$ 时是逆时针旋转的一族圆，$b<0$ 时是顺时针旋转的一族圆。图形如图 4.12 和图 4.13 所示。

矩阵 A 的特征方程 $|A-\lambda I|=0$，即

$$\lambda^2-(a_{11}+a_{22})\lambda+a_{11}a_{22}-a_{12}a_{21}=0$$

令 $-(a_{11}+a_{22})=p$, $a_{11}a_{22}-a_{12}a_{21}=q$，则上述特征方程化为

$$\lambda^2+p\lambda+q=0$$

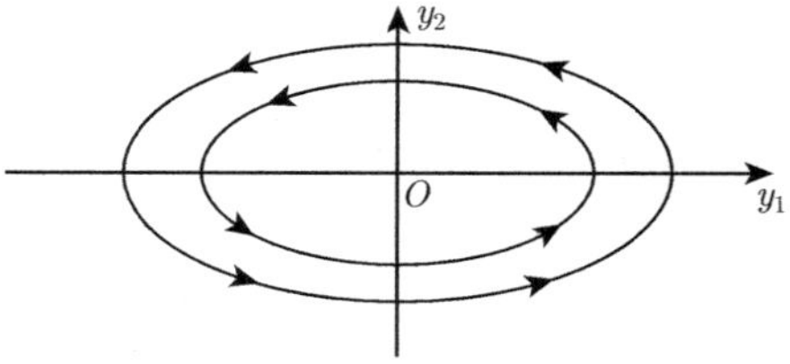

图 4.12　$a=0$，$b>0$

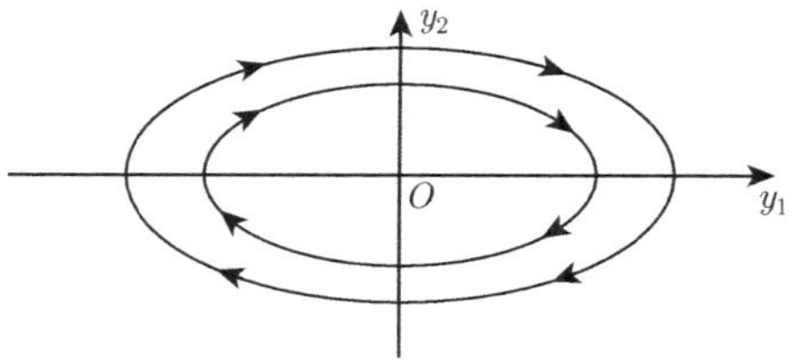

图 4.13　$a=0$，$b<0$

微分方程稳定性理论将平衡点分为源、汇、鞍点、临界结点、焦点、中心等类型，完全由特征根的取值决定。图 4.14 简明地给出了这些结果所对应的区域。

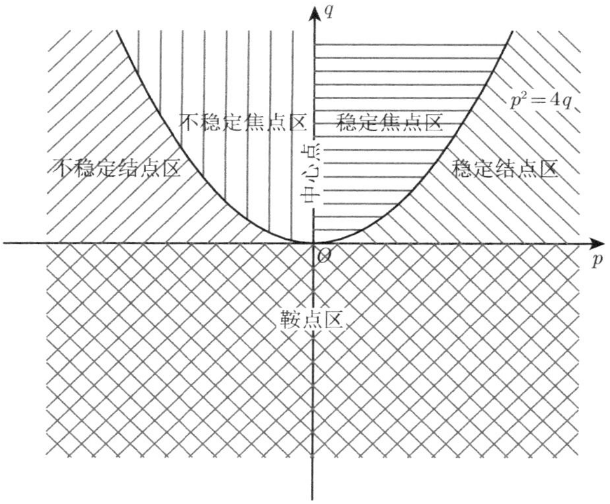

图 4.14　源、汇、鞍点、临界结点、焦点、中心等类型所对应的区域

4.3　复杂系统的稳定性理论

法国数学家庞加莱在他的《微分方程所定义的积分曲线》一书中首先应用定性的方法研究微分方程解的稳定性问题。实际上在庞加莱之前的一些物理学家在求解力学上的稳定状态时发现，如果物体仅受重力的作用，则当其重心位置最低时，平衡状态是稳定的。这实质上是这种条件下一个力学系统的平衡状态的稳定性判据。它不必求解这个力学系统的微分方程，而仅根据其中心位置就可对平衡状态的稳定性做出判断。稳定性这一概念最早出现在力学中，它描述的是一个刚体运动的平衡状态。如果刚体在受到干扰而稍微偏离原来的位置后，仍能回到原来的位置，就称这个平衡状态是稳定的；反之，如果刚体不能回到原来的位置，就称这个平衡状态是不稳定的。

在实际应用中，我们知道，许多问题包括管理、经济和金融系统中的一些运动规律，都可以用微分方程来描述。而且，人们在研究的过程中，有时候是为了方便，有时候不得不忽略一些看起来较为次要的因素，也就是我们所说的干扰因素。这些干扰因素有的是瞬时起作用，有的则是持续起作用，前者引起微分方程初值的变化，而后者则引起微分方程本身的变化。这种看起来微小的变化所引起的解的变化是不是也是微小的呢？如果答案是否定的，那么，对于这样的系统的研究显然是没有意义的。

若自变量在指定的有限区间上变化，就是我们前面所介绍过的解对初值的连续依赖性问题，若自变量在无限区间上变化，则是本节要讨论的李雅普诺夫意义下的运动稳定性问题。俄国数学家李雅普诺夫正是受到了庞加莱等科学家的研究结果和研究思想的启发，发展了一套判别系统稳定性的方法。

运动系统的稳定性概念是平衡稳定性概念的直接扩大。李雅普诺夫意义下的运动稳定性理论，是研究微小干扰因素对运动系统的影响。由于微小的干扰因素总是存在的，例如，在市场经济系统中，某种商品的总供给、总需求或者价格以某种原因而产生波动，使得此种商品市场失衡，不仅影响自身的市场，还会波及其他商品市场。此时，若该市场经济系统是不稳定的，则可以通过政府的调控政策来使市场恢复稳定。由此看来，关于运动稳定性的研究具有重要的理论和实际意义。

4.3.1 系统运动稳定性的概念

假定我们考虑的系统可以用式 (4.3) 的微分方程描述：

$$\dot{x} = f(t, x) \tag{4.3}$$

其中，$t \in [0, +\infty)$，$x \in D \subset \mathbb{R}^n$，$f(t, x)$ 在 $[0, +\infty) \times D$ 上连续且满足解的存在唯一性条件。

定义 4.1 设 $\varphi(t)$ 是式 (4.3) 在 $[0, +\infty)$ 上的一个特解，若对 $\forall \varepsilon > 0$，$\exists \delta(\varepsilon) > 0$，使得

(1) 对于满足条件 $\|x_0 - \varphi(0)\| < \delta(\varepsilon)$ 的初值 $x(0) = x_0$，其对应的解 $\varphi(t; 0, x_0)$ 在 $[0, +\infty)$ 上存在；

(2) 对一切 $t \in [0, +\infty)$，有 $\|\varphi(t; 0, x_0) - \varphi(t)\| < \varepsilon$。

则称特解 $\varphi(t)$ 是李雅普诺夫意义下稳定的。反之，称特解 $\varphi(t)$ 是李雅普诺夫意义下不稳定的。

直观地说，只要初值波动得足够小，那么解的波动就能够被限制在事先给定的范围内，这就是李雅普诺夫意义下稳定解的本质特征。

定义 4.2　若式 (4.3) 的解是稳定的，且存在 $\delta > 0$，使得当 $\|x_0 - \varphi(0)\| < \delta$ 时，$\lim\limits_{t\to\infty} \|\varphi(t; 0, x_0) - \varphi(t)\| = 0$，则称特解 $\varphi(t)$ 是李雅普诺夫意义下渐近稳定的。而且，若对所有的 $\delta > 0$ 都成立，则称特解 $\varphi(t)$ 是李雅普诺夫意义下全局渐近稳定的。如果以状态空间的任一非零点为初始状态的受扰运动都是渐近稳定的，则称其平衡点是全局渐近稳定。

渐近稳定，直观地说，就是随着时间的增大，解的波动趋于消失。显然，稳定的解未必渐近稳定。

4.3.2　复杂系统稳定性判别方法

在讨论系统的解 $\varphi(t)$ 的稳定性时，我们不妨假设 $\varphi(t)$ 是零解。事实上，若 $\varphi(t)$ 不是零解，可以做线性的坐标变换，将 $\varphi(t)$ 转换为零解。因而，下面只讨论系统零解的稳定性。

系统零解稳定性的判别法，大体上有以下三种。

1. 按一次近似判断系统的稳定性

对于 n 维线性常系数齐次方程组

$$\dot{x} = Ax$$

设其系数矩阵 A 的特征值为 $\lambda_i\,(i = 1, 2, \cdots, n)$，$A$ 属于特征值 $\lambda_i\,(i = 1, 2, \cdots, n)$ 的特征子空间的维数称为 $\lambda_i\,(i = 1, 2, \cdots, n)$ 的几何重数，而 $\lambda_i\,(i = 1, 2, \cdots, n)$ 作为特征多项式的根的重数，称为 $\lambda_i\,(i = 1, 2, \cdots, n)$ 的代数重数。显然，对于矩阵 A 的特征值 $\lambda_i\,(i = 1, 2, \cdots, n)$，它的几何重数都不会大于代数重数。

下面我们给出根据 A 的特征值来判断系统零解稳定性的几条标准。

(1) 若 A 的所有特征值都有负实部 (负实根或者具有负实部的复根)，则系统的零解是渐近稳定的。

(2) 若 A 的特征值中至少有一个具有正实部 (正实根或者具有正实部的复根)，则系统的零解是不稳定的。

(3) 若 A 的特征值都不具有正实部，但有实部为零的单根 (零根或者一对纯虚根)，则系统的零解是稳定的，但不是渐近稳定的。

(4) 若 A 的特征值都不具有正实部，但有多重零根或者多重纯虚根，此时，若每个重根的代数重数都与几何重数相等，则系统的零解是稳定的；若至少有一个重根的几何重数小于它的代数重数，则系统的零解就是不稳定的。

若考虑非线性系统 (4.3)，我们可以把它写成式 (4.4) 的形式：

$$\dot{x} = Ax + R(t, x) \tag{4.4}$$

其中，常数矩阵 $A=\left(\dfrac{\partial f_i}{\partial x_j}\right)_{n\times n}\Bigg|_{x=0}$，当 $f(t,0)=0$ 时，$f(t,x)$ 对 $x_1,x_2,\cdots,x_n$ 有一阶连续偏导数时是可以实现的。我们称 $\dot{x}=Ax$ 是式 (4.4) 的线性近似系统，并且不加证明地给出如下结论。

若矩阵 A 的特征根均具有负实部或实部有正数，则非线性系统 (4.4) 与其线性近似系统 $\dot{x}=Ax$ 的稳定性是一致的，但若矩阵 A 的特征根实部有零的临界状态，则现行近似系统的稳定性已不能判断对应的非线性系统的稳定性，这就需要使用其他的方法来进一步判断，在此不作详细介绍，有兴趣的读者可以参考有关文献。

2. Routh-Hurwitz 判据

由于特征根实部的符号对于判断系统的稳定性有着关键性的作用，对于二维系统，特征根容易求出，可以直接判断特征根实部的符号。而对于三维甚至更高维的系统，就很难甚至不可能求出特征根，这时，就需要借助 Routh-Hurwitz 判据来判断系统的稳定性。

首先介绍 Routh 判据。

假设 n 维常系数线性系统的特征方程为

$$a_0\lambda^n+a_1\lambda^{n-1}+a_2\lambda^{n-2}+\cdots+a_{n-1}\lambda+a_n=0$$

根据代数理论中韦达定理所描述的方程根与系数的关系可知，为使系统特征方程的根都具有负实部，必要条件是特征方程的各项系数均为正。这包含两层意思：一是各项系数的符号相同，二是各项系数均不为零，也就是不缺项。

我们列出下面的 Routh 阵列：

$$\begin{array}{lllllllll}
\lambda^n & a_0 & a_2 & a_4 & a_6 & a_8 & \cdots & \cdots \\
\lambda^{n-1} & a_1 & a_3 & a_5 & a_7 & a_9 & \cdots & \cdots \\
\lambda^{n-2} & a_{31} & a_{32} & a_{33} & a_{34} & \cdots & \cdots \\
\lambda^{n-3} & a_{41} & a_{42} & a_{43} & a_{44} & \cdots & \cdots \\
\vdots & \vdots & \vdots & \vdots & \vdots & \vdots \\
\lambda^2 & a_{n-2,1} & a_{n-2,2} \\
\lambda^1 & a_{n-1,1} \\
\lambda^0 & a_{n,1}
\end{array}$$

其中，$a_{31}=\dfrac{a_1a_2-a_0a_3}{a_1}$，$a_{32}=\dfrac{a_1a_4-a_0a_5}{a_1}$，$a_{33}=\dfrac{a_1a_6-a_0a_7}{a_1}$，$a_{34}=\dfrac{a_1a_8-a_0a_9}{a_1}$，$a_{41}=\dfrac{a_3a_{31}-a_1a_{32}}{a_{31}}$，$a_{42}=\dfrac{a_5a_{31}-a_1a_{33}}{a_{31}}$，$a_{43}=\dfrac{a_7a_{31}-a_1a_{34}}{a_{31}}$，$\cdots$。

若此 Routh 阵列的第一列中出现小于零的数值，则系统就不稳定，且第一列各数符号的改变次数，代表特征方程具有正实部的根的个数。

特征方程的根全都具有负实部的充分必要条件是，特征方程的各项系数均为正，且 Routh 阵列的第一列中各值均为正。

在计算 Routh 阵列的过程中，有以下两种特殊情况需要注意：

(1) 若 Routh 阵列中某行的第一个元素为零，而其余各元素均不为零或部分不为零，这时可以用一个很小的正数 ε 来代替零元素，继续进行 Routh 阵列的计算。

(2) 若 Routh 阵列中出现全零行，则表明特征方程中存在一些绝对值相同但符号相异的特征根，这时可以用全零行上一行的系数构造一个辅助方程，对辅助方程求导，用所得导数方程的系数代替全零行，便可以按 Routh 判据的要求继续运算，直到得到全部 Routh 阵列。辅助方程的次数通常为偶数，它表明数值相同、符号相反的根的个数，所有这些数值相同、符号相反的根都可以从辅助方程中求出。

Hurwitz 判据在形式上比 Routh 判据简单，但本质上是一样的。同样是考虑上面的特征方程，构造 Hurwitz 行列式如下：

$$\Delta=\begin{vmatrix} a_1 & a_3 & a_5 & \cdots & \cdots & \cdots & 0 \\ a_0 & a_2 & a_4 & \cdots & \cdots & \cdots & 0 \\ 0 & a_1 & a_3 & a_5 & \cdots & \cdots & 0 \\ 0 & a_0 & a_2 & a_4 & \cdots & \cdots & 0 \\ \vdots & \vdots & \vdots & \vdots & \vdots & \vdots & \vdots \\ 0 & \cdots & \cdots & \cdots & \cdots & a_{n-1} & 0 \\ 0 & \cdots & \cdots & \cdots & \cdots & a_{n-2} & a_0 \end{vmatrix}$$

在上面的行列式中，对角线上各元为特征方程中自第二项开始的各项系数。每行以对角线上各元为准，写对角线左方各元时，系数 a 的脚标递减；写对角线右方各元时，系数 a 的脚标递增。当特征方程中不存在系数时，以零来代替。

Hurwitz 判据描述如下：在 $a_0>0$ 的情况下，系统稳定的充分必要条件是上述各行列式的各阶主子式均大于零。

3. 李雅普诺夫函数判别法

前面所介绍的方法是通过分析系统的显式解来分析系统稳定性，或者直接通过系统的特征根的符号来判断系统的稳定性，这些方法称为李雅普诺夫第一方法，它与经典控制论中的稳定性判别法思路一致。这一节我们要介绍的李雅普诺夫函数判别法是通过系统的一个能量函数来直接判断系统的稳定性，而不需要求解系统的状态方程，这种方法通常称为李雅普诺夫第二方法，也称直接法。

李雅普诺夫第二方法的适用性比较广，不仅适用于线性定常系统，还适用于非线性系统和时变系统。但是，由于实际的系统千变万化，往往很难找到系统的能量函数，于是李雅普诺夫定义了一个标量函数 $V(X)$，作为系统的一个虚拟的广义能量函数，根据 $\dot{V}(X)$ 符号的性质来判断系统的稳定性。李雅普诺夫首先给稳定性下了一个精确的数学定义，然后构造一个相似于“能量”的正定泛函，最后判定这个泛函在沿着描述系统的微分方程运动时的导数是否随时间的增长而衰减，即这个泛函是否为一个负定的泛函，从而对这个系统的稳定性作出结论。而把满足这些条件的泛函称为李雅普诺夫函数。李雅普诺夫函数常用 $V(X)$ 表示，由于状态向量是关于时间 t 的函数，故 $V(X)$ 是关于 $X(t)$ 的函数的函数，称为泛函。虽然 $X(t)$ 是一个向量函数，但泛函 $V(X)$ 是一个标量函数。

下面首先介绍一些与标量函数 $V(X)$ 有关的定义。

设 $V(X)$ 是定义在 $\mathbb{R}^n$ 上的标量函数，单值连续并且当 $X=0$ 时，$V(X)=0$，则对 $\forall X\in\mathbb{R}^n, X\neq 0$，若

(1) $V(X)>0$，则称 $V(X)$ 是正定的；

(2) $V(X)\geqslant 0$，则称 $V(X)$ 是半正定 (非负定) 的；

(3) $V(X)<0$，则称 $V(X)$ 是负定的；

(4) $V(X)\leqslant 0$，则称 $V(X)$ 是半负定 (非正定) 的；

(5) $V(X)$ 符号不定，则称 $V(X)$ 是变号的。

其中，正定的和负定的统称为定号的，半正定的和半负定的统称为常号的。

以二维空间中的标量函数为例，$X=(x_1,x_2)^{\mathrm{T}}$：

$V(X)=x_1^2+3x_2^2>0$ 是正定的；

$V(X)=2x_1^2\geqslant 0$ 是半正定的 ($X=(0,1)^{\mathrm{T}}$ 时，$V(X)=0$)；

$V(X)=-3x_1^2-4x_2^2<0$ 是负定的；

$V(X)=-3x_1^2+2x_2^2$ 是变号的。

定理 4.4 对于一个系统，如果可以找到一个定号函数 $V(X)$，它对时间的全导数 $\dot{V}(X)$ 是与 $V(X)$ 符号相反的常号函数，则系统的零解是稳定的。若 $\dot{V}(X)$ 是与 $V(X)$ 符号相反的定号函数，则系统的零解是渐近稳定的。

称定理中的函数 $V(X)$ 为李雅普诺夫函数。

4.3.3 李雅普诺夫函数的构造

李雅普诺夫函数的构造问题，是李雅普诺夫运动稳定性理论中的一个核心的问题，本节讨论李雅普诺夫函数的构造问题。

虽然李雅普诺夫函数的构造问题非常重要，近十年来，人们也做了不少的努力，但是，到目前为止，还没有一个通用有效的方法来构造一般非线性系统的李

雅普诺夫函数，一般情况下，都是针对实际中出现的非线性系统，通过定性分析，再根据实际情况构造出相应的李雅普诺夫函数。在这方面取得了丰硕的成果。

Wall 和 Moe(1968) 曾在一篇文章中指出构造李雅普诺夫函数的六个步骤，并通过给出两个实例来具体说明。

第一步，将所研究的系统写成一阶微分方程组的形式：

$$\frac{\mathrm{d}x_i}{\mathrm{d}t}=F_i\left(x_1,x_2,\cdots,x_n\right),\quad i=1,2,\cdots,n \tag{4.5}$$

第二步，将方程 (4.5) 写成

$$\frac{\mathrm{d}x_i}{\mathrm{d}x_j}=\frac{F_i\left(x_1,x_2,\cdots,x_n\right)}{F_j\left(x_1,x_2,\cdots,x_n\right)},\quad j>i \tag{4.6}$$

这里共有 $\frac{1}{2}n\left(n-1\right)$ 个方程。

第三步，将上面的方程写成

$$F_i\left(x_1,x_2,\cdots,x_n\right)\mathrm{d}x_j=F_j\left(x_1,x_2,\cdots,x_n\right)\mathrm{d}x_i,\quad j>i \tag{4.7}$$

第四步，再用适当的代换和加法，将式 (4.7) 写为

$$\begin{aligned}&W_1\left(x_1,x_2,\cdots,x_n\right)\mathrm{d}x_1+W_2\left(x_1,x_2,\cdots,x_n\right)\mathrm{d}x_2\\&+\cdots+W_n\left(x_1,x_2,\cdots,x_n\right)\mathrm{d}x_n=0\end{aligned} \tag{4.8}$$

这里的 $W_i\left(x_1,x_2,\cdots,x_n\right)\mathrm{d}x_i$ $(i=1,2,\cdots,n)$ 由式 (4.7) 中 $\mathrm{d}x_i$ 前面的系数决定。

第五步，计算李雅普诺夫函数：

$$\begin{aligned}V(x_1,x_2,\cdots,x_n)=&\int_0^{x_1}W_1\left(x_1,0,\cdots,0\right)\mathrm{d}x_1\\&+\int_0^{x_2}W_2\left(x_1,x_2,0,\cdots,0\right)\mathrm{d}x_2+\cdots\\&+\int_0^{x_n}W_n\left(x_1,x_2,\cdots,x_n\right)\mathrm{d}x_n\end{aligned} \tag{4.9}$$

第六步，计算 $V\left(x_1,x_2,\cdots,x_n\right)$ 关于 t 的全导数：

$$\begin{aligned}\frac{\mathrm{d}V}{\mathrm{d}t}&=\frac{\partial V}{\partial x_1}\frac{\mathrm{d}x_1}{\mathrm{d}t}+\cdots+\frac{\partial V}{\partial x_n}\frac{\mathrm{d}x_n}{\mathrm{d}t}\\&=\frac{\partial V}{\partial x_1}F_1\left(x_1,x_2,\cdots,x_n\right)+\cdots+\frac{\partial V}{\partial x_n}F_n\left(x_1,x_2,\cdots,x_n\right)\end{aligned}$$

由所得的 $V(x_1, x_2, \cdots, x_n)$ 及 $\dfrac{\mathrm{d}V}{\mathrm{d}t}$，再利用稳定性的有关定理，即可推导出系统平凡解稳定性的结论。

下面，我们给出 Wall 和 Moe(1968) 的一个算例来说明这种方法的具体应用。

考虑方程

$$\ddot{x} + \dot{x} - xf(x) = 0 \tag{4.10}$$

第一步，将式 (4.10) 写成一阶方程组：

$$\begin{cases} \dot{x}_1 = x_2 = F_1(x_1, x_2) \\ \dot{x}_2 = x_1 f(x_1) = F_2(x_1, x_2) \end{cases} \tag{4.11}$$

第二步，将式 (4.11) 写成

$$\frac{\mathrm{d}x_1}{\mathrm{d}x_2} = \frac{x_2}{x_1 f(x_1) - x_2} \tag{4.12}$$

第三步，将式 (4.12) 写成

$$-(x_1 f(x_1) - x_2)\,\mathrm{d}x_1 + x_2 \mathrm{d}x_2 = 0 \tag{4.13}$$

第四步，由式 (4.13) 得出

$$W_1(x_1, x_2) = -x_1 f(x_1) + x_2$$
$$W_2(x_1, x_2) = x_2$$

第五步，计算

$$\begin{aligned} V &= \int_0^{x_1} W_1(\tau_1, 0)\,\mathrm{d}\tau_1 + \int_0^{x_2} W_2(x_1, \tau_2)\,\mathrm{d}\tau_2 \\ &= -\int_0^{x_1} \tau_1 f(\tau_1)\,\mathrm{d}\tau_1 + \frac{1}{2}x_2^2 \end{aligned}$$

第六步，计算

$$\frac{\mathrm{d}V}{\mathrm{d}t} = \frac{\partial V}{\partial x_1}x_2 + \frac{\partial V}{\partial x_2}(x_1 f(x_1) - x_2) = -x_2^2$$

应用拉萨尔及莱夫谢茨 (Lefschetz) 的定理 Ⅷ，若

$$-\int_0^{x_1} \tau_1 f(\tau_1)\,\mathrm{d}\tau_1 > 0$$

则系统 (4.11) 的平凡解是渐近稳定的。

第 5 章　复杂系统分岔的基本理论

复杂系统的分岔现象指的是随着系统某些参数的不断变化，系统的动力学性态在系统参数某些临界值上发生本质的改变，使得系统完全走向其反面，或使得系统的结构越来越复杂，特别是系统的平衡状态发生稳定性改变或出现方程解的数目变化的行为。分岔普遍地存在于自然界中，这意味着当参数在一个特定值附近发生微小变动时，依赖于参数的系统的某些性质会发生本质变化。各种典型的分岔及它们严格的数学定义在许多教科书中都可以见到。非线性动力系统的分岔问题包含十分丰富的内容，它是动力系统研究的重要组成部分，同时有着十分广阔的应用前景。分岔理论的研究起源于 18 世纪以来对弹性力学、天体力学、流体力学和非线性振动中的失稳问题的探讨。然而，长期以来，分岔现象的研究是分散在各个具体应用领域中进行的。直到 20 世纪 70 年代，分岔理论才成为研究各种分岔现象中共性问题的分支科学，并在各个领域得到广泛应用。例如，现今在管理、金融、经济领域已得到了广泛的应用，取得了一些较为有使用价值的研究成果。近十几年来，鉴于分岔理论在力学、物理学、生物学、化学及一些工程领域中的重要应用，分岔动力学问题引起了学术界的广泛关注，尤其是复杂动态系统的分岔及控制得到了深入的研究，也得到了一系列深刻的结果。

5.1　分 岔 理 论

5.1.1　分岔的基本概念

分岔问题与结构稳定性问题有着密切的联系，力学上指一种力学状态在临界点发生的转变、分开或一分为二。数学上，分岔研究当非线性微分方程某一参数变化时其解发生突变的临界点附近的行为。因此，在介绍分岔的概念之前，有必要先介绍系统的结构稳定性问题。结构稳定性是指动力系统受到扰动后，其拓扑结构保持不变的性质。如果某个动力系统是结构不稳定的，则任意小的适当的扰动都会使系统的拓扑结构发生突然的质的变化，这种质的变化就是分岔。

下面给出分岔的数学定义。

考虑系统

$$\dot{x} = f(x, \mu) \tag{5.1}$$

其中，$x \in U \subseteq \mathbb{R}^n$ 称为状态变量；$\mu = (\mu_1, \mu_2, \cdots, \mu_m)^{\mathrm{T}} \in J \subseteq \mathbb{R}^m$ 称为分岔参数。对固定的 μ，当参数 μ 连续变动时, 系统的拓扑结构在 $\mu_0 \in J$ 发生突然变化，

则称系统在 $\mu=\mu_0$ 处出现分岔，并称 μ_0 为一个分岔值。在参数 μ 的空间中，由分岔值组成的集合称为分岔集。

5.1.2 分岔的三种基本类型

为了说明出现分岔时系统拓扑结构的变化情况，下面我们以单参数平面自治系统为例来说明系统分岔的三种基本类型。

考虑平面自治系统 $\dot{x}=f(x,\mu)$，其中 $x\in\mathbb{R}^2$ 为状态变量，$\mu\in\mathbb{R}$ 为分岔参数。设 μ_0 为一个分岔值，平面自治系统的分岔可分为以下三大类。

1. 与平衡点有关的分岔

设当 $\mu=\mu_0$ 时系统有非双曲平衡点 (x_0,y_0)，令 A 为 $\mu=\mu_0$ 时系统在 (x_0,y_0) 处的线性化矩阵，则有：

(1) 若 A 有零特征值，则有高阶平衡点分岔。当 $\mu<\mu_0$ 时，无平衡点；当 $\mu=\mu_0$ 时，系统有一个鞍结点 (x_0,y_0)；当 $\mu>\mu_0$ 时，系统有一个鞍点和一个结点。这种分岔称为鞍结分岔。

(2) 若 A 有一对纯虚特征值，且当 $\mu=\mu_0$ 时，(x_0,y_0) 是系统的细焦点，则当 μ 变化时，就可能从平衡点产生极限环，这称为 Hopf 分岔。当 $\mu\leqslant\mu_0$ 时，系统有稳定的焦点，特别地，当 $\mu=\mu_0$ 时，该焦点为稳定的细焦点，并且在它附近无闭轨；当 $\mu>\mu_0$ 时，此平衡点变为不稳定的焦点，在它附近有一个稳定的极限环；当 $\mu\to\mu_0+0$ 时，此极限环趋于平衡点。

(3) 若 A 有一对纯虚特征值，且当 $\mu=\mu_0$ 时，(x_0,y_0) 是系统的真中心，即在 (x_0,y_0) 附近全是闭轨，则当 μ 变化时，有可能从其中的某些闭轨分岔出极限环，而平衡点也不再是中心。这种分岔称为庞加莱分岔。

2. 闭轨分岔

设当 $\mu=\mu_0$ 时系统有非双曲闭轨，此闭轨为多重环。当 μ 变化时，系统可能出现闭轨突然产生或消失的现象，称为多重环分岔。

3. 同宿或异宿轨线分岔

设当 $\mu=\mu_0$ 时系统有同宿轨线，则当 μ 变化时，此同宿轨线可能突然消失，也可能从同宿轨线分岔出极限环。这种分岔称为同宿轨线分岔。

设当 $\mu=\mu_0$ 时系统有异宿轨线，则当 μ 变化时，此异宿轨线可能突然消失，也可能从几条异宿轨线相连而成的异宿环中分岔出极限环。这种分岔称为异宿轨线分岔。

按照不同的形态分类，分岔可以分为静态分岔和动态分岔。其中，静态分岔研究当参数发生变化时，平衡点数目和稳定性如何发生变化，如叉形分岔和鞍结分岔等；动态分岔主要是指解的类型发生变化，如由平衡点变为周期解 (Hopf 分岔)、周期解的分岔 (倍周期分岔) 等。在上述的几种分岔中，Hopf 分岔是最为重要也是研究得最多的一种分岔。在自然界中，由于有各种各样阻力的存在，绝大部分的振动都是衰减的，在某些情况下，衰减到一定程度，就会变为定常振动，这就是 Hopf 分岔现象。在 5.3 节，我们将研究时滞系统的 Hopf 分岔，因此，有必要在此简要介绍一下 Hopf 分岔存在的条件。

设有非线性常微分方程

$$\dot{x} = f(x,\mu), \quad f:\mathbb{R}^n \times \mathbb{R} \to \mathbb{R}^n, \quad n \geqslant 2, \quad f \in \mathbb{C}^\infty$$

如果满足以下四个条件:

(1) 在 μ_0 处存在一个平衡点 $x_0 \in \mathbb{R}^n$，在 μ_0 的邻域内存在一条过平衡点的解曲线;

(2) 平衡点处雅可比矩阵有一对共轭复特征根 $\alpha(\mu) \pm \mathrm{i}\beta(\mu)$，满足 $\alpha(\mu_0) = 0$，$\beta(\mu_0) > 0$;

(3) 横截条件 $\alpha'(\mu_0) \neq 0$，当 μ 通过 μ_0 时横穿虚轴;

(4) 平衡点处雅可比矩阵的其余 $n-2$ 个特征根都有负实部。

则系统中存在 Hopf 分岔。

分岔还包括局部分岔和全局分岔两种形式。局部分岔研究某个不动点附近动力系统的拓扑结构如何发生变化。全局分岔则分析向量场的大范围的拓扑结构。静态分岔和 Hopf 分岔都属于局部分岔，而其他的分岔则属于全局分岔。局部分岔是全局分岔分析的一个重要内容。一般来说，完整的全局分岔分析是十分困难的，甚至是不可能的，所以对局部分岔的研究就显得尤为重要。

5.2　系统降维理论

分岔理论的重要方面是系统的降维，即将原来需要研究的高维系统转化为较低维数的系统而保持分岔特性不变。对于低维的系统，可以直接研究其动力学行为，例如，二维系统和一部分简单的三维系统，它们的动力学行为都相对比较简单，可以直接研究。但对于三维以上的高维系统来说，它们的动力学行为会变得非常复杂，直接研究非常困难甚至无法研究，这时，我们一般就需要采取一些降维简化的方法将高维系统化为低维系统再进行研究。常用的对系统进行降维简化的方法有 L-S 约化方法、中心流形方法和规范形理论，另外，还有伽辽金法、惯性流形法、非自治系统的 L-S 约化方法和关联维的降维方法等。本章主要介绍 L-S 约化方法、中心流形方法和规范形理论。

5.2.1 L-S 约化方法

L-S 约化方法是将高维非线性系统平衡点分岔问题等效地简化为低维系统问题的一种方法。

在静态分岔的分析中，常在奇异点附近把方程的局部问题，用 L-S 约化方法化为较低维数的方程的局部解问题来研究。

L-S 约化方法的基本思想是把空间表示成两个子空间的直和，并将方程分别投射到这两个子空间上。这样得到两个方程，其中一个总有唯一解 (由隐函数定理可知)，把求出的解代入另一个方程中，原来的方程求解问题变为求这个低维方程的问题。

5.2.2 中心流形方法

中心流形方法是非线性系统理论的重要内容。在高维非线性系统非双曲平衡点的邻域内，存在一类维数较低的局部不变流形，当系统的相轨迹在此流形上时可能存在分岔，而在该流形之外，动力学行为非常简单。这类流形被称为中心流形。中心流形为研究分岔问题提供了一种降维方法。该方法将复杂的行为分离出来，可以在维数较低的中心流形上进行研究。中心流形方法是利用流形与对应子空间相切的特性，求出系统在中心流形上的约化方程，其计算过程要比 L-S 约化方法简单明了。

对于一个动力系统，若其所有的平衡点都是双曲平衡点，则可通过研究其在平衡点处的线性化系统来分析原系统的动力学行为特征。但是，如果系统的平衡点并非都是双曲的，即系统在平衡点处的线性化矩阵有零实部的特征根，此时系统在平衡点附近的结构将会非常复杂，系统的动力学特性就可能会发生质的变化。

为了介绍中心流形方法，首先需要介绍一些相关的基本知识。

对于一般的非线性系统 $\dot{x} = f(x), x \in \mathbb{R}^n$，设其线性近似系统可表示为微分方程

$$x' = Ax = \frac{\partial f(x)}{\partial x} \tag{5.2}$$

若 A 有 n_s 个具有负实部的特征值，其对应的特征向量为 $V_1, V_2, \cdots, V_{n_s}$；$n_u$ 个具有正实部的特征值，其对应的特征向量为 $U_1, U_2, \cdots, U_{n_u}$；$n_c$ 个具有零实部的特征值，其对应的特征向量为 $W_1, W_2, \cdots, W_{n_c}$，则

$$稳定子空间\ E^s = \text{span}\{V_1, V_2, \cdots, V_{n_s}\}$$

$$不稳定子空间\ E^u = \text{span}\{U_1, U_2, \cdots, U_{n_u}\}$$

$$中心子空间\ E^c = \text{span}\{W_1, W_2, \cdots, W_{n_c}\}$$

其中，$n_s+n_u+n_c=n$；$E^s\oplus E^u\oplus E^c=\mathbb{R}^n$。

中心流形定理：设 $f(x)$ 是 $\mathbb{C}^r\,(1\leqslant r\leqslant\infty)$ 向量场，点 O 是系统的一个非双曲平衡点，E^s 、E^u 和 E^c 分别为其线性近似系统的稳定子空间、不稳定子空间和中心子空间，则在 O 点的某邻域 D 内，存在过 O 点并在该处分别与 E^s 、E^u 和 E^c 相切的 $\mathbb{C}^r$ 局部稳定流形 W^s，$\mathbb{C}^r$ 局部不稳定流形 W^u 和 $\mathbb{C}^r$ 局部中心流形 W^c 都是局部不变集，稳定流形和不稳定流形是唯一的，但中心流形并不唯一。

下面介绍中心流形的计算。为方便起见，设系统的平衡点为原点 O (否则，可对系统进行平移变换，将系统的平衡点化为原点)，且线性近似系统无正实部特征值。

设有原点 O 的某个邻域 D，存在一个非奇异线性变换矩阵 T 将系统的雅可比矩阵 A 化为对角块的形式，即

$$T^{-1}AT=\begin{pmatrix}B & 0\\ 0 & C\end{pmatrix}\tag{5.3}$$

其中，B 为 $n_c\times n_c$ 方阵，它的特征值都具有零实部；C 为 $n_s\times n_s$ 方阵，它的特征值都具有负实部。令 $x=Ty$，其中 $y=\begin{pmatrix}u\\ v\end{pmatrix}$，$u\in E^c$，$v\in E^s$，则有

$$\begin{cases}\dot{u}=Bu+F(u,v)\\ \dot{v}=Cv+G(u,v)\end{cases}$$

其中，F 和 G 为变换后的非线性函数，且 $F(0,0)=G(0,0)=DF(0,0)=DG(0,0)=0$。

由于中心流形 W^c 存在，并且在原点处与 E^c 相切，因此可以在 D 内将 W^c 表示为

$$W^c=\{(u,v)\,|v=h(u),u\in\mathbb{R}^n\}$$

其中，$h(0)=h'(0)=0$，代入上式即得到中心流形上的流的方程：

$$\dot{u}=Bu+F(u,h(u))\tag{5.4}$$

这就是原系统降维后的方程。在原点附近，系统在稳定流形上的流与线性流系统有相同的局部性态，故系统的局部动力学特性主要由中心流形上的流决定。

5.2.3 中心流形方法在一类金融系统中的应用

考虑混沌金融系统的微分方程组模型:

$$\begin{cases}\dot{x}=z+(y-a)x\\ \dot{y}=1-by-x^2\\ \dot{z}=-x-cz\end{cases}\tag{5.5}$$

其中，$a(\geqslant 0)$ 为储蓄量；$b(\geqslant 0)$ 为单位投资成本；$c(\geqslant 0)$ 为商品需求弹性。下面我们利用中心流形定理对系统模型进行简化。

容易知道，当 $c-b-abc\leqslant 0$ 时，系统 (5.5) 有唯一平衡点 $P=\left(0,\dfrac{1}{b},0\right)$，当 $c-b-abc\geqslant 0$ 时，系统 (5.5) 有三个平衡点 $P^{\pm}=\left(\pm\sqrt{\dfrac{c-b-abc}{c}},\dfrac{1+ac}{c},\mp\dfrac{1}{c}\sqrt{\dfrac{c-b-abc}{c}}\right)$ 和 $P=\left(0,\dfrac{1}{b},0\right)$。经过简单的分析可知，只有在以下两种情况下，系统 (5.5) 的平衡点是非双曲平衡点，并且平衡点稳定性需要进一步分析才能判断。下面就分两种情况进行讨论。

(1) 当 $c-b-abc=0, c>1$ 时，$\lambda_1=-b<0$，$\lambda_2=0$，$\lambda_3=-\left(c+a-\dfrac{1}{b}\right)$。

应用中心流形定理判定此平衡点的稳定性。此时三个特征值所对应的特征向量分别是：对应 $\lambda_1=-b$ 的特征向量为 $(0,1,0)^{\mathrm{T}}$，对应 $\lambda_2=0$ 的特征向量为 $\left(1,0,-\dfrac{1}{c}\right)^{\mathrm{T}}$，对应 $\lambda_3=\dfrac{1-c^2}{c}<0$ 的特征向量为 $\left(-\dfrac{1}{c},0,1\right)^{\mathrm{T}}$，$\lambda_1$ 和 λ_3 对应的特征向量张成稳定子空间 E^s，λ_2 对应的特征向量张成中心子空间 E^c。

令 $\begin{pmatrix}X\\Y\\Z\end{pmatrix}=T\begin{pmatrix}u\\v\\w\end{pmatrix}$，其中 $T=\begin{pmatrix}1 & -\dfrac{1}{c} & 0\\ 0 & 0 & 1\\ -\dfrac{1}{c} & 1 & 0\end{pmatrix}$。

因此

$$\begin{pmatrix}\dot{u}\\ \dot{v}\\ \dot{w}\end{pmatrix}=\begin{pmatrix}0 & 0 & 0\\ 0 & \dfrac{1-c^2}{c} & 0\\ 0 & 0 & -b\end{pmatrix}\begin{pmatrix}u\\v\\w\end{pmatrix}+\begin{pmatrix}\dfrac{c^2\left(u-\dfrac{1}{c}v\right)w}{c^2-1}\\ \dfrac{c\left(u-\dfrac{1}{c}v\right)w}{c^2-1}\\ -\left(u-\dfrac{1}{c}v\right)^2\end{pmatrix}\tag{5.6}$$

对新变量 $(u,v,w)^{\mathrm{T}}$ 而言，其三个特征值及其对应的特征向量均未改变，故 $E^c=u$ 轴, $E^s=\operatorname{span}\{(v,w)^{\mathrm{T}}\}$，$E^u=\varphi$。方程组 (5.6) 的线性部分已经解耦：

$$\dot{u}=\frac{c^2}{c^2-1}\left(u-\frac{1}{c}v\right)w \tag{5.7}$$

$$\begin{pmatrix}\dot{v}\\ \dot{w}\end{pmatrix}=\begin{pmatrix}\dfrac{1-c^2}{c} & 0\\ 0 & -b\end{pmatrix}\begin{pmatrix}v\\ w\end{pmatrix}+\begin{pmatrix}\dfrac{c}{c^2-1}\left(u-\dfrac{1}{c}v\right)w\\ -\left(u-\dfrac{1}{c}v\right)^2\end{pmatrix} \tag{5.8}$$

中心流形 W^c 是与中心子空间 E^c 相切的曲线，下面求 W^c 的方程。令 $v=h_1(u)$，$w=h_2(u)$，则中心流形为

$$W^c=\left\{\begin{pmatrix}u\\ v\\ w\end{pmatrix}\middle|\begin{pmatrix}v\\ w\end{pmatrix}=h(U)=\begin{pmatrix}h_1(u)\\ h_2(u)\end{pmatrix}\right\} \tag{5.9}$$

$$h(0)=0,\quad Dh(0)=0$$

$h(U):\mathbb{R}\to\mathbb{R}^2$ 为在 $(0,0,0)$ 点邻域上的微分同胚，下面用形式幂级数法求 $h(U)$。

设

$$\begin{pmatrix}v\\ w\end{pmatrix}=h(U)=\begin{pmatrix}a_1u^2+b_1u^3+c_1u^4+\cdots\\ a_2u^2+b_2u^3+c_2u^4+\cdots\end{pmatrix} \tag{5.10}$$

将式 (5.10) 代入式 (5.8)，其中 u 以式 (5.7) 代入，得

$$\begin{aligned}&\begin{pmatrix}\dot{h}_1(u)\\ \dot{h}_2(u)\end{pmatrix}\left(\frac{c^2}{c^2-1}\left(u-\frac{1}{c}\right)h_2(u)\right)\\ &=\begin{pmatrix}\dfrac{1-c^2}{c}h_1(u)+\dfrac{c}{c^2-1}\left(u-\dfrac{1}{c}h_1(u)\right)h_2(u)\\ -bh_2(u)-\left(u-\dfrac{1}{c}h_1(u)\right)^2\end{pmatrix}\end{aligned} \tag{5.11}$$

其中，$\dot{h}_i(u)=\dfrac{\partial h_i(u)}{\partial u}=2a_iu+3b_iu^2+4c_iu^3+\cdots$，将 $h(u)$ 和 $\dot{h}(u)$ 以式 (5.10) 的形式代入式 (5.11) 比较系数后，得 v 方程：

$$\begin{cases}O(u^2): & \dfrac{1-c^2}{c}a_1=0\\ O(u^3): & \dfrac{1-c^2}{c}b_1+\dfrac{c}{c^2-1}a_2=0\\ O(u^4): & \dfrac{2a_1a_2c^2}{c^2-1}=\dfrac{1-c^2}{c}c_1+\dfrac{c}{c^2-1}\left(b_2-\dfrac{a_1a_2}{c}\right)\end{cases} \tag{5.12}$$

w 方程：

$$\begin{cases} O(u^2): & -ba_2 - 1 = 0 \\ O(u^3): & \dfrac{2a_1}{c} - bb_2 = 0 \\ O(u^4): & \dfrac{2a_2^2c^2}{c^2-1} = \dfrac{2b_1}{c} - bc_2 - \dfrac{a_1^2}{c^2} \end{cases} \tag{5.13}$$

由式 (5.12) 和式 (5.13) 联立可得

$$\begin{cases} a_1 = 0, \quad b_1 = -\dfrac{c^2}{b(c^2-1)^2}, \quad c_1 = 0 \\ a_2 = -\dfrac{1}{b}, \quad b_2 = 0, \quad c_2 = -\dfrac{2c}{b^3(c^2-1)^2}\left(b + c(c^2-1)\right) \end{cases} \tag{5.14}$$

精确到四次方的中心流形为

$$\begin{aligned} W^c = &\left\{ \begin{pmatrix} u \\ v \\ w \end{pmatrix} \middle| \begin{pmatrix} v \\ w \end{pmatrix} = \begin{pmatrix} h_1(u) \\ h_2(u) \end{pmatrix} \right. \\ = &\left. \begin{pmatrix} -\dfrac{c^2}{b(c^2-1)^2}u^3 + O(u^5) \\ -\dfrac{1}{b}u^2 - \dfrac{2c}{b^3(c^2-1)^2}\left(b + c(c^2-1)u^4 + O(u^5)\right) \end{pmatrix} \right\} \end{aligned} \tag{5.15}$$

将 $h_1(u)$ 和 $h_2(u)$ 代入式 (5.4) 可求得中心流形上的流的方程为

$$\dot{u} = -\frac{c^2}{b(c^2-1)}u^3 - \frac{c^3}{b^3}(c^2-1)^3\left(2b + 2c(c^2-1) + 1\right)u^5 + O(u^6) \tag{5.16}$$

(2) 当 $c-b-abc<0, c+a-\dfrac{1}{b}=0$ 时，$\lambda_1=-b, \lambda_2=\mathrm{i}\sqrt{1-c^2}, \lambda_3=-\mathrm{i}\sqrt{1-c^2}$。下面研究此情况下 Hopf 分岔的稳定性及其周期。取

$$\begin{pmatrix} X \\ Y \\ Z \end{pmatrix} = T\begin{pmatrix} u \\ v \\ w \end{pmatrix}, \quad T = \begin{pmatrix} -c & \sqrt{1-c^2} & 0 \\ 0 & 0 & 1 \\ 1 & 0 & 0 \end{pmatrix}, \quad T^{-1} = \begin{pmatrix} 0 & 0 & 1 \\ \dfrac{1}{\sqrt{1-c^2}} & 0 & \dfrac{c}{\sqrt{1-c^2}} \\ 0 & 1 & 0 \end{pmatrix} \tag{5.17}$$

可将式 (5.5) 化为

$$\begin{pmatrix}\dot{u}\\ \dot{v}\\ \dot{w}\end{pmatrix}=\begin{pmatrix}0 & -\sqrt{1-c^2} & 0\\ \sqrt{1-c^2} & 0 & 0\\ 0 & 0 & -b\end{pmatrix}\begin{pmatrix}u\\ v\\ w\end{pmatrix}+\begin{pmatrix}0\\ \dfrac{1}{\sqrt{1-c^2}}\left(-cu+\sqrt{1-c^2}v\right)w\\ -\left(cu+\sqrt{1-c^2}v\right)^2\end{pmatrix} \tag{5.18}$$

取

$$w=h(u,v)=a_1u^2+b_1uv+c_1v^2+\cdots \tag{5.19}$$

则

$$Dh(u,v)=(\partial_u h(u,v),\partial_v h(u,v))=(2a_1u+b_1v+\cdots,b_1u+2c_1v+\cdots) \tag{5.20}$$

$$\begin{aligned}N[h(u,v)]&=(\partial_u h(u,v),\partial_v h(u,v))\\&=\begin{pmatrix}-\sqrt{1-c^2}v\\ \sqrt{1-c^2}u+\dfrac{1}{\sqrt{1-c^2}}\left(-cu+\sqrt{1-c^2}v\right)h(u,v)\end{pmatrix}\\&\quad+bh(u,v)+\left(cu+\sqrt{1-c^2}v\right)^2\end{aligned} \tag{5.21}$$

将式 (5.19) 和式 (5.20) 代入式 (5.21)，令 $N[h(u,v)]=0$，比较系数后，则有方程:

$$\begin{cases}O(u^2): & ba_1+c^2+b_1\sqrt{1-c^2}=0\\ O(uv): & 2c\sqrt{1-c^2}+bb_1+2(c_1-a_1)\sqrt{1-c^2}=0\\ O(v^2): & bc_1+1-c^2-\sqrt{1-c^2}b_1=0\end{cases} \tag{5.22}$$

解方程 (5.22) 得

$$\begin{cases}a_1=\dfrac{-2+c(2c-b(-2+c(b+2c)))}{b(4+b^2-4c^2)}\\ b_1=\dfrac{2\sqrt{1-c^2}(-1+c(b+2c))}{2\sqrt{1-c^2}(-1+c(b+2c))-4-b^2+4c^2}\\ c_1=\dfrac{-(1-c^2)(2+b^2+2bc)}{b(4+b^2-4c^2)}\end{cases} \tag{5.23}$$

于是应用中心流形定理在平衡点 P 附近将三维系统 (5.18) 简化为二维系统 (5.24):

$$\begin{cases}\dot{u}=-\sqrt{1-c^2}v\\ \dot{v}=\sqrt{1-c^2}u+\dfrac{\left(-cu+\sqrt{1-c^2}v\right)h(u,v)}{\sqrt{1-c^2}}\end{cases} \tag{5.24}$$

通过上面的例子我们可以看出，利用中心流形定理，可以将高维系统化简到中心流形上，从而使系统得到简化，便于对系统进行后续的深入分析。

5.2.4 规范形理论

分岔理论的另一个重要问题是降维以后所得到的系统的简化，在保持分岔特性的前提下尽可能转化为简单和规范的形式。规范形理论也称范式理论，是庞加莱和伯克霍夫首先提出来的，是系统的一种简化的解析表达式，这种简化是通过一系列的近恒等的非线性坐标变换在平衡点附近把微分方程简化，找出中心流形上流的方程在退化奇点附近非线性项的最简单形式。通过对复杂的高维非线性系统应用规范形理论进行降维简化处理，可以大大简化复杂系统的动力学分析。

简单地说，规范形理论就是要把一个复杂的系统化为一个与之等价的最简形式，这里所说的等价指的是拓扑结构相同，也就是系统的定性行为在经过简化后不变。例如，对于所有的线性系统族 $\dot{X}=AX$，这里 A 是 $n\times n$ 的实矩阵，具有 n 个不同的特征根 $\lambda_1,\lambda_2,\cdots,\lambda_n$。由于 A 是可对角化的，因此上述线性系统族可等价为系统 $\dot{X}=\varLambda X$，这里 $\varLambda$ 是一个对角矩阵，对角线上的元素为 $\lambda_1,\lambda_2,\cdots,\lambda_n$。这时，可以说 $\varLambda X$ 就是上述线性系统族的规范形。若 A 不可对角化，那么上述线性系统族的规范形同样可以由 $\varLambda X$ 给出，只是此时 $\varLambda$ 表示 A 的 Jordan 形式。显然，研究 $\varLambda X$ 的定性行为要比 AX 简单得多。

然而，要得到非线性系统的规范形就不那么容易了。在过去的几十年中，众多学者对规范形理论进行了大量的研究，得出了很多很好的结果，这里，我们仅给出规范形理论的基本算法思想，对此有兴趣的读者，可参考其他文献。

对于任意一个非线性常微分方程

$$y'=f(y),\quad y\in C^k(\mathbb{R}^n) \tag{5.25}$$

将 $f(y)$ 展开成泰勒级数，均可以表示为

$$y'=Ay+F(y)=Ay+B(y,y)+C(y,y,y)+\cdots \tag{5.26}$$

其中，$A=D_yf(0)$；$B(y,y)$ 为二次项部分；$C(y,y,y)$ 为三次项部分。范式理论的基本思想是通过一系列的近恒等非线性变换，依次把方程的非线性项化为最简形式，这里仅以化简二次项 $B(y,y)$ 为例来说明范式理论的具体操作步骤。

取近恒等的非线性变换

$$y=x+p_2(x),\quad x\in\mathbb{R}^n \tag{5.27}$$

其中

$$p_2(x)=\begin{pmatrix}a_1x_1^2+b_1x_1x_2+\cdots\\a_2x_1^2+b_2x_1x_2+\cdots\\\vdots\\a_nx_1^2+b_nx_1x_2+\cdots\end{pmatrix},\quad x=\begin{pmatrix}x_1\\x_2\\\vdots\\x_n\end{pmatrix}\tag{5.28}$$

$p_2(x)$ 为二次齐次多项式。

将式 (5.28) 代入式 (5.26) 两端，左端为

$$y'=x'+D_xp_2(x)\,x'=(I+D_xp_2(x))\,x'\tag{5.29}$$

右端为

$$A(x+p_2(x))+B(x,x)+\cdots=Ax+Ap_2(x)+B(x,x)+\cdots\tag{5.30}$$

令左右两端相等，有

$$x'=(I+D_xp_2(x))^{-1}(Ax+Ap_2(x)+B(x,x)+\cdots)\tag{5.31}$$

对于充分小的 x，$(I+D_xp_2(x))^{-1}$ 是存在的，按照二项式定理展开，有

$$(I+D_xp_2(x))^{-1}=I-D_xp_2(x)+(D_xp_2(x))^2+\cdots\tag{5.32}$$

将式 (5.32) 代入式 (5.31)，整理后可得

$$x'=Ax+Ap_2(x)-D_xp_2(x)\,Ax+B(x,x)+\cdots\tag{5.33}$$

下面考虑对式 (5.33) 二次项部分的简化。最理想的情况是令二次项部分为零，为此需要一个函数 $p_2(x)$ 使得式 (5.33) 的二次项部分消失，即

$$D_xp_2(x)\,Ax-Ap_2(x)=B(x,x)\tag{5.34}$$

式 (5.34) 是一个二次齐次方程式，称为同调方程。

下面考虑在什么情况下能够求出 $p_2(x)$。定义一个同调算子

$$L_A(p)=D_xp_2(x)\,Ax-Ap_2(x)\tag{5.35}$$

则式 (5.34) 可以表示为

$$L_A(p_2)=B(x,x)\tag{5.36}$$

同调算子 L_A 有如下性质：

(1) L_A 为线性算子；

(2) 若 p 为 k 次齐次的，则 $L_A(p)$ 也是 k 次齐次的，此时变换后的系统中低于 k 次的项不变。

定义一个以 n 个变量的所有 k 次齐次多项式的每一个 k 次单项式作为基所张成的 k 次基空间 $H_k(\mathbb{R}^n)$，其维数为

$$\dim H_k(\mathbb{R}^n) = n \times (n+k-1) \times (n-1)$$

由式 (5.36) 可知，若 L_A 是可逆的，或 B 在 L_A 的值域内，则解 $p_2(x)$ 是唯一的。这时原系统的规范形中就不含二次项。否则，可将 k 次基空间 $H_k(\mathbb{R}^n)$ 进行直和分解，即 $H_k(\mathbb{R}^n) = R(L_A) \oplus G^k$，其中，$R(L_A)$ 是 L_A 的值空间，G^k 是 $R(L_A)$ 的补空间。此时，原系统的规范形中的二次项就是 G^k 中的多项式组合。

这就是最初的也是最经典的庞加莱规范形的基本思想，后来又发展了很多规范形方法，都是基于这一思想的，在此不再一一详述，有兴趣的读者可以参考相关文献。需要指出的是，一个系统的规范形并不唯一，同一种方法做出的系统的规范形也可以不同，但它们所反映的系统的动力学性态是一样的。

5.3　分岔应用举例

前面介绍的动力系统，都是不含时滞的，我们介绍了这一类系统的一些基本分析方法，这些方法都是分析动力系统性质和演化的基本方法，是对动力系统进行后续深入分析的基础。然而，现实世界中的系统，很多都是带有时滞的，这样才更符合实际。例如，在前面提到的管理、经济系统中，银行利率的变化，并不会马上对投资需求和价格指数等指标产生影响，这里会存在一个滞后期，也就是说，利率的变化、投资需求和价格指数等指标的影响，要滞后一段时间才能体现出来。又如，对于两个企业之间的竞争模型，其中一个企业竞争策略的改变，对另一个企业的影响，也不会马上体现出来，同样存在一个滞后时间。这样看来，在某些情况下，加上时滞的系统模型比不加时滞的模型更加贴近现实，能够更好地刻画现实系统的动力学特征。由于一般的系统在加上时滞后，它的动力学性质会发生质的变化，原来稳定的系统由于时滞的影响可能会产生分岔甚至会出现混沌现象，因此，对于时滞动力系统的研究，具有更强的理论和实际意义。

本节研究中心流形和规范形理论在时滞系统 Hopf 分岔中的应用。这里需要用到泛函微分方程和非线性泛函分析的一些相关内容，但由于所牵扯的内容过于数学理论化，在这里介绍反而会影响理解，所以这里就直接介绍规范形的应用而略过晦涩的数学理论的介绍。

另外一点需要指出的是，本节所介绍的规范形和 5.2 节所介绍的并不相同，是专门用来分析 Hopf 分岔的方法，而且又是加上时滞系统，但此方法是一个相对

独立的方法，而且便于应用，关于此方法在非时滞系统中的应用，本书不再介绍，有兴趣的读者可参考相关文献。

就现有文献来看，对于时滞系统 Hopf 分岔的研究，主要集中在生态学中的种群模型、力学中的 Van-der-Pol、Duffing 方程和医学、神经网络模型等。当然，这一方法在各个领域如航空、铁路等交通系统和管理、经济系统的模型中的应用也得到越来越广泛的关注，并已经取得了一定的成果。

1973 年，May 首先研究了考虑被捕食种群个体孕育时间的单时滞捕食系统的局部 Hopf 分岔问题，Song 和 Wei(2005) 对这一系统进行了进一步的研究，分析了以时滞 τ 作为分岔参数时系统的全局 Hopf 分岔及周期解。Yan 和 Li(2006) 研究了同时考虑捕食和被捕食种群个体孕育时间的带有两个相同时滞的捕食模型的 Hopf 分岔，得到了关于 Hopf 分岔稳定性和方向的判断公式以及分岔周期解的稳定性和分岔周期的计算，并通过数值模拟验证了所得结果。但是这一模型为了研究方便，所取捕食和被捕食种群个体孕育时间相同，这一点与实际不太相符，但是所得结果与捕食和被捕食种群个体孕育时间不同的模型并无本质差别。Song 等 (2004) 研究了生态学中一类具有两个不同时滞的竞争 Lotka-Volterra 模型，考虑两个竞争种群密度之间的相互影响具有两个不同的时滞，分析了模型的稳定性和 Hopf 分岔，得到了一些令人满意的结果。Zhang 等 (2009) 研究了具有四个相同时滞的竞争 Lotka-Volterra 模型，即同时考虑竞争双方种群个体的孕育时间和竞争双方种群密度的相互影响都具有相同的时滞。这与现实情况也有差异，但为了研究方便，又不影响研究结果，可以做这样的简化。Chen 等 (2006) 研究了一个带有阶段结构的捕食模型，将被捕食种群分为未成熟和成熟两部分来考虑，并加入了捕食种群个体的孕育时间作为时滞来研究系统的稳定性与 Hopf 分岔，给出了系统出现 Hopf 分岔的条件、Hopf 分岔的稳定性和方向、分岔周期解的稳定性和周期，最后也给出了数值仿真对所得结论进行验证。

在神经网络模型方面，Zhou 等 (2009) 研究了同时具有离散和分布式时滞的一类两神经元系统，以离散式时滞作为分岔参数，发现随着分岔参数的变化，系统会经历一系列 Hopf 分岔，并得到了确定系统 Hopf 分岔方向和分岔周期解稳定性的公式。Huang 等 (2007) 研究了一类具有三个不同实质的两神经元模型，采用系统参数而不是时滞作为分岔参数，分析了 Hopf 分岔的稳定性和方向，数值模拟很好地验证了所得结论。Yu 等 (2012) 研究了一个带有四个不同时滞的四神经元 BAM (bidirectional associative memory) 神经网络模型，以时滞作为分岔参数研究了系统的局部稳定性，得到了确定系统 Hopf 分岔方向和分岔周期解稳定性的公式。

邢秀梅 (2006) 研究了一个综合国力模型，并引入时滞对该模型进行了细致的局部分析，给出了平衡点的稳定性，使用规范形理论和中心流形定理，解决了

Hopf 分岔方向及分岔周期解的稳定性，应用全局 Hopf 分岔定理和二维常微分方程的 Bendixson 准则，分析了该模型全局 Hopf 分岔的存在性，最后，对所得的某些结论进行了数值模拟。

关于这方面的文献和研究成果还有很多，在此不再一一列举，有兴趣的读者可以再进行深入研究。

下面介绍规范形理论研究时滞系统 Hopf 分岔的具体步骤。

令 $C^k[-r,0]$ 表示 $[-r,0]$ 上具有 k 阶连续导数的向量值函数构成的实空间。考虑自治系统

$$\dot{x}(t)=L_\mu x_t+f(x_t(\cdot),\mu),\quad t>0,\quad \mu\in\mathbb{R}$$

对于 $r>0$，$x_t(\theta)=x(t+\theta)$，$x:[-r,0]\to\mathbb{R}^n$，$\theta\in[-r,0]$。L_μ 是单参数连续线性算子，$f(x_t(\cdot),\mu)$ 是非线性项，且满足 $f(0,\mu)=0$，$D_xf(0,\mu)=0$。

首先考虑线性部分 $\dot{x}(t)=L_\mu x_t$，根据 Riesz 表示定理，存在一个 $n\times n$ 的矩阵值函数 $\eta(\cdot,\mu):[-r,0]\to\mathbb{R}^{n^2}$，它的元素都具有有界变差，使得对所有的 $\phi\in C[-r,0]$，有 $L_\mu\phi=\displaystyle\int_{-r}^{0}\mathrm{d}\eta(\theta,\mu)\phi(\theta)$。对于 $\phi\in C[-r,0]$，定义

$$A(\mu)\phi=\begin{cases}\dfrac{\mathrm{d}\phi(\theta)}{\mathrm{d}\theta}, & \theta\in[-r,0)\\ \displaystyle\int_{-r}^{0}\mathrm{d}\eta(s,\mu)\phi(s)\equiv L_\mu\phi, & \theta=0\end{cases}$$

$$R(\mu)\phi=\begin{cases}0, & \theta\in[-r,0)\\ f(\phi,\mu), & \theta=0\end{cases}$$

因此，原系统可化为

$$\dot{x}(t)=A(\mu)x_t+Rx_t$$

下面只需考虑 $\mu=0$ 的情况。由于我们要研究的是系统的 Hopf 分岔，因此，假设系统已经用中心流形方法约化到中心流形 C_0 上，此时 $A(0)$ 有一对纯虚特征值 $\pm\mathrm{i}\omega_0$。定义 $q(\theta)$ 为 $A(0)$ 的对应于特征值 $\mathrm{i}\omega_0$ 的特征向量，$q^*(s)$ 为 $A(0)$ 的对应于特征值 $-\mathrm{i}\omega_0$ 的特征向量，即 $A(0)q(\theta)=\mathrm{i}\omega_0q(\theta)$，$A(0)q^*(s)=-\mathrm{i}\omega_0q^*(s)$。伴随算子 $A^*(0)$ 定义为

$$A^*(0)\alpha(s)=\begin{cases}-\dfrac{\mathrm{d}\alpha(s)}{\mathrm{d}s}, & s\in(0,1]\\ \displaystyle\int_{-r}^{0}\mathrm{d}\eta^{\mathrm{T}}(t,0)\alpha(-t), & s=0\end{cases}$$

对于 $\psi \in C[0,r]$，$\phi \in C[-r,0]$，定义双线性内积

$$\langle \psi(s), \phi(s) \rangle = \bar{\psi}(0)\phi^{\mathrm{T}}(0) - \int_{-1}^{0}\int_{\xi=0}^{\theta} \bar{\psi}(\xi-\theta)\,\mathrm{d}\eta(\theta)\,\phi(\xi)\,\mathrm{d}\xi$$

将 $q(\theta)$ 和 $q^*(s)$ 标准化，即使 $\langle q^*(s), q(\theta)\rangle = 1$。

假设 x_t 是系统在 $\mu = 0$ 时的解，定义

$$z(t) = \langle q^*, x_t \rangle, \quad W(t,\theta) = x_t - 2\,\mathrm{Re}\{z(t)\,q(\theta)\}$$

在中心流形 C_0 上有

$$W(t,\theta) = W(z(t), \bar{z}(t), \theta) = W_{20}(\theta)\frac{z^2}{2} + W_{11}(\theta)z\bar{z} + W_{02}(\theta)\frac{\bar{z}^2}{2} + \cdots$$

这里 z 和 $\bar{z}$ 分别是中心流形 C_0 上 q^* 和 $\bar{q}^*$ 方向上的局部坐标。对于解 $x_t \in C_0$，由于 $\mu = 0$，因此有

$$\begin{aligned}\dot{z}(t) &= \langle q^*, \dot{x}_t \rangle = \langle q^*, A_\mu x_t + R_\mu x_t \rangle = \left\langle A_\mu^* q^*, x_t \right\rangle + \bar{q}^{*\mathrm{T}}(0)\,F(0, x_t) \\ &= \mathrm{i}\omega_0 z(t) + \bar{q}^{*\mathrm{T}}(0)\,F = (0, W(\bar{z}, z, 0) + 2\,\mathrm{Re}\{zq(0)\}) \\ &\xlongequal{\text{def}} \mathrm{i}\omega_0 z(t) + \bar{q}^{*\mathrm{T}}(0)\,F_0(z,\bar{z}) = \mathrm{i}\omega_0 z(t) + g(z,\bar{z})\end{aligned}$$

其中

$$g(z,\bar{z}) = \bar{q}^{*\mathrm{T}}(0)\,F_0(z,\bar{z}) = g_{20}\frac{z^2}{2} + g_{11}z\bar{z} + g_{02}\frac{\bar{z}^2}{2} + g_{21}\frac{z^2\bar{z}}{2} + \cdots$$

由前面 z 和 W 的定义可知

$$\begin{aligned}\dot{W} = \dot{x}_t - \dot{z}q - \dot{\bar{z}}\bar{q} &= \begin{cases} AW - 2\,\mathrm{Re}\{\bar{q}^*(0)\,F_0 q(\theta)\}, & \theta \in [-1, 0) \\ AW - 2\,\mathrm{Re}\{\bar{q}^*(0)\,F_0 q(\theta)\} + F_0, & \theta = 0 \end{cases} \\ &\xlongequal{\text{def}} AW + H(z,\bar{z},\theta)\end{aligned}$$

其中

$$H(z,\bar{z},\theta) = H_{20}(\theta)\frac{z^2}{2} + H_{11}(\theta)z\bar{z} + H_{02}(\theta)\frac{\bar{z}^2}{2} + \cdots$$

另外，在原点附近的中心流形上，$\dot{W} = W_z\dot{z} + W_{\bar{z}}\dot{\bar{z}}$，展开并比较对应项的系数，有

$$(A - 2\mathrm{i}\omega_0)\,W_{20}(\theta) = -H_{20}(\theta), \quad AW_{11}(\theta) = -H_{11}(\theta)$$

从这里可以解出 W_{ij}，这样，原系统就可以写为

$$\dot{z} = \mathrm{i}\omega_0 z + g_{20}\frac{z^2}{2} + g_{11}z\bar{z} + g_{02}\frac{\bar{z}^2}{2} + g_{21}\frac{z^2\bar{z}}{2} + \cdots$$

其中，g_{ij} 可由下式展开求得

$$g_{ij} = \bar{q}^{*}(0) \cdot f\left(zq(\theta) + \bar{z}\bar{q}(\theta) + W_{20}(\theta)\frac{z^2}{2} + W_{11}(\theta)z\bar{z} + W_{02}(\theta)\frac{\bar{z}^2}{2} + \cdots\right)$$

最后，根据下面的公式，可以确定系统产生 Hopf 分岔的方向、分岔周期解的稳定性及周期。$\mu_2 > 0\,(\mu_2 < 0)$，Hopf 分岔是超临界 (亚临界) 的；$\beta_2 < 0\,(\beta_2 > 0)$，分岔周期解是稳定 (不稳定) 的；$T_2 > 0\,(T_2 < 0)$，分岔周期解的周期是递增 (递减) 的。

$$\begin{aligned}
c_1(0) &= \frac{\mathrm{i}}{2\omega_0}\left(g_{11}g_{20} - 2|g_{11}|^2 - \frac{|g_{02}|^2}{3}\right) + \frac{g_{21}}{2} \\
\mu_2 &= -\frac{\mathrm{Re}\{c_1(0)\}}{\mathrm{Re}\{\lambda'(0)\}} \\
\beta_2 &= 2\,\mathrm{Re}\{c_1(0)\} \\
T_2 &= -\frac{\mathrm{Im}\{c_1(0)\} + \mu_2\,\mathrm{Im}\{\lambda'(0)\}}{\omega_0}
\end{aligned}$$

从上面的介绍和例子可以看出，利用中心流形和规范形理论对复杂系统进行降维简化，可以帮助我们更好地分析动力系统的内在复杂特性，了解系统的演化过程，从而帮助我们更加深入地认识现实世界的问题。

第 6 章　Melnikov 方法及其应用

Melnikov 方法是研究混沌现象的一种解析方法，它由 Melnikov 于 1963 年提出，并由 Holmes 于 1979 年将它应用于混沌振动研究。它可以研究带有弱周期扰动项的具有同宿轨道 (homoclinic orbit) 或异宿轨道 (heteroclinic orbit) 的二阶常微分方程和具有鞍焦型同宿轨道的三阶常微分方程。对于这两类系统，利用一定的技巧，可以建立一个二维庞加莱映射。考虑系统的庞加莱映射的鞍点稳定流形与不稳定流形的距离，并用正比于此距离的一个积分 —— Melnikov 函数来判断系统是否出现横截同宿点或横截异宿点，从而判断系统中是否可能存在混沌运动。Melnikov 方法就是用来判定这两类系统的二维庞加莱映射具有 Smale 马蹄变换的解析方法。

按照动力系统理论，如果一个平面映射存在 Smale 马蹄变换，这个映射就具有反映混沌属性的不变集。因而，我们通常认为，可以用 Melnikov 方法来判定系统具有 Smale 马蹄变换意义下的混沌。

6.1　Smale 马蹄理论

要理解简单的确定性系统会如何影响长期行为对初值的敏感依赖性，关键在于理解混沌的几何特性，即由系统内在的非线性相互作用在系统演化过程中所造成的“伸缩”与“折叠”变换。美国拓扑学家 Smale 对此做出了重要贡献。

Smale 思考的是形状在相空间中的拓扑变换，如拉伸或压缩变换。这些变换有明确的物理意义。如系统中的耗散，由于摩擦而丧失能量，意味着系统在相空间中的形状将会收缩，甚至最终可能完全静止下来收缩到一点。他想到相空间必须经历一种新的变换组合，这使他从观察振子的总体行为中提出了一种几何模型 —— Smale 马蹄。

Smale 马蹄的道理很简单。取一个正方形，把它拉伸为瘦长的矩形，再把它对折弯叠成马蹄形 (图 6.1)。然后想象把这个马蹄嵌入一个新的矩形中，再重复相同的变换：挤压、折曲、拉伸 ······

这实际上就像厨师揉面团的操作过程：首先是伸缩变换，使面团在一个方向擀平压薄，同时在另一个方向上伸长；然后是折叠变换，将拉长的两块面折叠放置。这种操作反复进行下去，可以设想，开始时先在面团上擦一层红颜色，那么在厨师揉面过程中，红色层将被拉长、变薄、交叠起来。经过多次反复操作后，原

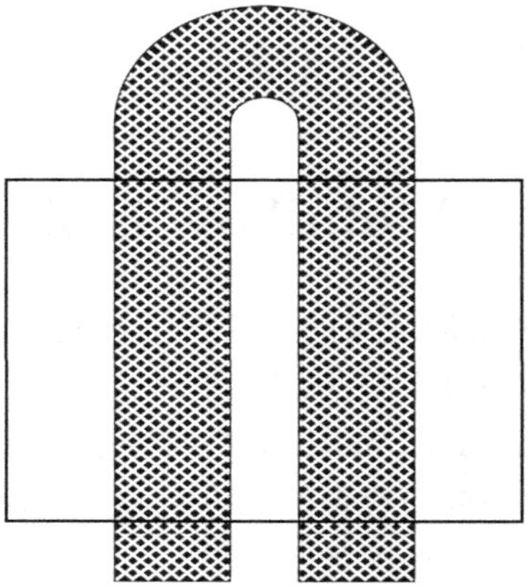

图 6.1　Smale 马蹄映射模拟混沌折叠

来相邻近的两个红色粒子会越来越远地分离，原来不相邻近的两个红色粒子却可能越来越靠近。

动力系统正是通过这两种变换而形成混沌轨道几何图像的复杂性的。伸缩变换使相邻状态不断分离而造成轨道发散，但仅有伸缩变换还不足以扰乱相空间，造成复杂性，还必须通过折叠变换。折叠是一种最强烈的非线性作用。伸缩和折叠混合并不断反复，才可能产生动力系统相轨道的分离、汇合，产生无可预见的不规则运动。

在混沌区内，相空间中的伸缩与折叠变换以不同的方式永不停息又永不重复地进行，从而造成了相轨道永不自交又永不相交的穿插盘绕、分离汇聚，完全“忘掉了”初始状态的一切信息，“丢弃了”未来与过去之间的一切联系，呈现出混沌运动。这就是系统长期行为对初值的敏感依赖性的缘由。

本来，Smale 企图只用拉伸与挤压去解释一切动力系统的行为，而不用会极大损害系统稳定性的折叠变换。但是折叠是必要的，因为折叠使动力系统的行为有动力性态上的根本变化，是导致混沌的一种重要作用。

Smale 马蹄给数学家和物理学家提供了一幅对动力系统运动的可能性的直观理解的几何图像。

6.2　Melnikov 方法

为了介绍 Melnikov 方法，首先需要介绍一些相关的基本概念。

1. 同宿轨道与异宿轨道

若 $t \to \pm\infty$ 时轨道上的动点趋于同一鞍点，则称该轨道为同宿轨道；若 $t \to +\infty$ 与 $t \to -\infty$ 时轨道上的动点趋于不同的鞍点，则称该轨道为异宿轨道。

2. 稳定流形与不稳定流形

设点 x_0 是系统的一个孤立平衡点，U 是点 x_0 的某个邻域，则称 $W^s(x_0)=\{x\in U|\phi_t(x)\in U,\forall t\geqslant 0;\phi_t(x)\to x_0,t\to+\infty\}$ 为平衡点 x_0 的局部稳定流形；称 $W^u(x_0)=\{x\in U|\phi_t(x)\in U,\forall t\leqslant 0;\phi_t(x)\to x_0,t\to-\infty\}$ 为平衡点 x_0 的局部不稳定流形。

3. 横截同宿定理 (Smale-Birkhoff 同宿定理)

设二维点映射 f 具有双曲不动点 O，且 $W^s(O)$ 与 $W^u(O)$ 横截相交于异于点 O 的一点 P，则 f 具有混沌性态。

这个定理告诉我们，若一个二维的离散动力系统具有横截同宿点或横截异宿点，则此系统将产生 Smale 马蹄现象。

4. Hamilton 系统与 Hamilton 量

对于平面非线性自治系统

$$\begin{cases}\dot{x}=P(x,y)\\ \dot{y}=Q(x,y)\end{cases}\tag{6.1}$$

其中，$P(x,y)$ 和 $Q(x,y)$ 均为连续函数。若存在光滑函数 $H(x,y)$，使得

$$\frac{\partial H}{\partial y}=P,\quad \frac{\partial H}{\partial x}=-Q$$

即

$$\begin{cases}\dot{x}=\dfrac{\partial H}{\partial y}\\ \dot{y}=-\dfrac{\partial H}{\partial x}\end{cases}$$

则式 (6.1) 就称为 Hamilton 系统，$H(x,y)$ 为系统 (6.1) 的 Hamilton 量。

平面 Hamilton 系统具有如下性质：

(1) 沿轨道 $H(x,y)$ 为常数；

(2) 任何有限远的奇点是中心、鞍点或退化鞍点；

(3) 在中心奇点周围，存在一族周期轨道，它填满了相平面上的某个区域，该区域可以扩充到无穷远，也可以以连接鞍点的轨道为其边界。连接鞍点的轨道有两种情况，即同宿轨道与异宿轨道。

对于连续流，由 Poincaré-Bendixson 的极限集理论可知，平面定常系统不会出现混沌性态。

所以，可以利用 Melnikov 方法来研究此类系统的庞加莱映射，在一定条件下可得出横截同宿，从而判定系统具有混沌性态。

下面具体介绍 Melnikov 方法的理论推导。

考虑有广泛应用背景的带有弱周期性扰动的二维定常系统：

$$\dot{x} = f(x) + \varepsilon g(x,t) \tag{6.2}$$

其中

$$x = \begin{pmatrix} x_1 \\ x_2 \end{pmatrix}, \quad f = \begin{pmatrix} f_1 \\ f_2 \end{pmatrix}, \quad g = \begin{pmatrix} g_1 \\ g_2 \end{pmatrix}$$

f 和 g 是充分光滑的函数，且在有界集上为有界，g 是 t 的周期函数，周期为 T，ε 为小参数。对系统 (6.2) 做假设：

(H_1) 当 $\varepsilon = 0$ 时，系统 (6.2) 为一个 Hamilton 系统，其 Hamilton 量为 $H(x_1, x_2)$，满足 $f_1 = \dfrac{\partial H}{\partial x_2}$，$f_2 = -\dfrac{\partial H}{\partial x_1}$；

(H_2) 当 $\varepsilon = 0$ 时，系统 (6.2) 有过双曲鞍点 P_0 的同宿轨道或异宿轨道 Γ_0 : $x = q_0(t)$，$t \in (-\infty, +\infty)$。

所以，当 $\varepsilon = 0$ 时，系统 (6.2) 的稳定流形 $W^s(P_0)$ 与不稳定流形 $W^u(P_0)$ 非横截相交，如图 6.2 所示。

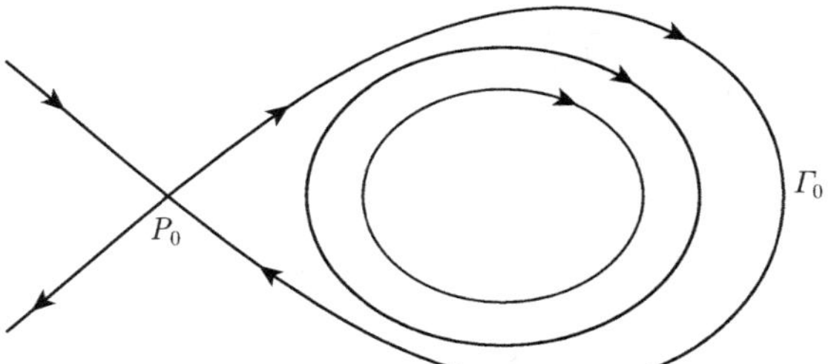

图 6.2　$\varepsilon = 0$ 时系统 (6.2) 的同宿轨道与异宿轨道

若 $|\varepsilon| \neq 0$，则对空间轨道产生小扰动，其稳定流形与不稳定流形分别记为 $W^s(P_\varepsilon)$ 与 $W^u(P_\varepsilon)$，如图 6.3 所示。

在 Γ_0 上一点 $q_0(0)$ 处的法线方向计算 $W^s(P_\varepsilon)$ 与 $W^u(P_\varepsilon)$ 的分离量，则可引出 Melnikov 函数。

设未扰系统的解 $x = q_0(t)$ 邻域有轨道 $q_\varepsilon^s(t, t_0)$、$q_\varepsilon^u(t, t_0)$，分别位于 $W^s(\gamma_\varepsilon)$、$W^u(\gamma_\varepsilon)$ 上，记

$$q_0^s(t, t_0) = q_0^u(t, t_0) = q_0(t - t_0)$$

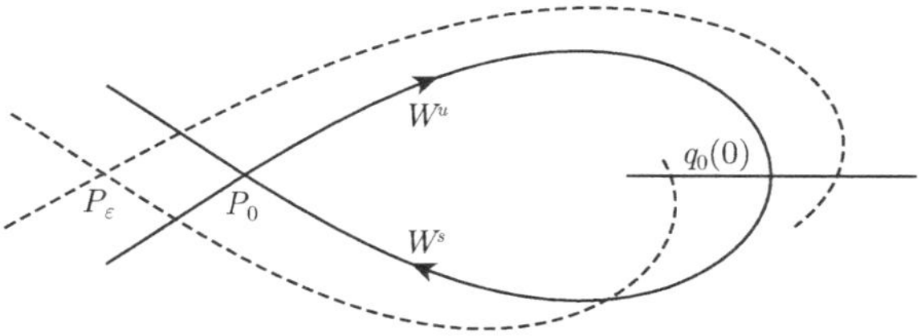

图 6.3 $|\varepsilon| \neq 0$ 时系统 (6.2) 的稳定与不稳定流形

通过求微分方程扰动后的解关于 ε 的展开式的一次近似来得出表达式：

$$q_\varepsilon^s(t,t_0) = q_0^s(t-t_0) + \varepsilon q_1^s(t,t_0) + O(\varepsilon^2), \quad t \in [t_0, \infty)$$
$$q_\varepsilon^u(t,t_0) = q_0^u(t-t_0) + \varepsilon q_1^u(t,t_0) + O(\varepsilon^2), \quad t \in (-\infty, t_0]$$

当 $\varepsilon \to 0$ 时，上式关于相应区间上的 t 一致成立。因而有

$$\begin{aligned} d(t_0) &= (q_\varepsilon^u(t,t_0) - q_\varepsilon^s(t,t_0)) \\ &= (q_1^u(t,t_0) - q_1^s(t,t_0))\varepsilon + O(\varepsilon^2) \\ &= \frac{\varepsilon(q_1^u(t,t_0) - q_1^s(t,t_0)) \cdot f^\perp(q_0(0))}{|f(x_0(0))|} + O(\varepsilon^2) \\ &\triangleq \frac{f(q_0(0)) \wedge (q_1^u(t,t_0) - q_1^s(t,t_0))\varepsilon}{|f(q_0(0))|} + O(\varepsilon^2) \end{aligned}$$

其中，Wedge 积 $\wedge$ 定义如下：

$$\vec{a} \wedge \vec{b} = \begin{vmatrix} a_1 & b_1 \\ a_2 & b_2 \end{vmatrix} = a_1 b_2 - a_2 b_1$$

为了后面推导的需要，这里简要介绍一下 Wedge 积的性质：

(1) $\vec{\alpha} \wedge \left(\lambda \vec{\beta} + \mu \vec{\gamma}\right) = \lambda \vec{\alpha} \wedge \vec{\beta} + \mu \vec{\alpha} \wedge \vec{\gamma}$；

(2) $\left(A\vec{\alpha}\right) \wedge \vec{\beta} + \vec{\alpha} \wedge \left(A\vec{\beta}\right) = \mathrm{trace}(A) \cdot \left(\vec{\alpha} \wedge \vec{\beta}\right)$;

(3) $\left(\vec{\alpha} \wedge \vec{\beta}\right)' = \vec{\alpha}' \wedge \vec{\beta} + \vec{\alpha} \wedge \vec{\beta}'$。

其中，对于性质 (2)，我们给出简要的证明。

不妨设

$$A = \begin{pmatrix} a & b \\ c & d \end{pmatrix}, \quad \vec{\alpha} = \begin{pmatrix} x_1 \\ x_2 \end{pmatrix}, \quad \vec{\beta} = \begin{pmatrix} y_1 \\ y_2 \end{pmatrix}$$

则

$$\left(A\vec{\alpha}\right) \wedge \vec{\beta} + \vec{\alpha} \wedge \left(A\vec{\beta}\right)$$

$$
\begin{aligned}
&= \begin{pmatrix} a & b \\ c & d \end{pmatrix} \begin{pmatrix} x_1 \\ x_2 \end{pmatrix} \wedge \begin{pmatrix} y_1 \\ y_2 \end{pmatrix} + \begin{pmatrix} x_1 \\ x_2 \end{pmatrix} \wedge \begin{pmatrix} a & b \\ c & d \end{pmatrix} \begin{pmatrix} y_1 \\ y_2 \end{pmatrix} \\
&= \begin{pmatrix} ax_1 + bx_2 \\ cx_1 + dx_2 \end{pmatrix} \wedge \begin{pmatrix} y_1 \\ y_2 \end{pmatrix} + \begin{pmatrix} x_1 \\ x_2 \end{pmatrix} \wedge \begin{pmatrix} ay_1 + by_2 \\ cy_1 + dy_2 \end{pmatrix} \\
&= ax_1y_2 + bx_2y_2 - cx_1y_1 - dy_1x_2 + cx_1y_1 + dx_1y_2 - ax_2y_1 - bx_2y_2 \\
&= a\left(x_1y_2 - x_2y_1\right) + d\left(x_1y_2 - y_1x_2\right) \\
&= (a+d)\left(\begin{pmatrix} x_1 \\ x_2 \end{pmatrix} \wedge \begin{pmatrix} y_1 \\ y_2 \end{pmatrix}\right) \\
&= \operatorname{trace}(A) \cdot \left(\vec{\alpha} \wedge \vec{\beta}\right)
\end{aligned}
$$

$d\left(t_0\right)$ 代表了 $W^s\left({P_\varepsilon}^{t_0}\right)$ 与 $W^u\left({P_\varepsilon}^{t_0}\right)$ 在此方向上分离的距离，所以 $W^s\left({P_\varepsilon}^{t_0}\right)$ 与 $W^u\left({P_\varepsilon}^{t_0}\right)$ 相交 $\Leftrightarrow d\left(t_0\right)=0$。

为了便于计算 $d\left(t_0\right)$ 的一阶近似，Melnikov 引入函数：

$$
M\left(t_0\right)=\int_{-\infty}^{+\infty} f\left(q_0\left(t-t_0\right)\right) \wedge g\left(q_0\left(t-t_0\right), t\right) \mathrm{d} t
$$

这就是一阶的 Melnikov 函数。

下面证明：

$$
d\left(t_0\right)=\left(M\left(t_0\right) / \left|f\left(q_0(0)\right)\right|\right) \varepsilon+O\left(\varepsilon^2\right)
$$

记

$$
\begin{aligned}
F &= f\left(q_0(0)\right) \wedge\left(q_1^u\left(t, t_0\right)-q_1^s\left(t, t_0\right)\right) \\
&= f\left(q_0(0)\right) \wedge q_1^u\left(t, t_0\right)-f\left(q_0(0)\right) \wedge q_1^s\left(t, t_0\right)
\end{aligned}
$$

故

$$
d(t_0)=\frac{F \varepsilon}{\left|f\left(q_0(0)\right)\right|}+O(\varepsilon^2)
$$

构造函数：

$$
\Delta^s\left(t, t_0\right)=f\left(q_0\left(t-t_0\right)\right) \wedge q_1^s\left(t, t_0\right) \tag{6.3}
$$

$$
\Delta^u\left(t, t_0\right)=f\left(q_0\left(t-t_0\right)\right) \wedge q_1^u\left(t, t_0\right) \tag{6.4}
$$

下面计算 $\dfrac{\mathrm{d}}{\mathrm{d} t} \Delta^s\left(t, t_0\right)$。

由于 $\varepsilon=0$ 时，过鞍点 P_0 的同宿轨道为 $x=q_0(t)$，故 $\dot{q}_0=f\left(q_0\right)$，而

$$
q_\varepsilon^s\left(t, t_0\right)=q_0^s\left(t-t_0\right)+\varepsilon q_1^s\left(t-t_0\right)+O\left(\varepsilon^2\right)
$$

$$\dot{q}_\varepsilon^s = \dot{q}_0(t-t_0) + \varepsilon \dot{q}_1^s(t-t_0) + O(\varepsilon^2) \tag{6.5}$$

将 q_ε^s 代入方程，可得

$$\dot{q}_\varepsilon^s = f(q_\varepsilon^s(t-t_0)) + \varepsilon g(q_\varepsilon^s(t-t_0), t)$$

其中

$$f(q_\varepsilon^s(t-t_0)) = f(q_0 + \varepsilon q_1^s + O(\varepsilon^2)) = f(q_0) + (Df(q_0)\cdot q_1^s)\varepsilon + O(\varepsilon^2) \tag{6.6}$$

而

$$g(q_\varepsilon^s(t-t_0), t) = g(q_0 + \varepsilon q_1^s + O(\varepsilon^2)) = g(q_0) + (Dg(q_0)\cdot q_1^s)\varepsilon + O(\varepsilon^2) \tag{6.7}$$

故

$$\dot{q}_\varepsilon^s = f(q_0) + \varepsilon(Df(q_0)q_1^s + g(q_0)) + O(\varepsilon^2) \tag{6.8}$$

将式 (6.8) 与式 (6.5) 比较可得

$$\dot{q}_1^s(t,t_0) = Df(q_0(t-t_0))q_1^s(t,t_0) + g(q_0(t-t_0), t) \tag{6.9}$$

所以

$$\begin{aligned}
&\frac{\mathrm{d}}{\mathrm{d}t}\Delta^s(t,t_0) = \frac{\mathrm{d}}{\mathrm{d}t}(f(q_0(t-t_0)\wedge q_1^s(t,t_0)))\\
&= Df(q_0(t-t_0))\dot{q}_0(t-t_0)\wedge q_1^s(t-t_0) + f(q_0(t-t_0))\wedge \dot{q}_1^s(t,t_0)\\
&= Df(q_0(t-t_0))\dot{q}_0(t-t_0)\wedge q_1^s(t-t_0)\\
&\quad + f(q_0(t-t_0))\wedge(Df(q_0(t-t_0))q_1^s + g)\\
&= \operatorname{trace}(Df(q_0(t-t_0)))\cdot(f(q_0(t-t_0))\wedge q_1^s(t-t_0)) + f(q_0(t-t_0))\wedge g\\
&= \operatorname{trace}(Df(q_0(t-t_0)))\cdot(f(q_0(t-t_0))\wedge q_1^s(t-t_0))\\
&\quad + f(q_0(t-t_0))\wedge g(q_0(t-t_0), t)
\end{aligned}$$

因为 $\varGamma_0$ 为闭轨，所以 $\operatorname{div}(Df) \equiv 0 = \operatorname{trace}(Df)$, 即

$$Df = \frac{\partial(f_1,f_2)}{\partial(x_1,x_2)} = \frac{\partial\left(\dfrac{\partial H}{\partial x_2}, -\dfrac{\partial H}{\partial x_1}\right)}{\partial(x_1,x_2)} = \begin{vmatrix} H_{X_1X_2} & H_{X_2X_2} \\ -H_{X_1X_1} & -H_{X_1X_2} \end{vmatrix}$$

由于系统 (6.2) 为 Hamilton 系统，故

$$\operatorname{trace}(Df) = H_{X_1X_2} - H_{X_1X_2} = 0$$

故

$$\frac{\mathrm{d}}{\mathrm{d}t}\Delta^s(t,t_0) = f(q_0(t-t_0))\wedge g(q_0(t-t_0), t) \tag{6.10}$$

在 $t_0 \to \infty$ 上积分，求 $\Delta^s(t,t_0)$，有

$$\Delta^s(\infty,t_0) - \Delta^s(t,t_0) = \int_{t_0}^{\infty} f(q_0(t-t_0)) \wedge g(q_0(t-t_0),t)\,\mathrm{d}t \tag{6.11}$$

因为

$$\lim_{t\to\infty} f(q_0(t-t_0)) = f(p_0) = 0$$

其中，p_0 为平衡点，故由式 (6.3) 可得

$$\Delta^s(\infty,t_0) = 0$$

类似地推导可得

$$\Delta^u(-\infty,t_0) = 0$$

$$\Delta^u(t,t_0) = \int_{-\infty}^{t_0} f(q_0(t-t_0)) \wedge g(q_0(t-t_0),t)\,\mathrm{d}t \tag{6.12}$$

式 (6.11) + 式 (6.12) 得

$$\Delta^u(t,t_0) - \Delta^s(t,t_0) = \int_{-\infty}^{+\infty} f(q_0(t-t_0)) \wedge g(q_0(t-t_0),t)\,\mathrm{d}t$$

或为了方便计算，令 $t \to t - t_0$，可以表示为

$$M(t_0) = \Delta^u(t,t_0) - \Delta^s(t,t_0) = \int_{-\infty}^{+\infty} f(q_0(t)) \wedge g(q_0(t),t+t_0)\,\mathrm{d}t$$

即为一阶 Melnikov 函数。

至此，我们可以得到结论：若系统 (6.2) 满足假设 (H_1) 和 (H_2)，则对充分小的 ε，在原点附近有唯一的一条双曲周期轨道。若系统 (6.2) 的 Melnikov 函数 $M(t_0)$ 具有不依赖于 ε 的简单零点 t_0，即 $M(t_0)=0$，$M'(t_0)\neq 0$，则 $|\varepsilon|\neq 0$ 且很小时，系统的稳定流形与不稳定流形横截相交，从而扰动系统可能出现 Smale 意义下的混沌；否则，系统 (6.2) 的 Melnikov 函数 $M(t_0)$ 总与零相差一个有界常数，双曲周期轨道的稳定流形与不稳定流形不相交。

下面再对 Melnikov 函数 $M(t_0)$ 做两点附加的说明。

(1) 对于 $g = \begin{pmatrix} g_1 \\ g_2 \end{pmatrix}$，若存在依赖于时间的 Hamilton 函数 $G(u,v,t)$，$g_1 = \dfrac{\partial G}{\partial v}$，$g_2 = -\dfrac{\partial G}{\partial u}$，则同宿轨道的 Melnikov 函数为

$$M(t_0) = \int_{-\infty}^{+\infty} f(q_0(t-t_0)) \wedge g(q_0(t-t_0),t)\,\mathrm{d}t$$

$$
\begin{aligned}
&= \int_{-\infty}^{+\infty} (f_1(q_0(t-t_0))g_2(q_0(t-t_0),t) - f_2(q_0(t-t_0))g_1(q_0(t-t_0),t))\mathrm{d}t \\
&= \int_{-\infty}^{+\infty} \left(-\frac{\partial H}{\partial v}\cdot\frac{\partial G}{\partial u} + \frac{\partial H}{\partial u}\cdot\frac{\partial G}{\partial v}\right)\mathrm{d}t \\
&= \int_{-\infty}^{+\infty} \left|\frac{\partial(H,G)}{\partial(u,v)}\right|\mathrm{d}t \\
&= \int_{-\infty}^{+\infty} \{H(q_0(t-t_0)), G(q_0(t-t_0),t)\}\,\mathrm{d}t
\end{aligned}
$$

其中

$$
\{F_1, F_2\} = \frac{\partial(F_1,F_2)}{\partial(u,v)} = \frac{\partial F_1}{\partial u}\cdot\frac{\partial F_2}{\partial v} - \frac{\partial F_1}{\partial v}\cdot\frac{\partial F_2}{\partial u}
$$

为泊松 (Poisson) 括号。

(2) 若 g 不显含 t，则同宿轨道的 Melnikov 函数可化为

$$
\begin{aligned}
M(t_0) &= \int_{-\infty}^{+\infty} f(q_0(t-t_0)) \wedge g(q_0(t-t_0))\,\mathrm{d}t \\
&= \int_{-\infty}^{+\infty} (f_1 g_2 - f_2 g_1)\,\mathrm{d}t = \int_{-\infty}^{+\infty} (g_2\cdot\dot{u}_0 - g_1\cdot\dot{v}_0)\,\mathrm{d}t \\
&= \int_{-\infty}^{+\infty} g_2(u,v)\,\mathrm{d}u - g_1(u,v)\,\mathrm{d}v \\
&= \pm\int_{\Omega} \mathrm{trace}(Dg(u,v))\,\mathrm{d}u\mathrm{d}v = \pm\int_{\Omega} \mathrm{trace}(Dg(x))\cdot\mathrm{d}x
\end{aligned}
$$

其中，Ω 为 Γ_0 所围成的区域。

6.3 Melnikov 方法在经济系统中的应用

近年来，随着非线性科学的巨大发展，非线性动力学特别是混沌理论已成为一门多学科交叉的前沿科学。应用非线性动力学理论和方法研究复杂经济系统问题，进一步认识和掌握经济系统的运动规律已成为当前经济学研究新的热点之一 (高琴，2006)。

在宏观经济理论中，经济周期一直备受关注，它表现为经济系统的不稳定产生的宏观经济变量的波动。Samuelson 最早正式地提出经济周期模型，这个模型的主要缺陷是无法描述经济在持续周期变化中出现的突变或者衰退现象。Hicks(1950) 考虑了突变的情况，实际上是建立了一个分段线性的系统。Hommes(1995) 和 Saura 等 (1998) 对这一系统做了进一步的研究。Goodwin(1951) 第一次得到了一个具有后顾性的非线性经济周期模型，利用非线性动力学理论研究了系统特性。

后来还有很多对 Goodwin 模型的推广和研究，其中最著名的是 Puu(1997) 建立的具有非线性投资函数的经济周期模型，及其对此模型的混沌特性分析。本节将在 Goodwin 和 Puu 的工作基础上，建立一个推广的非线性经济周期模型，用 Melnikov 方法得到这类非线性系统可能产生 Smale 马蹄变换意义下混沌运动的必要条件。

6.3.1 经济周期模型的建立

根据宏观经济学理论，国内生产总值可分解为消费与投资两部分，因此，如何建立消费函数与投资函数就成为建立经济周期模型的关键。这里我们对 Goodwin 的消费函数加以改进，得到

$$C_t = \alpha x_{t-1} - s(x_{t-1} - x_{t-2}) + qx_{t-2}^3 + C_0 \tag{6.13}$$

令投资函数同时具有二次和三次非线性项，并考虑自主投资函数，有

$$I_t = v(x_{t-1} - x_{t-2}) - v(x_{t-1} - x_{t-2})^2 - v(x_{t-1} - x_{t-2})^3 + I_0 \tag{6.14}$$

将消费函数与投资函数代入恒等式 $x_t = C_t + I_t$ 中，得到方程：

$$x_t = (\alpha-s+v)x_{t-1}+(s-v)x_{t-2}+qx_{t-2}^3-v(x_{t-1} - x_{t-2})^2-v(x_{t-1} - x_{t-2})^3+C_0+I_0 \tag{6.15}$$

定义新变量 $z_{t-1} = x_t - x_{t-1}$，将离散方程连续化，即可得到推广的非线性经济周期模型：

$$\ddot{x} + v\dot{x}^3 + v\dot{x}^2 + (2-\alpha+s-v)\dot{x} + (1-\alpha)x - qx^3 = C_0 + I_0 \tag{6.16}$$

其中，x 为收入 (或产出)；“$\cdot$” 表示对时间 t 求导；$0 \leqslant \alpha \leqslant 1$ 为边际消费倾向；$s \leqslant 1$ 为增补储蓄；v 为常数，表示国民收入与国家总投资的固定比例，一般只考虑 $v > 0$ 的情形；自主投资函数 $C_0 + I_0$ 为自主消费与自主投资之和，为了抵制经济变量周期性对经济发展的负面影响，这里将自主投资函数取为正弦函数的形式。

6.3.2 经济周期模型的混沌特性研究

考虑经济周期模型

$$\ddot{x} + v\dot{x}^3 + v\dot{x}^2 + (2-\alpha+s-v)\dot{x} + (1-\alpha)x - qx^3 = f\sin(\Omega t) \tag{6.17}$$

令 $v = \varepsilon V$，$f = \varepsilon F$，$2-\alpha+s-v = \varepsilon U$，$1-\alpha = \omega_0^2$, 有

$$\ddot{x} + \omega_0^2 x - qx^3 = \varepsilon(-V\dot{x}^3 - V\dot{x}^2 - U\dot{x} + F\sin(\Omega t)) \tag{6.18}$$

其中，ω_0、V、F、q 均为非负参数。令 $\dot{x} = y$，有

$$\begin{cases} \dot{x} = y \\ \dot{y} = -\omega_0^2 x + qx^3 + \varepsilon(-V\dot{x}^3 - V\dot{x}^2 - U\dot{x} + F\sin(\Omega t)) \end{cases} \tag{6.19}$$

首先考虑未扰系统，即 $\varepsilon = 0$ 的系统

$$\begin{cases} \dot{x} = y \\ \dot{y} = -\omega_0^2 x + q x^3 \end{cases} \tag{6.20}$$

该系统为 Hamilton 系统，其 Hamilton 量为

$$H(x,y) = \frac{1}{2}y^2 + \frac{\omega_0^2}{2}x^2 - \frac{q}{4}x^4 = h \tag{6.21}$$

不同的 h 值代表相平面上不同的曲线，h 值由振动的初始条件确定。该系统有三个平衡点：

$$O = (0,0), \quad A = \left(\frac{\omega_0}{\sqrt{q}}, 0\right), \quad B = \left(-\frac{\omega_0}{\sqrt{q}}, 0\right)$$

由定性分析可知，平衡点 O 为中心，A、B 为鞍点。经计算可得未扰系统异宿轨道的参数方程：

$$\begin{cases} x(t) = \pm\dfrac{\omega_0}{\sqrt{q}}\mathrm{th}\left(\dfrac{\omega_0}{\sqrt{2}}t\right) \\ y(t) = \pm\dfrac{\omega_0^2}{\sqrt{2q}}\mathrm{sech}^2\left(\dfrac{\omega_0}{\sqrt{2}}t\right) \end{cases}$$

由此可得异宿轨道的 Melnikov 函数：

$$\begin{aligned}
M(t_0) &= \int_{-\infty}^{+\infty} \left(-Vy^3 - Vy^2 - Uy + F\sin(\Omega(t+t_0))\right) y\,\mathrm{d}t \\
&= -\int_{-\infty}^{+\infty} (Vy^4 + Vy^3 + Uy^2)\mathrm{d}t + 2\sin(\Omega t_0)\int_0^{+\infty} F\cos(\Omega t)\cdot y\mathrm{d}t \\
&= -V\frac{\omega_0^8}{4q^2}\int_{-\infty}^{+\infty}\mathrm{sech}^8\left(\frac{\omega_0}{\sqrt{2}}t\right)\mathrm{d}t \mp V\frac{\omega_0^4}{2q}\cdot\frac{\omega_0^2}{\sqrt{2q}}\int_{-\infty}^{+\infty}\mathrm{sech}^6\left(\frac{\omega_0}{\sqrt{2}}t\right)\mathrm{d}t \\
&\quad - U\frac{\omega_0^4}{2q}\int_{-\infty}^{+\infty}\mathrm{sech}^4\left(\frac{\omega_0}{\sqrt{2}}t\right)\mathrm{d}t \pm 2F\sin(\Omega t_0)\frac{\omega_0^2}{\sqrt{2q}}\int_0^{+\infty}\cos(\Omega t) \\
&\quad \cdot\mathrm{sech}^2\left(\frac{\omega_0}{\sqrt{2}}t\right)\mathrm{d}t \\
&= -V\frac{\omega_0^8}{4q^2}\cdot\frac{32\sqrt{2}}{35\omega_0} \mp V\frac{\omega_0^6}{2q\sqrt{2q}}\cdot\frac{16\sqrt{2}}{15\omega_0} - U\frac{\omega_0^4}{2q}\cdot\frac{4\sqrt{2}}{3\omega_0} \\
&\quad \pm 2F\sin(\Omega t_0)\frac{\omega_0^2}{\sqrt{2q}}\cdot\frac{\pi\Omega\,\mathrm{csch}\left(\dfrac{\pi\Omega}{2\sqrt{2}\omega_0}\right)\cdot\mathrm{sech}\left(\dfrac{\pi\Omega}{2\sqrt{2}\omega_0}\right)}{\omega_0^2}
\end{aligned} \tag{6.22}$$

若此 Melnikov 函数存在不依赖于 ε 的简单零点，即稳定流形和不稳定流形横截相交，则可能出现 Smale 马蹄变换意义下的混沌。令 $M(t_0) = 0$，可得确定

系统可能出现 Smale 马蹄变换意义下混沌的条件为

$$\left|-V\frac{8\sqrt{2}}{35}\cdot\frac{\omega_0^7}{q^2}\mp V\frac{8\omega_0^5}{15q\sqrt{q}}-U\frac{2\sqrt{2}\omega_0^3}{3q}\right|<\left|\frac{\sqrt{2}}{\sqrt{q}}F\pi\Omega\operatorname{csch}\left(\frac{\pi\Omega}{2\sqrt{2}\omega_0}\right)\cdot\operatorname{sech}\left(\frac{\pi\Omega}{2\sqrt{2}\omega_0}\right)\right|$$

6.3.3 经济周期模型混沌运动的数值模拟

这里采用 Runge-Kutta 方法，利用 Mathematica 数学软件对所研究的经济周期模型进行数值模拟，以观察和验证模型的混沌性态。根据上面所得出的系统可能出现 Smale 马蹄变换意义下混沌的条件，给定各个参数的值，我们可以得到不同参数下系统的相图，如图 6.4 所示。

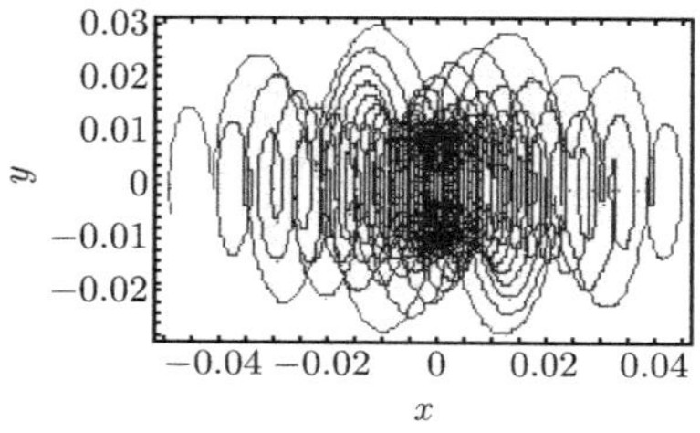

(a) $\omega_0^2=0.2$, $q=0.1$, $\varepsilon=0.1$, $V=0.2$, $U=0.3$, $F=0.5$, $\Omega=5$, $(x_0, y_0)=(0.1, 0.4)$

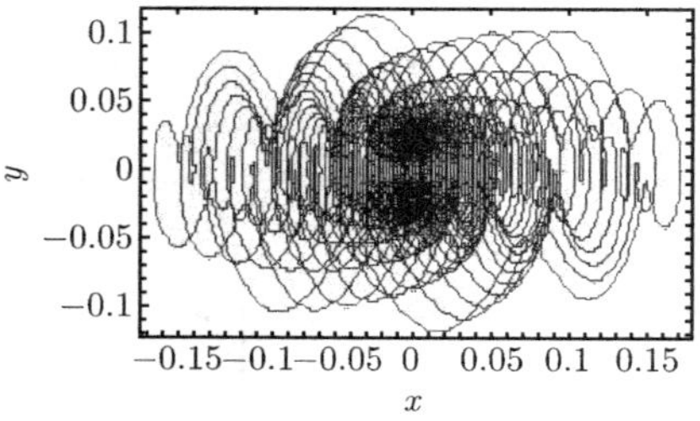

(b) $\omega_0^2=0.3$, $q=0.2$, $\varepsilon=0.3$, $V=0.2$, $U=0.05$, $F=0.5$, $\Omega=5$, $(x_0, y_0)=(1.1, 0.04)$

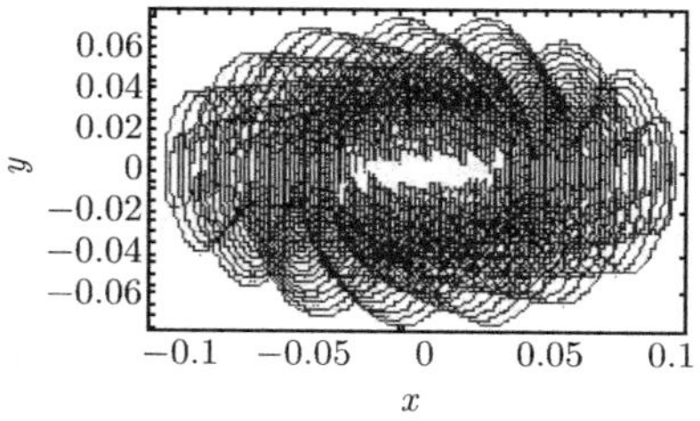

(c) $\omega_0^2=0.35$, $q=0.25$, $\varepsilon=0.2$, $V=0.45$, $U=0.02$, $F=0.4$, $\Omega=5$, $(x_0, y_0)=(0.36, 0.01)$

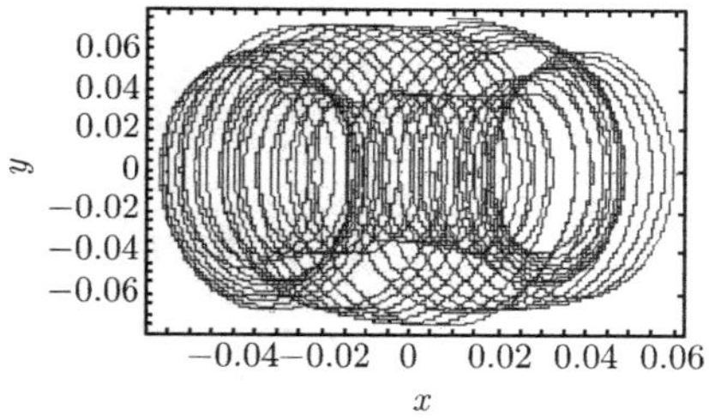

(d) $\omega_0^2=0.26$, $q=0.25$, $\varepsilon=0.2$, $V=0.45$, $U=0.035$, $F=0.8$, $\Omega=3$, $(x_0, y_0)=(0.42, 0.06)$

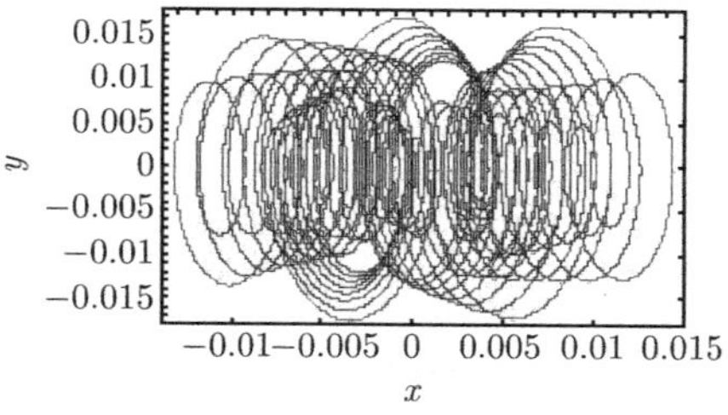

(e) $\omega_0^2=0.4$, $q=0.6$, $\varepsilon=0.1$, $V=0.2$, $U=0.3$, $F=0.5$, $\Omega=5$, $(x_0, y_0)=(0.3, 0.1)$

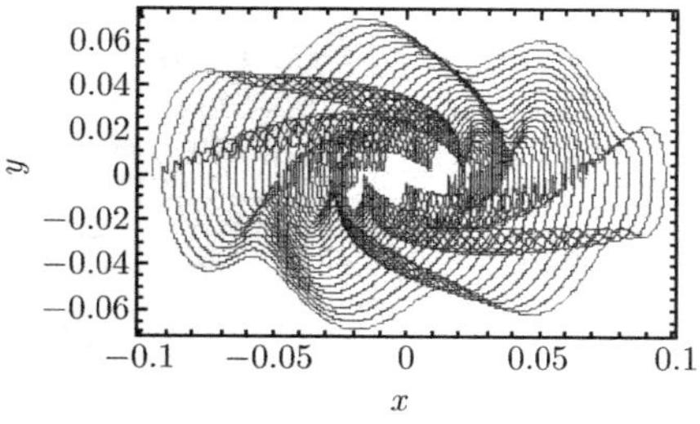

(f) $\omega_0^2=0.4$, $q=0.8$, $\varepsilon=0.1$, $V=0.2$, $U=0.1$, $F=0.5$, $\Omega=5$, $(x_0, y_0)=(0.5, 0.01)$

图 6.4　不同参数下系统的相图

由以上的分析计算及其数值模拟的结果来看，当经济系统中的参数满足一定的条件时，系统有可能产生混沌现象，此时无法对系统进行确定性的预测和控制，在制定经济政策时，可以根据宏观调控的需要，通过调节系统参数，避免系统进入混沌状态。本书的结果对于帮助政府制定宏观经济政策具有一定的理论意义及现实指导意义。

6.4　随机 Melnikov 过程

在实际问题的很多情况下，随机扰动是不可避免的，也是不可忽略的，所以，对随机激励的研究也越来越重要。而人们对随机系统中混沌运动的研究尚处于初期，还存在许多问题，同时我们所讨论的随机干扰的类型还很有限，主要是弱有界噪声。关于这一方面，还有待更加细致深入的工作来增强人们对随机系统混沌运动的了解和认识。

本节研究的有界随机过程是具有随机频率与相位的谐和函数，也可为慢变随机过程，其数学表达式为

$$\xi(t) = u\cos(\Omega\, t + \Psi)$$

其中，$u = \varepsilon\delta$；$\Psi = \sigma B(t) + \gamma$，$\sigma$ 为噪声强度，$B(t)$ 为单位 Wiener 过程，γ 为 $[0, 2\pi)$ 上均匀分布的随机变量；激励幅值 u 为常数；Ω 为激励的平均频率。$\xi(t)$ 的一维概率密度函数为

$$p(\xi) = \frac{1}{\pi\sqrt{u^2 - \xi^2}}$$

可以看到，当 $u = 1$ 时，$\xi(t)$ 的概率密度函数具有非高斯概率分布 (图 6.5)。

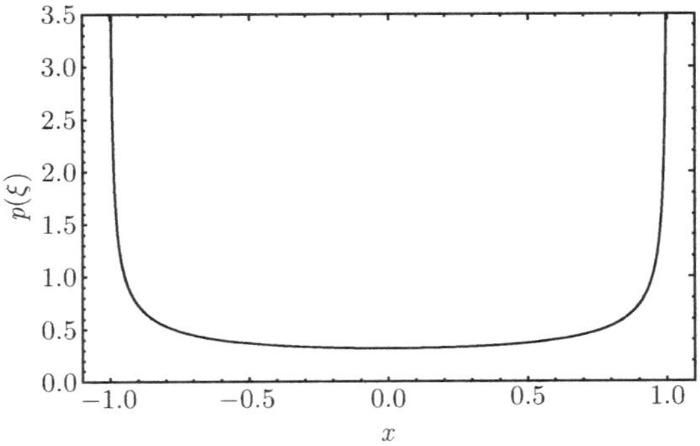

图 6.5　$\xi(t)$ 的概率密度函数 $(u = 1)$

有界噪声 $\xi(t)$ 的均值为零，下面推导 $\xi(t)$ 的双边谱密度。

由于 $B(t)$ 是单位 Wiener 过程，故

$$B(t) \sim N(0,t)$$

则

$$B(t+\tau)-B(t) \sim N(0,\tau)$$

又

$$\begin{aligned}B(t)+B(t+\tau) &= B(t)+(B(t+\tau)-B(t))+B(t)\\ &= 2B(t)+(B(t+\tau)-B(t))\end{aligned}$$

故

$$E[B(t)+B(t+\tau)] = E[2B(t)+(B(t+\tau)-B(t))] = 0$$

又由于 $B(t+\tau)-B(t)$ 与 $B(t)$ 相互独立，则

$$\begin{aligned}D[B(t)+B(t+\tau)] &= D[2B(t)+(B(t+\tau)-B(t))]\\ &= D[2B(t)]+D[B(t+\tau)-B(t)]\\ &= 4D[B(t)]+\tau\\ &= 4t+\tau\end{aligned}$$

因此

$$B(t)+B(t+\tau) \sim N(0,4t+\tau)$$

由于

$$\xi(t) = u\sin(\varOmega t+\sigma B(t)+\gamma)$$

故 $\xi(t)$ 的协方差函数

$$\begin{aligned}c(\tau) &= E[\xi(t+\tau)\xi(t)]\\ &= u^2E[\sin(\varOmega(t+\tau)+\sigma B(t+\tau)+\gamma)\sin(\varOmega t+\sigma B(t)+\gamma)]\\ &= -\frac{u^2}{2}E[\cos(\varOmega(2t+\tau)+\sigma(B(t+\tau)+B(t))+2\gamma)\\ &\quad -\cos(\varOmega\tau+\sigma(B(t+\tau)-B(t)))]\\ &= -\frac{u^2}{2}\left(\int_{-\infty}^{+\infty}\int_0^{2\pi}\cos(\varOmega(2t+\tau)+\sigma x+2\gamma)\right.\\ &\quad \cdot\frac{1}{2\pi}\cdot\frac{1}{\sqrt{2\pi(4t+\tau)}}\mathrm{e}^{-\frac{x^2}{2(4t+\tau)}}\mathrm{d}\gamma\mathrm{d}x\end{aligned}$$

$$
\begin{aligned}
&-\int_{-\infty}^{+\infty}\cos(\Omega\tau+\sigma y)\cdot\frac{1}{\sqrt{2\pi\tau}}\cdot \mathrm{e}^{-\frac{y^2}{2\tau}}\mathrm{d}y\Bigg)\\
&=\frac{u^2}{2}\exp\left(-\frac{\sigma^2\tau}{2}\right)\cos(\Omega\tau)\Delta R(\tau)
\end{aligned}
$$

$\xi(t)$ 的方差 $c(0)=\dfrac{u^2}{2}$。

因此，$\xi(t)$ 的双边谱密度为

$$
\begin{aligned}
S_\xi(\omega)&=\int_{-\infty}^{+\infty}R(\tau)\mathrm{e}^{-\mathrm{j}\omega\tau}\mathrm{d}\tau\\
&=\frac{(u\sigma)^2}{2\pi}\left(\frac{1}{4(\omega-\Omega)^2+\sigma^4}+\frac{1}{4(\omega+\Omega)^2+\sigma^4}\right)
\end{aligned}
$$

当 $u=1,\Omega=1$ 时，$S_\xi(\omega)$ 的图形如图 6.6 所示。

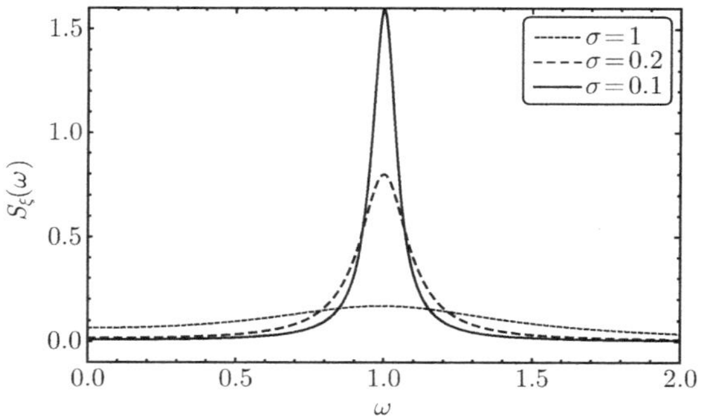

图 6.6　$\xi(t)$ 的双边谱密度 $S_\xi(\omega)$

可见，$\xi(t)$ 是一个广义平稳随机过程，具有有限的功率，其功率谱密度的形状由 Ω 和 σ 决定，其单边谱密度为 $G_\xi(\omega)=2S_\xi(\omega)$，它有一个峰值，峰值的位置主要由 Ω 决定，带宽主要由 σ 决定，σ 的值越大带宽越大，$\sigma\to 0$ 时，它为一个窄带过程；$\sigma\to\infty$ 时，它趋于一个具有常数功率的白噪声。适当选取 u 与 σ 的值，$\xi(t)$ 可表示经济系统中的自主函数等内部和外部的激励。由于 $|\xi(t)|\leqslant u$，$\xi(t)$ 是一个有界的随机过程，它又是一个连续的样本函数，满足推导 Melnikov 函数应具有的条件。因此有界噪声是一个合理的随机激励模型。

对于给定分布的一维连续随机变数，可用反函数法由 $[0,2\pi]$ 上均匀分布的随机数来模拟。其具体方法如下。

设随机变数 ξ 具有连续分布函数 $F(x)$，γ 是 $[0,2\pi]$ 上均匀分布的随机变数，

它的分布函数为

$$G(x)=\begin{cases}0, & x\leqslant 0\\ \dfrac{x}{2\pi}, & x\in[0,2\pi]\\ 1, & x>2\pi\end{cases}$$

由于 $F(x)\in[0,1]$，故 $2\pi F(x)\in[0,2\pi]$，则

$$P\left(F^{-1}\left(\frac{\gamma}{2\pi}\right)<x\right)=P\left(\frac{\gamma}{2\pi}<F(x)\right)=P\left(\gamma<2\pi F(x)\right)=G(2\pi F(x))=F(x)$$

所以，$F^{-1}\left(\dfrac{\gamma}{2\pi}\right)$ 的分布函数为 $F(x)$，故 $\xi=F^{-1}\left(\dfrac{\gamma}{2\pi}\right)$，即 $\gamma=2\pi F(\xi)$。

若 ξ 的密度函数为 $f(x)$，则

$$\gamma=2\pi\int_{-\infty}^{\xi}f(x)\mathrm{d}x$$

因此，若给出 $[0,2\pi]$ 上均匀分布的随机数 γ_i，则具有给定分布的随机数 ξ_i 可由求解方程

$$\gamma_i=2\pi\int_{-\infty}^{\xi_i}f(x)\mathrm{d}x$$

得出。

对于本节所考虑的有界随机过程 $\xi(t)=u\cos(\varOmega t+\sigma B(t)+\gamma)$，$\gamma$ 是 $[0,2\pi]$ 上均匀分布的随机变量，$\xi(t)$ 的密度函数 $p(\xi)=\dfrac{1}{\pi\sqrt{u^2-\xi^2}}$，因此

$$\gamma=2\pi\int_{-\infty}^{\xi}f(x)\mathrm{d}x=2\int_{-u}^{\xi}\frac{\mathrm{d}x}{\sqrt{u^2-x^2}}=2\arcsin\frac{x}{u}\bigg|_{-u}^{\xi}=2\arcsin\frac{\xi}{u}+\pi$$

故

$$\xi=u\sin\frac{\gamma-\pi}{2}=-u\sin\frac{\gamma}{2}$$

即本书的有界随机过程 $\xi(t)$ 可以用 $-u\sin\dfrac{\gamma}{2}$ 来模拟，其中，γ 是 $[0,2\pi]$ 上均匀分布的随机变量。

在弱随机扰动下，Melnikov 函数变成 Melnikov 过程。因此，需要从某种概率或统计意义上来说明随机 Melnikov 过程是否具有简单零点，这里我们仅从均值及均方意义下考虑。

考虑在小耗散与弱有界噪声激励下的单自由度 Hamilton 系统，其运动方程为

$$\begin{cases}\dot{Q}=\dfrac{\partial H}{\partial P}\\ \dot{P}=-\dfrac{\partial H}{\partial Q}-\varepsilon c(Q,P)\dfrac{\partial H}{\partial P}+\varepsilon f(Q,P)\xi(t)\end{cases}\tag{6.23}$$

其中

$$H=\frac{P^2}{2}+U(Q) \tag{6.24}$$

设相应的 Hamilton 系统具有一个双曲鞍点与同宿轨道 $q_0(t)$ 、$p_0(t)$。$\xi(t)$ 是上面描述的有界噪声，耗散与有界噪声幅值足够小，使得受扰系统仍具有双曲鞍点。式 (6.13) 的随机 Melnikov 过程为

$$M(t_0)=\int_{-\infty}^{+\infty}\frac{\partial H}{\partial P}\left(-c(Q,P)\frac{\partial H}{\partial P}+f(Q,P)\xi(t+t_0)\right)\mathrm{d}t \tag{6.25}$$

式 (6.25) 的被积函数中，$Q=q_0(t)$，$P=p_0(t)$。由于 $E[\xi(t)]=0$，故随机 Melnikov 过程的均值

$$E[M(t_0)]=-\int_{-\infty}^{+\infty}c(Q,P)\left(\frac{\partial H}{\partial P}\right)^2\mathrm{d}t<0 \tag{6.26}$$

恒为负，因此随机 Melnikov 过程在均值意义上不可能有简单零点，从而式 (6.13) 在均值意义上不可能出现混沌。

下面我们考虑 $M(t_0)-E[M(t_0)]$ 与 $0-E[M(t_0)]$ 在均方意义下是否可能相等，即考虑

$$E[M(t_0)-E[M(t_0)]]^2=E[0-E[M(t_0)]]^2$$

是否可能成立，也就是考虑

$$D[M(t_0)]=E^2[M(t_0)] \tag{6.27}$$

是否成立。分别计算式 (6.27) 左右两端，有

$$\begin{aligned}D[M(t_0)]&=E\left[\left\{\int_{-\infty}^{+\infty}f(Q,P)\frac{\partial H}{\partial P}\xi(t)\mathrm{d}t\right\}^2\right]\\&=E[(h(t)*\xi(t))^2]=\int_{-\infty}^{+\infty}|H(\omega)|^2S_\xi(\omega)\mathrm{d}\omega=\sigma_z^2\\E^2[M(t_0)]&=E\left[\left\{\int_{-\infty}^{+\infty}c(Q,P)\left(\frac{\partial H}{\partial P}\right)^2\mathrm{d}t\right\}^2\right]=\sigma_d^2\end{aligned}$$

其中

$$h(t)=f(Q,P)\left(\frac{\partial H}{\partial P}\right)\bigg|_{Q=q_0(t),P=p_0(t)}$$

可以看成一个脉冲响应函数，$H(\omega)$ 是 $h(t)$ 的傅里叶变换，即频率响应函数，$S_\xi(\omega)$ 为 $\xi(t)$ 的谱密度。随机 Melnikov 过程在均方意义上有简单零点的条件，即系统出现混沌的均方准则为

$$\sigma_z^2=\sigma_d^2$$

6.5　Melnikov 函数法的一点推广及其应用

由前面两节可知，利用随机 Melnikov 方法可得到一类系统在均值及均方意义下可能出现 Smale 马蹄变换意义下混沌的临界条件，但是在计算上比较烦琐，甚至难以实现，这时可以借助于相空间通量的速率 (rate of phase space flux) 理论。该理论由 Fray 最先提出，他给出了 Melnikov 函数与相流函数的关系，并推导了弱非线性系统相流函数的解析表达式，从而将求解 Melnikov 函数简单零点的问题转化为求解相流函数的零点，成功避开了计算随机 Melnikov 函数简单零点的难题。

本节就是用这种方法研究了一类受到随机扰动经济系统的运动方程，它含有二次及三次非线性项，是一类特殊形式的 Liénard 方程。随机激励是均值为零的平稳高斯随机过程，这是一个合理的随机激励模型。

6.5.1　经济系统的动力学模型

一类受到随机扰动的经济系统的运动可用随机微分方程来描述：

$$\ddot{\phi} + u_1\dot{\phi} + u_2\dot{\phi}\left|\dot{\phi}\right| + u_3\dot{\phi}^3 + \omega_0^2\phi - c_3\phi^3 = X(t) \tag{6.28}$$

其中，随机扰动力矩 $X(t)$ 是一个均值为零的平稳高斯随机过程。对该方程无因次化，令 $\hat{\phi} = \sqrt{\dfrac{\omega_0^2}{c_3}}$，$\hat{\phi}$ 是系统的稳性消失角。设 $x = \dfrac{\phi}{\hat{\phi}}$，$\tau = \omega_0 t$，有

$$\ddot{x} + a\dot{x} + b\dot{x}\left|\dot{x}\right| + c\dot{x}^3 + x - x^3 = F(t) \tag{6.29}$$

其中

$$a = \frac{u_1}{\omega_0},\quad b = u_2\sqrt{\frac{\omega_0^2}{c_3}},\quad c = \frac{u_3\omega_0^3}{c_3},\quad F(t) = \frac{X(t)}{\omega_0^2\sqrt{\dfrac{\omega_0^2}{c_3}}}$$

在式 (6.30) 中引入小参数 $0 < \varepsilon \ll 1$，有

$$\ddot{x} + \varepsilon(\delta_1\dot{x} + \delta_2\dot{x}\left|\dot{x}\right| + \delta_3\dot{x}^3) + x - x^3 = \varepsilon f(\tau) \tag{6.30}$$

其中

$$\varepsilon\delta_1 = a,\quad \varepsilon\delta_2 = b,\quad \varepsilon\delta_3 = c,\quad \varepsilon f(\tau) = F(t) = F\left(\frac{\tau}{\omega_0}\right)$$

令 $\dot{x} = y$，式 (6.31) 等价于

$$\begin{cases}\dot{x} = y\\ \dot{y} = -x + x^3 + \varepsilon(-\delta_1 y - \delta_2 y\left|y\right| - \delta_3 y^3 + f(\tau))\end{cases} \tag{6.31}$$

其中，$f(\tau)$ 为随机外激，且是均值为零的平稳高斯随机过程；ε 为小参数。当 $\varepsilon=0$ 时，原系统退化为一个 Hamilton 系统：

$$\begin{cases}\dot{x}=y\\ \dot{y}=-x+x^3\end{cases}\tag{6.32}$$

由定性分析可计算得到系统 (6.33) 的异宿轨道参数方程为

$$\begin{cases}x_0(\tau)=\pm\tanh\left(\dfrac{\tau}{\sqrt{2}}\right)\\ y_0(\tau)=\pm\sqrt{\dfrac{1}{2}}\operatorname{sech}^2\left(\dfrac{\tau}{\sqrt{2}}\right)\end{cases}\tag{6.33}$$

易见

$$y_0(\tau)=\pm\sqrt{\frac{1}{2}}(1-x_0^2(\tau))$$

故由异宿轨道所围成的系统稳定区域的面积为

$$A=2\int_{-\infty}^{+\infty}y_0^+(\tau)\mathrm{d}x_0=2\int_{-1}^{1}\sqrt{\frac{1}{2}}(1-x_0^2)\mathrm{d}x_0=\frac{4\sqrt{2}}{3}\tag{6.34}$$

6.5.2　随机 Melnikov 函数及其统计特性

系统 (6.32) 的 Melnikov 函数为

$$\begin{aligned}M(\tau_0)&=\int_{-\infty}^{+\infty}y_0(\tau)(-\delta_1y_0(\tau)-\delta_2y_0(\tau)\left|y_0(\tau)\right|-\delta_3y_0^3(\tau)+f(\tau+\tau_0))\mathrm{d}\tau\\&=\tilde{M}(\tau_0)-\bar{M}\end{aligned}\tag{6.35}$$

其中，$\tilde{M}(\tau_0)$ 是随机过程；$\bar{M}$ 与随机外激无关，是确定量。

$$\begin{aligned}\bar{M}&=\int_{-\infty}^{+\infty}y_0(\tau)(\delta_1y_0(\tau)+\delta_2y_0(\tau)\left|y_0(\tau)\right|+\delta_3y_0^3(\tau))\mathrm{d}\tau\\&=\delta_1\int_{-\infty}^{+\infty}y_0^2(\tau)+\delta_2\int_{-\infty}^{+\infty}y_0^2(\tau)\left|y_0(\tau)\right|\mathrm{d}\tau+\delta_3\int_{-\infty}^{+\infty}y_0^4(\tau)\mathrm{d}\tau\\&=\delta_1\int_{-\infty}^{+\infty}\frac{1}{2}\operatorname{sech}^4\left(\frac{\tau}{\sqrt{2}}\right)\mathrm{d}\tau+\delta_2\int_{-\infty}^{+\infty}\frac{1}{2}\sqrt{\frac{1}{2}}\operatorname{sech}^6\left(\frac{\tau}{\sqrt{2}}\right)\mathrm{d}\tau\\&\quad+\delta_3\int_{-\infty}^{+\infty}\frac{1}{4}\operatorname{sech}^8\left(\frac{\tau}{\sqrt{2}}\right)\mathrm{d}\tau\\&=\frac{2\sqrt{2}}{3}\delta_1+\frac{8}{15}\delta_2+\frac{8\sqrt{2}}{35}\delta_3\end{aligned}\tag{6.36}$$

下面考虑 $\tilde{M}(\tau_0)$ 的特性。由于

$$\tilde{M}(\tau_0)=\int_{-\infty}^{+\infty}y_0(\tau)f(\tau+\tau_0)\mathrm{d}\tau$$

用 $-\tau$ 代替 τ，有

$$\tilde{M}(\tau_0)=\int_{-\infty}^{+\infty}y_0(-\tau)f(\tau_0-\tau)\mathrm{d}\tau$$

设 $y_0(-\tau)=h(\tau)$，则

$$\tilde{M}(\tau_0)=\int_{-\infty}^{+\infty}h(\tau)f(\tau_0-\tau)\mathrm{d}\tau$$

这是一个关于 $f(\tau)$ 的卷积积分，其中 $h(\tau)$ 可看作该卷积积分的脉冲响应函数，$\tilde{M}(\tau_0)$ 相当于对 $f(\tau)$ 作线性变换的结果。

根据随机过程理论，对于线性系统，当其输入是一个平稳高斯随机过程时，其输出仍然是一个平稳的高斯随机过程。由 $f(\tau)$ 的特性可知，$\tilde{M}(\tau_0)$ 也是平稳高斯随机过程。故仅须知道 $\tilde{M}(\tau_0)$ 的一阶矩和二阶矩就能够得到 $\tilde{M}(\tau_0)$ 的任意有限维分布族，从而完全确定随机 Melnikov 函数 $M(\tau_0)$ 的统计特性。

由于 $E[f(\tau)]=0$，有 $\tilde{M}(\tau_0)$ 的一阶矩

$$E[\tilde{M}(\tau_0)]=E\left[\int_{-\infty}^{+\infty}y_0(\tau)f(\tau+\tau_0)\mathrm{d}\tau\right]=\int_{-\infty}^{+\infty}y_0(\tau)E[f(\tau+\tau_0)]\mathrm{d}\tau=0 \tag{6.37}$$

由于系统的外激 $f(\tau)$ 是具有各态历经性的平稳随机过程，故其线性变换 $M(\tau_0)$ 也具有各态历经性。又由 Wiener-Khintchine 定理，有

$$R_{\tilde{M}}(z)=\lim_{T\to+\infty}\frac{1}{T}\int_{-\frac{T}{2}}^{\frac{T}{2}}\tilde{M}(\tau_0)\tilde{M}(\tau_0+z)\mathrm{d}\tau_0=\int_{-\infty}^{+\infty}S_{\tilde{M}}(\varOmega)\mathrm{e}^{\mathrm{j}\varOmega z}\mathrm{d}\varOmega \tag{6.38}$$

其中

$$S_{\tilde{M}}(\varOmega)=2\pi\cdot\tilde{M}^*(\varOmega)\cdot\overline{\tilde{M}^*(\varOmega)}=\frac{1}{2\pi}\int_{-\infty}^{+\infty}R_{\tilde{M}}(z)\mathrm{e}^{-\mathrm{j}\varOmega z}\mathrm{d}z$$

$\tilde{M}^*(\varOmega)$ 是 $\tilde{M}(\tau_0)$ 的傅里叶变换：

$$\tilde{M}^*(\varOmega)=\frac{1}{2\pi}\int_{-\infty}^{+\infty}\tilde{M}(\tau_0)\mathrm{e}^{-\mathrm{j}\varOmega\tau_0}\mathrm{d}\tau_0 \tag{6.39}$$

$$\tilde{M}(\tau_0)=\int_{-\infty}^{+\infty}\tilde{M}^*(\tau_0)\mathrm{e}^{\mathrm{j}\varOmega\tau_0}\mathrm{d}\varOmega$$

故

$$E[\tilde{M}^2(\tau_0)] = R_{\tilde{M}}(0) = \int_{-\infty}^{+\infty} S_{\tilde{M}}(\Omega)\mathrm{d}\Omega \tag{6.40}$$

要求 $S_{\tilde{M}}(\Omega)$，需要先求 $\tilde{M}^*(\Omega)$。

$$\begin{aligned}
\tilde{M}^*(\Omega) &= \frac{1}{2\pi}\int_{-\infty}^{+\infty} \tilde{M}(\tau_0)\mathrm{e}^{-\mathrm{j}\Omega\tau_0}\mathrm{d}\tau_0 \\
&= \frac{1}{2\pi}\int_{-\infty}^{+\infty} \left(\int_{-\infty}^{+\infty} y_0(\tau)f(\tau+\tau_0)\mathrm{d}\tau\mathrm{e}^{-\mathrm{j}\Omega\tau_0}\right)\mathrm{d}\tau_0 \\
&= \frac{1}{2\pi}\int_{-\infty}^{+\infty} y_0(\tau)\left(\int_{-\infty}^{+\infty} f(\tau+\tau_0)\mathrm{e}^{-\mathrm{j}\Omega\tau_0}\right)\mathrm{d}\tau_0\mathrm{d}\tau
\end{aligned}$$

令 $\tau+\tau_0=\xi$, 有

$$\begin{aligned}
\tilde{M}^*(\Omega) &= \frac{1}{2\pi}\int_{-\infty}^{+\infty} y_0(\tau)\left(\int_{-\infty}^{+\infty} f(\xi)\mathrm{e}^{-\mathrm{j}\Omega\xi}\mathrm{d}\xi\right)\mathrm{e}^{\mathrm{j}\Omega\tau}\mathrm{d}\tau \\
&= \frac{1}{2\pi}\int_{-\infty}^{+\infty} y_0(\tau)\cdot 2\pi f^*(\Omega)\cdot\mathrm{e}^{\mathrm{j}\Omega\tau}\mathrm{d}\tau \\
&= 2\pi\cdot f^*(\Omega)\cdot\frac{1}{2\pi}\int_{-\infty}^{+\infty} y_0(\tau)\mathrm{e}^{\mathrm{j}\Omega\tau}\mathrm{d}\tau
\end{aligned}$$

由于 $\dfrac{1}{2\pi}\displaystyle\int_{-\infty}^{+\infty} y_0(\tau)\mathrm{e}^{-\mathrm{j}\Omega\tau}\mathrm{d}\tau = y_0^*(\Omega)$，又 $y_0(\tau)$ 是关于 τ 的实函数，有

$$\overline{y_0^*(\Omega)} = \frac{1}{2\pi}\int_{-\infty}^{+\infty} y_0(\tau)\mathrm{e}^{\mathrm{j}\Omega\tau}\mathrm{d}\tau$$

故

$$\tilde{M}^*(\Omega) = 2\pi\cdot f^*(\Omega)\overline{y_0^*(\Omega)} \tag{6.41}$$

因此

$$\begin{aligned}
S_{\tilde{M}}(\Omega) &= 2\pi\tilde{M}^*(\Omega)\overline{\tilde{M}^*(\Omega)} \\
&= 2\pi(2\pi\cdot f^*(\Omega)\cdot\overline{y_0^*(\Omega)})\cdot(2\pi\cdot y_0^*(\Omega)\cdot\overline{f^*(\Omega)}) \\
&= 2\pi S_{y_0}(\Omega)S_f(\Omega)
\end{aligned} \tag{6.42}$$

其中

$$\begin{aligned}
S_{y_0}(\Omega) &= 2\pi\cdot y_0^*(\Omega)\cdot\overline{y_0^*(\Omega)} \\
S_f(\Omega) &= 2\pi\cdot f^*(\Omega)\cdot\overline{f^*(\Omega)}
\end{aligned} \tag{6.43}$$

式 (6.43) 中 $y_0^*(\Omega)$ 和 $f^*(\Omega)$ 分别是 $y_0(\tau)$ 和 $f(\tau)$ 的傅里叶变换，故

$$\begin{aligned}
S_{y_0}(\Omega) &= 2\pi \cdot \left(\frac{1}{2\pi}\int_{-\infty}^{+\infty} y_0(\tau)\mathrm{e}^{-\mathrm{j}\Omega\tau}\mathrm{d}\tau\right)^2 \\
&= \frac{1}{2\pi}\left(\int_{-\infty}^{+\infty} y_0(\tau)(\cos(\Omega\tau) - \mathrm{i}\sin(\Omega\tau))\mathrm{d}\tau\right)^2 \\
&= \frac{1}{2\pi}\left(\int_{-\infty}^{+\infty} y_0(\tau)\cos(\Omega\tau)\mathrm{d}\tau\right)^2 = \frac{1}{2\pi}\left(\frac{\sqrt{2}\Omega\tau}{\sinh(\pi\Omega/\sqrt{2})}\right)^2 \\
&= \pi\left(\frac{\Omega}{\sinh(\pi\Omega/\sqrt{2})}\right)^2
\end{aligned} \tag{6.44}$$

由式 (6.14) 和式 (6.16) 得 $\tilde{M}(\tau_0)$ 的二阶矩：

$$E[\tilde{M}^2(\tau_0)] = \int_{-\infty}^{+\infty} 2\pi S_{y_0}(\Omega)S_f(\Omega)\mathrm{d}\Omega \tag{6.45}$$

6.5.3 相空间通量的速率理论

对于受确定性扰动的 Hamilton 系统，可以用 Melnikov 函数简单零点的存在条件来作为判断系统是否会发生 Smale 马蹄变换意义下混沌运动的必要条件；而对于受到随机扰动的系统，可以从统计的角度利用随机 Melnikov 过程在均值或均方意义下的简单零点来判断，但是在计算上比较烦琐。这时可以借助于相空间通量的速率理论，根据 Melnikov 函数和相流函数的关系来简化计算。

当系统发生混沌运动时，系统的相空间中也会出现从稳定域流向不稳定域的流，对这样的流，可以用相流函数 Φ 来量化。从系统稳定性的角度来讲，相流函数 Φ 和 Melnikov 函数一样可以用来判断系统的稳定性，Φ 越大，说明从稳定域流向不稳定域的流越多，系统越不稳定，而 $\Phi = 0$ 对应于系统失去稳定性的阈值。对于弱非线性系统，相流函数 Φ 和该系统的 Melnikov 函数有如式 (6.46) 所示的近似关系：

$$\Phi = \varepsilon\Psi + O(\varepsilon^2) \tag{6.46}$$

其中，Ψ 为系统的 Melnikov 函数关于时间的均值。对于本系统，由于

$$M(\tau_0) = \tilde{M}(\tau_0) - \bar{M}$$

$\bar{M}$ 为确定量，$\tilde{M}(\tau_0)$ 为正态随机过程，其密度函数为 $p(z)$，均值和方差分别为

$$\mu = E[\tilde{M}(\tau_0)] = 0 \tag{6.47}$$

$$\sigma = \sqrt{E[\tilde{M}^2(\tau_0)]} \tag{6.48}$$

故

$$\begin{aligned}\Psi &= \lim_{T\to\infty}\frac{1}{2T}\int_{-T}^{T}[\tilde{M}(\tau_0)-\bar{M}]^{+}\mathrm{d}t_0 = E\{[\tilde{M}(\tau_0)-\bar{M}]^{+}\}\\ &= \int_{\bar{M}}^{+\infty}(z-\bar{M})p(z)\mathrm{d}z = \int_{\bar{M}}^{+\infty}(z-\bar{M})\left(\frac{1}{\sqrt{2\pi}\sigma}\right)\exp\left(-\frac{z^2}{2\sigma^2}\right)\mathrm{d}z\end{aligned}$$

令 $x=\dfrac{z}{\sigma}$，有

$$\Psi = \sigma\int_{\bar{M}/\sigma}^{+\infty}\left(x-\frac{\bar{M}}{\sigma}\right)\left(\frac{1}{\sqrt{2\pi}}\right)\exp\left(-\frac{x^2}{2}\right)\mathrm{d}x$$

$$\begin{aligned}s &= \sigma\left(\frac{1}{\sqrt{2\pi}}\int_{\bar{M}/\sigma}^{+\infty}x\cdot\exp\left(-\frac{x^2}{2}\right)\mathrm{d}x-\frac{\bar{M}}{\sigma}\int_{\bar{M}/\sigma}^{+\infty}\frac{1}{\sqrt{2\pi}}\cdot\exp\left(-\frac{x^2}{2}\right)\mathrm{d}x\right)\\ &= \sigma\left(\frac{1}{\sqrt{2\pi}}\cdot\exp\left(-\frac{1}{2}\frac{\bar{M}^2}{\sigma^2}\right)-\frac{\bar{M}}{\sigma}\left(1-\int_{-\infty}^{\bar{M}/\sigma}\frac{1}{\sqrt{2\pi}}\cdot\exp\left(-\frac{x^2}{2}\right)\mathrm{d}x\right)\right)\end{aligned}$$

令 $p_n(z)=\dfrac{1}{\sqrt{2\pi}}\cdot\exp\left(-\dfrac{z^2}{2}\right)$ 为正态分布的概率密度函数，$P_n(z)=\displaystyle\int_{-\infty}^{z}p_n(\xi)\mathrm{d}\xi$ 为正态分布的概率分布函数。由这两式可得

$$\Psi = \sigma p_n\left(\frac{\bar{M}}{\sigma}\right)+\bar{M}P_n\left(\frac{\bar{M}}{\sigma}\right)-\bar{M} \tag{6.49}$$

为了计算 σ，需要用到随机激励的谱：

$$S_\xi(\omega) = 0.11H_s^2\frac{\omega_z^4}{\omega^5}\exp\left(-0.44\left(\frac{\omega_z}{\omega}\right)^4\right) \tag{6.50}$$

经过冗长的推导，可得出 σ 与 H_s 成正比，记

$$\sigma = \sigma_0 H_s \tag{6.51}$$

用未扰系统的稳定域的面积 A 来对相流函数 Φ 进行无尺度比：

$$\frac{\Phi}{A} = \frac{\varepsilon}{A}\left(\sigma_0H_sp_n\left(\frac{\bar{M}}{\sigma_0H_s}\right)+\bar{M}P_n\left(\frac{\bar{M}}{\sigma_0H_s}\right)-\bar{M}\right)+O(\varepsilon^2) \tag{6.52}$$

这些都只是理论分析的结果，经过大量的数值实验，我们发现，对于任意的非零激励，相空间的流量都是有限的，而且，当激励的幅值比较小时，相空间的流量非常小，直到激励的幅值达到某一值后，随着激励幅值的增加，相空间的流量也近似于线性地稳定增加，因此，令 $H_s\to\infty$，得

$$\frac{\Phi}{A} = \frac{\varepsilon}{A}\left(\frac{1}{\sqrt{2\pi}}\sigma_0H_s-\frac{\bar{M}}{2}\right) \tag{6.53}$$

由此可得 $\Phi = 0$ 时激励幅值的临界阈值

$$H_s = \frac{\sqrt{2\pi}\bar{M}}{2\sigma_0} \tag{6.54}$$

式 (6.54) 表明，当激励的幅值大于式 (6.54) 所确定的阈值时，经济系统运行的稳定性就会丧失，系统就会进入混沌状态；而当激励的幅值小于式 (6.54) 所确定的阈值时，经济系统的运行将是稳定的。

利用 Melnikov 函数与相流函数的关系，成功避开了计算随机 Melnikov 函数简单零点的难题，通过计算相流函数 Φ 求得了系统失稳的临界阈值，简化了计算。但是，由于所用函数的复杂性，我们很难给出式 (6.52) 中 σ_0 的解析表达式，只能通过数值方法来求解。本书得出的激励幅值的临界阈值可以对经济系统的抗扰动能力做出定量的评价。

第 7 章　经济、金融复杂系统中的离散分析方法

经济博弈论与复杂性理论相结合的研究是近年来科学研究的前沿领域，是国内外众多专家学者研究的热点问题之一。已有研究结果表明，现实的经济动力学模型包含着非常复杂的动力学行为。本章主要介绍分析经济、金融博弈离散模型的复杂动力学行为的思路，介绍研究这类复杂系统全局复杂性的现代非线性动力学方法，以及双寡头、三寡头和多寡头市场系统的复杂动力学特性行为。例如，系统的四种不同分岔特性导致的系统复杂行为的演化过程，系统出现混沌吸引子的条件，这种系统吸引子和现实问题的关联，实际问题中所应采取的应对措施，系统的李雅普诺夫指数谱的变化，以及系统进入分岔、倍周期分岔、混沌的道路等，研究离散动力系统所表示的重复博弈的动态演化过程及混沌特性，研究这类系统博弈均衡点的稳定性及其复杂参数组合，参数的交互作用与模型动力学特性的变化，以及实际的控制方法。

7.1　离散寡头博弈模型

在经济学中，人们提出了几种博弈模型来研究市场中的寡头垄断行为，如常见的古诺博弈模型便是以产量作为决策变量进行博弈分析。伯川德竞争模型以价格作为决策变量，它们的前提假设是：各寡头拥有自己和竞争对手的生产决策及利润的完全信息，并且他们完全理性。由于完全掌握信息，寡头只需要进行一次博弈便可以达到均衡。然而，在实际市场中，各寡头并非完全掌握竞争对手的信息。故近期国内外学者在古典寡头博弈模型研究的基础上加入了有限理性的概念，使博弈过程更贴近实际 (Agiza and Elsadany，2004；Agiza et al.，2002)。结合复杂动力系统研究寡头博弈行为已有了很大进展，诸多学者结合不同的研究背景对寡头博弈行为进行了研究和讨论 (Chen et al.，2009；Ma and Ji，2009；Sun et al.，2010；Elsadany，2010；Elsadany et al.，2013；Liu and Li，2016)。

7.1.1　离散古诺寡头博弈模型

(1) Agiza 等 (2000) 研究了基于有限理性预期、具有非线性成本的三寡头博弈模型。

设需求函数为

$$P = f(Q) = a - bQ, \quad Q = q_1 + q_2 + q_3 \tag{7.1}$$

成本函数为非线性，则有

$$C_i = c_i {q_i}^2, \quad c_i > 0, \quad i = 1,2,3 \tag{7.2}$$

根据经济学知识利润函数

$$\pi_i = Pq_i - C_i, \quad i = 1,2,3 \tag{7.3}$$

对其求导，可得到各寡头的边际利润。假设每一个寡头都是理性的，企业的决策是一个长期重复的动态过程，其行为不但具有适应性，而且具有长程记忆性，是一个建立在上期边际收益基础上的调整过程。如果企业意识到第 t 期产量的边际收益是正的，则其在第 $t+1$ 期就会增加产量，反之如果其边际收益是负的，企业会减少其产量。其动态调整的古诺重复博弈模型为

$$q_i(t+1) = q_i(t) + \alpha_i q_i(t)\frac{\partial \pi_i}{\partial q_i}, \quad 0 \leqslant \alpha_i \leqslant 1, \quad i = 1,2,3 \tag{7.4}$$

利用此模型，Agiza 等 (2002) 分析了三维离散动力系统不动点的稳定性，利用数值模拟描绘了分岔图及系统对初值的敏感依赖性等。此外，还使用混沌控制方法对所建模型可能出现的混沌性态进行了成功的控制，实现了对离散非线性动力系统的倍周期分岔和混沌吸引子中不稳定周期轨道的有效混沌控制，并以具体的数值模拟结果为例验证了控制方法的有效性和实用性。

(2) 姚洪兴和徐峰 (2005) 对有限理性动态古诺模型进行了改进。

假定逆需求函数具有如下非线性函数 (7.5) 的形式：

$$P = m - nQ^2 \tag{7.5}$$

总产量由 $Q = q_1 + q_2$ 决定。此逆需求函数适用于可完全相互替代的产品，并且两种产品的定价统一。成本函数是一个非线性的二次多项式：

$$C_i = a_i + b_i q_i + c_i {q_i}^2, \quad i = 1,2 \tag{7.6}$$

将成本函数代入利润函数中，可以得到厂商的利润模型为

$$\pi_i = Pq_i - C_i, \quad i = 1,2 \tag{7.7}$$

从而可以得到各自的边际利润 $\dfrac{\partial \pi_i}{\partial q_i}$，$i = 1,2$。其动态调整的古诺重复博弈模型与模型 (7.4) 相同。

吉伟卓和马军海 (2007) 将此模型引入电力市场中，并在此基础上将电力公司收取的一定比例的过网费用及生产者的多种策略组合考虑在内。设过网费用的费率为 r，即对过网电量 q 相应地支付 rq 的过网费，并用创利额来刻画盈利能力，创利额 (边际贡献) 等于销售收入扣除变动成本，创利额和净利润的极大值点是一致的，因此不必收集和处理固定成本方面的信息，从而提高了决策的效率。

在以上模型的基础上，吉伟卓和马军海 (2007) 将上述利润函数做了相应修改，即

$$\pi_i = Pq_i - VC_i - rq_i, \quad i = 1, 2 \tag{7.8}$$

其中，VC_i 为变动成本，表达式为

$$VC_i = b_i q_i + c_i q_i^2$$

对上式求导即得到边际创利额，代入上述动态调整的古诺重复博弈模型 (7.4)，即得到所要分析的电力系统。这些方法虽然增加了模型的分析难度，但却使模型更加具有适用性，更加贴近电力市场的实际情况。在分析模型的混沌特性时，主要将系统的混沌吸引子、产量随参数演化图、李雅普诺夫指数及分维数、系统对初值的敏感依赖性、功率谱、密度周期等特性作为分析研究的切入点，研究了各重要参数如产量调整系数、过网费率及其相互耦合时对于系统进入混沌状态的影响程度，对系统稳定性的影响。在利用电气电子工程师学会 (Institute of Electrical and Electronics Engineers, IEEE) 30 节点系统的生产者成本函数的数据进行的仿真模拟中发现了系统的混沌吸引子，研究了该系统内的电力生产者在利用本书所建模型进行产量决策时表现出来的复杂动力学特征，重点讨论了生产者的产量调整速度及过网费率等系统参数在一定范围内的微小变化都会引起产量决策系统发生质的变化的特性，这一研究具有重要的实际意义。

(3) 费智和杜建国 (2005) 以动态古诺模型为基础，考虑非线性需求函数和线性的成本函数，分析了企业的量本利动态演化的博弈模型，对离散动态系统的纳什 (Nash) 均衡解的稳定性进行了分析。

他们的模型考虑不完全竞争市场上有两家企业生产同质的产品，每家企业的战略空间是选择产量，产量决策发生在离散时间周期 $t = 0, 1, 2, \cdots$ 内。$q_i(t)$ 表示第 i 家企业在第 t 期的产量，$C_i(q)$ 代表成本函数，用税后利润来表示企业的收益，它是两家企业产量的函数。在第 t 期的价格 P 由总产量决定:

$$P = P(Q) \tag{7.9}$$

其中

$$Q(t) = q_1(t) + q_2(t) \tag{7.10}$$

假定需求函数具有非线性函数 (7.11) 的形式:

$$P = P(Q) = a - b\sqrt{Q} \tag{7.11}$$

其中，a 和 b 为正的常数，a 为市场上该产品的最高价格。成本函数具有以下形式:

$$C_i(q) = c_i + d_i q_i \tag{7.12}$$

其中，c_i 和 d_i 为正的参数，c_i 为第 i 家企业的固定成本，d_i 为其单位变动成本。假定 $d_1 + d_2 < a$，否则行业利润小于零，企业 1 或 (和) 企业 2 会退出该行业，博弈无法进行。第 i 家企业在第 t 期 ($t = 0, 1, 2, \cdots$ 下同) 的量本利模型为

$$L_i(q_1(t), q_2(t)) = (q_i(t)P(Q(t)) - C_i(q_i(t)))(1 - r), \quad i = 1, 2 \tag{7.13}$$

其中，$L_i(q_1(t), q_2(t))$ 为第 i 家企业在第 t 期的税后利润；r 为所得税税率，$r = 0$ 表示税前利润。对利润函数求导，则得到了各寡头的边际利润，代入动态调整的古诺重复博弈模型

$$q_i(t+1) = q_i(t) + \alpha_i q_i(t)\frac{\partial L_i}{\partial q_i}, \quad i = 1, 2 \tag{7.14}$$

其中，α_i 为一个正的参数，表示企业 i 的产量调整的相对速度。把各企业的边际利润代入式 (7.14) 就可得到双寡头垄断的动态重复博弈模型：

$$q_i(t+1) = q_i(t) + \alpha_i q_i(t)\left(a - b\sqrt{Q(t)} - \frac{bq_i(t)}{2\sqrt{Q(t)}} - d_i\right)(1 - r), \quad i = 1, 2 \tag{7.15}$$

从此方程组中可以看出参与人具有有限理性的古诺博弈模型是一个二维非线性映射，文章探讨了当模型的某些参数在一定范围内变化时，纳什均衡点的稳定性，发现其会经倍周期分岔后出现混沌态。研究结果表明，参与人对产量的调整速度越小或单位变动成本越高，其利润就越稳定。同时，用数值方法模拟了两个参数同时变化时系统复杂的动态性。

(4) 黄登仕和李后强 (1993) 基于非线性成本函数，建立了古诺双寡头垄断模型，研究了密度周期性及其混沌机制。在离散时刻 t，有两家企业，分别用标号 x 和 y 表示，其产量分别为 x_t 和 y_t，在分别最大化它们的期望利润的条件下，取 $t + 1$ 时刻的产量 x_{t+1} 和 y_{t+1}，每家企业下一时刻的利润依赖于 $t + 1$ 时刻的价格 p_{t+1}，而这个价格又与下一时刻的总需求 $Q_{t+1} = x_{t+1} + y_{t+1}$ 相关，其相关关系由需求函数 $p_{t+1} = D(Q_{t+1})$ 决定。

这里只考虑同质产品的古诺模型，产量为经过了某种标准化的产量，设为 0~1 的数值，假定需求函数为

$$p_t = p(x_{t-1}, y_{t-1}) = a - b(x_{t-1} + y_{t-1}) \tag{7.16}$$

用 ξ 表示两个寡头之间在作产量决策时的相关程度，μ 与 λ 分别表示寡头自身的决策在时间上的联系，它说明了寡头在不考虑竞争对手的前提下对产量的一种预期，当以前产量较低时，寡头会增加产量，当以前产量较高时，寡头会减少产量。由于形成寡头预期的形式不同，最终双寡头垄断的结局也有所差异。在本书

中，考虑两种情形：一是形成寡头预期的形式为逻辑斯谛映射，用下标 L 表示；二是形成寡头预期的形式为帐篷映射，用下标 T 表示。它们的表达式如下:

$$S_{\mu_L}(x)=\mu_L x(1-x),\quad S_{\lambda_L}(y)=\lambda_L y(1-y) \tag{7.17}$$

$$S_{\mu_T}(x)=\begin{cases}\mu_T x+2-\mu_T, & x\in\left[0,\dfrac{\mu_T-1}{\mu_T}\right]\\ \mu_T(1-x), & x\in\left[\dfrac{\mu_T-1}{\mu_T},1\right]\end{cases} \tag{7.18}$$

$$S_{\lambda_T}(y)=\begin{cases}\lambda_T y+2-\lambda_T, & y\in\left[0,\dfrac{\lambda_T-1}{\lambda_T}\right]\\ \lambda_T(1-y), & y\in\left[\dfrac{\lambda_T-1}{\lambda_T},1\right]\end{cases} \tag{7.19}$$

其中，$0\leqslant\mu_L\leqslant 4,\quad 0\leqslant\lambda_L\leqslant 4,\quad 1<\mu_T\leqslant 2,\quad 1<\lambda_T\leqslant 2$。

假设寡头 x 的成本函数为

$$\begin{aligned}C^x(x_{t-1},x_t,y_{t-1})=&\frac{1}{2}x_t^2+ax_t-((1-\xi)S_\mu^e(x_{t-1})\\&+\xi S_\lambda^e(y_{t-1})+b(x_{t-1}+y_{t-1}))x_t+d\end{aligned} \tag{7.20}$$

寡头 y 的成本函数 $C^y(x_{t-1},y_t,y_{t-1})$ 只需将上述表达式中的 x 换成 y，μ 与 λ 互换即可得到。其中，$0\leqslant\xi\leqslant 1$，$e=L$ 或 T。将需求函数与成本函数代入各自的利润函数，再分别对其求导，令导数等于零，即得到要研究的这类双寡头垄断模型的最优反应函数：

$$\begin{cases}x_t=(1-\xi)S_\mu^e(x_{t-1})+\xi S_\lambda^e(y_{t-1})\\ y_t=(1-\xi)S_\lambda^e(y_{t-1})+\xi S_\mu^e(x_{t-1})\end{cases} \tag{7.21}$$

文章研究了此模型出现密度周期性的微观混沌机制。此模型的复杂性主要体现在决策规则和成本函数上，在决策规则中，ξ 体现了两个寡头之间的联系，这种联系可以认为是一种空间联系，μ 与 λ 体现了寡头自身的决策在时间上的联系，它是寡头的一种预期，最终作出的决策是综合考虑了自身和对手的决策后确定的产量。从成本函数的表达式可以看出，成本函数是二次函数，说明产量较低和较高都会导致成本增加，成本函数的第三项说明了一种正的外部效应，当前一时期两个寡头的总产量较高或者预期本期产量较高时，都可减少成本，形成一种正的外部效应。结合理论分析和计算机实验，从决策规则和成本函数两个方面，研究了双寡头间的竞争与合作过程中出现的周期性的混沌机制。

7.1.2 离散伯川德寡头竞争模型

目前，很多学者都是基于古诺模型进行产量的重复博弈研究，并在此基础上进行系统的复杂性研究，而对于伯川德模型的重复博弈研究还不多，并且伯川德模型的非线性函数形式也较少见。

假设市场有两家寡头企业生产同质的经验品，产品为耐久性产品，消费者主要为初次购买；在一个周期内，企业的产品销售量等于产品生产量，即达到产销平衡；不考虑非价格因素的影响；顾客的购买行为主要取决于产品价格，企业决策发生在离散的时间周期，$t=0,1,2,3,\cdots$；c_{i0} 表示企业 i 生产投入的固定成本，d_i 为该企业生产单位产品的变动成本，其生产成本函数为 $C_i(x_i)=c_{i0}+c_ix_i$；第 n 期市场对产品 i 的需求由

$$q_i(t)=a_i-(b_ip_i(t)-d_{ij}p_j(t)),\quad i,j=1,2,\ i\neq j \tag{7.22}$$

决定，其中，a_i，$b_i>0$，a_i 为市场上产品 i 的最高价格；d_{ij} 为替代系数，表示产品 j 对于产品 i 的替代性；$b_i>d_{ij}$，表示市场对一种产品的需求量主要取决于它自身的价格。

每家企业的战略空间是选择产品价格，则企业 i 在第 t 期的税前利润为

$$\begin{aligned}\pi_i\left(p_1\left(t\right),p_2\left(t\right)\right)=&\,p_i\left(t\right)\left(a_i-\left(b_ip_i\left(t\right)-d_{ij}p_j(t)\right)\right)\\&-C_i(a_i-(b_ip_i\left(t\right)-d_{ij}p_j(t))),\quad i,j=1,2,i\neq j\end{aligned} \tag{7.23}$$

企业 i 第 t 期的边际利润为

$$\frac{\partial\pi_i}{\partial p_i}=a_i-2b_ip_i+d_{ij}p_j+c_ib_ip_i,\quad i,j=1,2,i\neq j \tag{7.24}$$

现实市场中，企业并不具有完全的市场信息，其往往按照部分信息作出决策。假设博弈双方基于有限理性预期进行决策，即在上一期边际利润的局域估计基础上进行调整：如果企业认为第 t 期价格的边际利润为正，则其将会在第 $t+1$ 期提高产品价格，反之则降低产品价格。由此可得企业 i 在第 $t+1$ 期的产品价格为

$$p_i\left(t+1\right)=p_i\left(t\right)+\alpha_ip_i\left(t\right)\frac{\partial\pi_i\left(t\right)}{\partial p_i\left(t\right)},\quad i=1,2,i\neq j \tag{7.25}$$

其中，$\alpha_i>0$，表示企业对产品价格的调整速度。由式 (7.24) 和式 (7.25) 得到双寡头企业的动态价格博弈模型：

$$p_i\left(t+1\right)=p_i\left(t\right)+\alpha_ip_i\left(t\right)\left(a_i-2b_ip_i\left(t\right)+d_{ij}p_j\left(t\right)+c_ib_ip_i(t)\right),\quad i=1,2,i\neq j \tag{7.26}$$

在博弈过程中，企业对产品价格变动的反应速度和调整力度都会影响博弈结果及博弈均衡的稳定性。因此，对于离散系统 (7.26)，演化过程的研究至关重要。

马军海 (2005)、陈芳 (2008) 探讨了中国联通成长初期和中期的移动通信市场中竞争的主要方式，即价格博弈，对中国移动和中国联通的动态重复博弈过程进行了研究。

模型如下：设 p_1、p_2 为中国移动、中国联通的产品价格，q_1、q_2 为中国移动、中国联通通信服务的需求量，根据经济学理论，需求量与价格呈反向变化，在实际情况中，需求量与价格未必呈线性变化，故本书用二次模型来表示其非线性，当 p_1，$p_2>0$ 时，需求量与价格呈反向变化，b_1，$b_2>0$；同时中国移动和中国联通的产品存在一定的替代性，故它们各自面临的需求函数为

$$\begin{cases} q_1 = a_1 - b_1 p_1^2 + d_1 p_2^2 \\ q_2 = a_2 - b_2 p_2^2 + d_2 p_1^2 \end{cases} \tag{7.27}$$

其中，d_1，$d_2>0$ 表示运营商产品具有一定替代性的替代系数。同时假设厂商无固定成本，边际生产成本为 c_1、c_2。将需求函数与成本函数分别代入各自的利润函数，再分别求导，即得到各自的边际利润。在中国联通成立初期及中期的移动通信市场中，由于政府的支持，中国联通的边际成本更低，故通过降价的方式既可以增加市场份额，也可实现短期利润的最大化。对于企业来说，实现利润是其最终目的。由于降价是由中国联通开始的，故选择降价幅度的依据则是要实现短期利润的最大化，要以上期边际利益为依据进行价格调整，其模型为

$$p(t+1) = p(t) + \alpha_1 p(t)\frac{\partial L}{\partial p} \tag{7.28}$$

其中，α_1 为中国联通对价格调整的速度或力度。对于中国移动来说，其目的是阻止中国联通抢夺更多的市场份额，其策略也是降价，明知该策略可能导致短期利润受损，但为了长远的利润最大化，针对中国联通的降价策略，只能跟进。其基于上期降价对双方市场份额差距的影响进行价格调整。其重复博弈模型为

$$p(t+1) = p(t) + \alpha_2 p(t)\frac{\partial \varDelta_q}{\partial p}, \quad \varDelta_q = q_1(t) - q_2(t) \tag{7.29}$$

其中，α_2 为中国移动对价格调整的力度或速度。

马军海 (2005)、牟玲玲等 (2010) 运用动态经济学理论和非线性动力学方法，深入分析了我国房地产市场三大利益主体——房地产开发商、政府、消费者之间的博弈关系，以期为研究我国房地产市场的健康发展、土地资源的合理配置、房产的有效开发以及消费者合法权益的保护提供研究方法。

政府与房地产开发商间的博弈过程可以通过以下模型表示：

$$D_i(t) = a_i - b_i p_i(t) + c_i p_i^2(t), \quad i = 1, 2 \tag{7.30}$$

土地供给函数为

$$S_1(t) = e_0 + e_1 p_1(t) + e_2 p_1^2(t) \tag{7.31}$$

房屋供给函数为

$$S_2(t) = d_0 + d_1 p_2(t) + d_2 p_2^2(t) - d_3 p_1(t) \tag{7.32}$$

过度需求函数

$$Z(p) = S(p) - D(p) \tag{7.33}$$

表示需求函数与供给函数之差。调整参数 α_1 表示政府对基准地价的调整速度，房屋供给受房屋价格和土地价格的双重影响，房地产开发商会根据房价和地价的情况及相应的法规政策来调整本期房屋的供给。设调整速度为 α_2，表示房地产开发商对房屋价格的调整速度，这样就得到了政府与房地产开发商的博弈模型：

$$p_i(t) = p_i(t-1) + \alpha_i Z(p_i(t-1)), \quad i = 1, 2 \tag{7.34}$$

此模型为非线性离散动力系统，模型的建立较符合中国国情。文献中利用非线性动力系统的方法对模型的分岔、混沌及其稳定性进行了分析，并用数值模拟演示了整个复杂行为。最后用延迟反馈控制法对模型的混沌状态进行了有效控制，并讨论了控制后系统的稳定性，对中国房地产市场的发展具有一定的借鉴意义。

孙志慧和马军海 (2009) 基于伯川德模型，加入有限理性，以价格作为研究变量，建立混沌动力学模型，分析中国钢铁市场各寡头重复博弈过程的复杂性。

假设寡头垄断市场中厂商 A 与厂商 B 各自的需求函数为

$$\begin{cases} q_1 = a_1 p_1^{-2} + b_1 p_2 \\ q_2 = a_2 p_2^{-2} + b_2 p_1 \end{cases} \tag{7.35}$$

其中，p_1、p_2 为厂商 A、厂商 B 的产品价格，当 p_1，$p_2 > 0$ 时，q_1、q_2 为厂商 A、厂商 B 的产品需求量；a_1，$a_2 > 0$ 表示需求量与价格呈反向变化；由于厂商 A 和厂商 B 的产品存在一定替代性，b_1、b_2 表示两家产品的替代系数，并且有 b_1，$b_2 > 0$。设两个钢铁厂商的成本函数分别为

$$c_i = r_i + t_i q_i \tag{7.36}$$

其中，$c_i(i=1,2)$ 为厂商 A 和厂商 B 的总成本；r_i 为各自的固定成本；$t_i>0$ 为单位产品的变动成本。利润函数为

$$L_i = p_i q_i - c_i, \quad i=1,2 \tag{7.37}$$

考虑厂商各自的边际利润表示为 $\dfrac{\partial L_i}{\partial p_i}(i=1,2)$，重复博弈价格调整模型为

$$p_i(t+1) = p_i(t) + \alpha_i p_i(t)\frac{\partial L_i}{\partial p_i} \tag{7.38}$$

其中，$\alpha_i(i=1,2)$ 为价格调整速度及力度，以此得到双寡头垄断钢铁市场重复博弈模型为

$$\begin{aligned} p_1(t+1) &= p_1(t) + \alpha_1 p_1(t)(-a_1 p_1^{-2} + b_1 p_2 + 2a_1 t_1 p_1^{-3}) \\ p_2(t+1) &= p_2(t) + \alpha_2 p_2(t)(-a_2 p_2^{-2} + b_2 p_1 + 2a_2 t_2 p_2^{-3}) \end{aligned} \tag{7.39}$$

该博弈模型发现和揭示了复杂博弈过程的某些本质特征，如找出不动点，并分析其均衡点的稳定性，同时利用数值模拟研究了模型随参数变化的分岔现象、吸引子以及随时间变化的历程等混沌动力学特性。采用系统变量的状态反馈和参数调节的控制策略，控制双寡头钢铁市场中离散非线性动力系统的倍周期分岔和混沌吸引子中不稳定的周期轨道，并通过系统分岔图验证了混沌控制过程。这一研究结果可为我国发展中的寡头垄断钢铁市场提供借鉴作用。

7.1.3　离散古诺–伯川德混合博弈模型

前面分析了古诺博弈和伯川德博弈。在实际生产运营中，有些企业涉及价格和产量的混合博弈，即某一方决定价格而另一方决定产量。

王洪武 (2013) 在其论文中分析了古诺–伯川德混合博弈模型。设厂商 1 选择以产量为决策变量，通过控制产量影响市场供给；厂商 2 选择价格作为决策变量，通过控制价格影响市场需求。将逆需求函数改写为关于决策变量 $q_1(t)$、$p_2(t)$ 的形式:

$$p_1(t) = 1 - d - q_1(t) + dp_2(t) + d^2 q_1(t) \tag{7.40}$$

$$q_2(t) = 1 - dp_1(t) - p_2(t) \tag{7.41}$$

两个厂商的利润函数分别表示为

$$\pi_1(t) = q_1(t)(1 - c - d + dp_2(t) - q_1(t) + d^2 q_1(t)) \tag{7.42}$$

$$\pi_2(t) = (p_2(t) - c)(1 - p_2(t) - dq_1(t)) \tag{7.43}$$

厂商的决策调整参照自身的边际利润，两个厂商的边际利润分别为

$$\frac{\partial \pi_1}{\partial q_1} = 1 - c + d(p_2(t) - 1) - 2q_1(t) + 2d^2q_1(t) \tag{7.44}$$

$$\frac{\partial \pi_2}{\partial p_2} = 1 + c - dq_1(t) - 2p_2(t) \tag{7.45}$$

两个厂商基于有限理性决策准则的博弈系统可以表示为

$$\begin{cases} q_1(t+1) = q_1(t) + \alpha q_1(t)(1 - c + d(p_2(t) - 1) - 2q_1(t) + 2d^2q_1(t)) \\ p_2(t+1) = p_2(t) + \beta p_2(t)(1 + c - dq_1(t) - 2p_2(t)) \end{cases} \tag{7.46}$$

与古诺模型和伯川德模型类似，参数 α 和 β 分别表示厂商 1 和厂商 2 的调整强度。

7.1.4　离散霍特林寡头价格竞争模型

1929 年，霍特林使用线性区位模型研究了厂商间空间竞争的问题。在霍特林模型中，产品在物质性能上是相同的，但在空间位置上有差异。因为不同位置上的消费者要支付不同的交通成本，他们关心的是价格与交通成本之和，而不单是产品价格。

假定厂商的边际生产成本为零，在利润最大化假设下，其结论为两厂商会同时在城市中点的位置进行选址，即最小差异化原则。霍特林模型的目的是解释两个垄断厂商在一个产品有差异性的市场上，如何选择其产品的定位。

设市场上有厂商 1 和厂商 2，两厂商的距离为 1，厂商 1 位于 $x = 0$ 处，厂商 2 位于 $x = 1$ 处。消费者均匀地分布在 $[0, 1]$ 区间内，分布密度为 1。厂商出售同质的产品，即产品之间具有完全的替代性。不考虑固定成本，每个厂商生产单位产品的成本为 c。

消费者购买产品的交通成本与距厂商的距离成比例，单位距离的交通成本为 t。这样，位于 $x(0 \leqslant x \leqslant 1)$ 处的消费者，如果在厂商 1 购买，要花费 tx 的交通成本；如果在厂商 2 购买，则要花费 $t(1-x)$ 的交通成本。假定消费者具有单位需求，或者购买 1 个单位的产品，或者购买 0 个单位的产品。每购买一个单位的产品，消费者可以从中得到的消费者剩余 (surplus utility)s 为

$$s = \begin{cases} r - p_1 - tx, & \text{购买厂商 1 的产品} \\ r - p_2 - t(1-x), & \text{购买厂商 2 的产品} \\ 0, & \text{不购买} \end{cases} \tag{7.47}$$

其中，r 为消费者的保留价格；p_1、p_2 分别为厂商 1 和厂商 2 的产品价格。假定相对于购买总成本 (价格加交通成本) 而言，r 足够大，从而所有的消费者都愿意购买一个单位的产品。

考虑两厂商之间价格竞争的纳什均衡。假定两个厂商同时选择自己的销售价格。如果位于 x 处的消费者在两个厂商处购买产品是无差异的，称为无差异消费者。即购买厂商 1 的产品的消费者剩余等于购买厂商 2 的产品的消费者剩余。由式 (7.47) 有

$$r - p_1 - tx = r - p_2 - t(1-x) \tag{7.48}$$

那么位于 x 左边的消费者都将购买厂商 1 的产品，而位于 x 右边的消费者都将购买厂商 2 的产品。

设 $D_1(p_1,p_2)$、$D_2(p_1,p_2)$ 为厂商 1 和厂商 2 的需求函数，则需求量分别为

$$\begin{cases} D_1(p_1,p_2) = x \\ D_2(p_1,p_2) = 1-x \end{cases} \tag{7.49}$$

解式 (7.48)，并分别代入式 (7.49) 得需求量为

$$\begin{cases} D_1 = x = \dfrac{p_2 - p_1 + t}{2t} \\ D_2 = 1 - x = \dfrac{p_1 - p_2 + t}{2t} \end{cases} \tag{7.50}$$

由式 (7.50) 可以得到，厂商 1 和厂商 2 的利润函数为

$$\begin{cases} \pi_1 = (p_1 - c)D_1 = \dfrac{(p_1-c)(p_2-p_1+t)}{2t} \\ \pi_2 = (p_2 - c)D_2 = \dfrac{(p_2-c)(p_1-p_2+t)}{2t} \end{cases} \tag{7.51}$$

厂商选择自己的价格，最大化利润，由式 (7.51) 得两个一阶条件分别是

$$\begin{cases} \dfrac{\partial \pi_1}{\partial p_1} = \dfrac{p_2 - 2p_1 + c + t}{2t} = 0 \\ \dfrac{\partial \pi_2}{\partial p_2} = \dfrac{p_1 - 2p_2 + c + t}{2t} = 0 \end{cases} \tag{7.52}$$

解上述两个一阶条件，得到均衡解为

$$p_1^* = p_2^* = c + t \tag{7.53}$$

厂商 1 和厂商 2 的均衡利润分别为

$$\pi_1^* = \pi_2^* = \frac{t}{2} \tag{7.54}$$

如果将消费者的位置差异解释为产品差异，那么这个差异进一步可以理解为消费者购买产品的旅行成本。旅行成本越高，产品的差异化就越大，均衡价格和均衡利润也就越高。原因在于，随着旅行成本的增加，不同厂商出售的产品之间的替代性降低，每个厂商对附近的消费者的垄断能力加强，厂商之间的竞争会越来越弱，消费者对产品价格的敏感度下降，从而每个厂商的最优价格更接近于其垄断价格。另外，当旅行成本为零时，不同厂商的产品之间具有完全可替代性，由需求函数可知，没有任何一个厂商愿意把价格定得高于成本，此时就得到了伯川德结果。

在以上的分析中，假定两个厂商分别位于城市的两个端点。而事实上，均衡结果对于厂商所在的位置是非常敏感的。考虑另外一个极端的情况，假设两个厂商位于同一位置 x，此时，它们出售的是同质产品，消费者关心的只有价格，那么，伯川德均衡是唯一的，即

$$\begin{aligned} p_1 &= p_2 = c \\ \pi_1^* &= \pi_2^* = 0 \end{aligned} \tag{7.55}$$

7.2　离散古诺寡头博弈模型的复杂性分析

此部分以古诺模型为例来说明如何对已建立的重复博弈模型进行复杂性分析，从而研究离散动力系统所表现出的重复博弈动态演化过程及混沌特性。

7.2.1　市场均衡及其局部稳定性分析

1. 系统均衡解

在系统 (7.26) 中，令 $p_i(t+1)=p_i(t)$，得到四个不动点：

$$\begin{aligned} E_1 &= (0,0) \\ E_2 &= \left(\frac{a_1}{b_1\left(2-c_1\right)},0\right) \\ E_3 &= \left(0,\frac{a_2}{b_2\left(2-c_2\right)}\right) \\ E_4 &= \left(\frac{a_1b_2(2-c_2)+a_2d_{12}}{b_1b_2\left(2-c_1\right)\left(2-c_2\right)-d_{12}d_{21}},\frac{a_2b_1(2-c_1)+a_1d_{21}}{b_1b_2\left(2-c_1\right)\left(2-c_2\right)-d_{12}d_{21}}\right) \end{aligned} \tag{7.56}$$

其中，E_1、E_2、E_3 为有界均衡，E_4 为纳什均衡。考虑到经济学模型的现实意义，只研究均衡解非负的情况。

2. 均衡解的稳定性

n 维线性离散系统 $p(t+1)=f(p(t))$ 的零解的稳定性可以通过其雅可比矩阵 J 的特征值来判断，判断依据如下。

(1) 若 J 的所有特征值都有负实部，系统的零解渐近稳定；

(2) 若 J 的特征值中至少有一个具有正实部，系统的零解不稳定；

(3) 若 J 的所有特征值不具有正实部，但有实部为零的单根，系统的零解稳定，但非渐近稳定；

(4) 若 J 的所有特征值都不具有正实部，但有多重零根或多重虚根，当每个重根的代数重数都与几何重数相等时，系统的零解稳定；若至少有一个重根的几何重数小于它的代数重数，则系统的零解不稳定。

为研究系统 (7.4) 均衡解的稳定性，首先计算其雅可比矩阵：

$$J=\begin{pmatrix}1+\alpha_1(a_1-4b_1p_1+d_{12}p_2+2c_1b_1p_1) & \alpha_1 d_{12}p_1\\ \alpha_2 d_{21}p_2 & 1+\alpha_2(a_2-4b_2p_2+d_{21}p_1+2c_2b_2p_2)\end{pmatrix}\tag{7.57}$$

将 E_1 代入式 (7.57)，得到特征值 $\lambda_i=1+\alpha_i a_i>0(i=1,2)$，所以 E_1 为不稳定解。从经济学角度讲，E_1 所表示的含义是两厂商都退出市场，从而取得市场均衡。在正常的寡头垄断市场中，任何一方退出都必然导致对手独占市场，因而这种情况不会发生。出现这种情况的原因还可能是双方都认为该市场是一个萎缩市场或未成熟的市场而退出；或者双方在剧烈的竞争中达成暂时合作而垄断该市场，而市场的系统开放性和道德风险等原因又使得这种合作不会稳定。

将 E_2 代入式 (7.57)，得到特征值 $\lambda_2=1+\alpha_2(a_2+d_{21}p_1)>1$，因此 E_2 也是不稳的。E_2 的不稳定性意味着厂商 2 退出该竞争市场，造成这种情况的原因可能是生产成本过高，缺乏市场竞争力，被对手挤出市场，或者厂商 1 企图垄断市场。这两种情况也都是不稳定的。E_3 的情形与 E_2 类似。

E_4 是系统唯一的纳什均衡解，从解的形式看，纳什均衡解与可控参数 α_i 无关。将其代入式 (7.57)，由于雅可比矩阵的特征根形式复杂，可以借助 Routh-Hurwitz 判据来判断均衡解的稳定性，即对于特征方程

$$F(\lambda)=\lambda^2-\mathrm{Tr}\lambda+\mathrm{Det}=0\tag{7.58}$$

若

$$\begin{aligned}&(\mathrm{a})\quad 1-\mathrm{Tr}+\mathrm{Det}>0\\&(\mathrm{b})\quad 1+\mathrm{Tr}+\mathrm{Det}>0\\&(\mathrm{c})\quad \mathrm{Det}-1<0\end{aligned}\tag{7.59}$$

同时满足，系统均衡解稳定。其中，Tr 和 Det 分别是雅可比矩阵的迹和行列式。

7.2.2 数值模拟

1. 系统稳定性

为了进一步分析博弈系统的动力学行为，借助数值模拟描绘其演化过程中所表现的特性。

令 $r_i = 2b_i - c_i b_i (i = 1,2)$，将式 (7.4) 写为

$$p_i(t+1) = p_i(t) + \alpha_i p_i(t)(a_i - r_i p_i(t) + d_{ij} p_j(t)), \quad i = 1,2, i \neq j \tag{7.60}$$

将价格调整参数 α_i 设为可控参数，假设其他参数值为

$$a_1 = 2.2, \quad r_1 = 1, \quad d_{12} = 0.25, \quad a_2 = 2.5, \quad r_2 = 1, \quad d_{21} = 0.3 \tag{7.61}$$

得到系统在 (α_1, α_2) 平面上的稳定域如图 7.1 所示。当参数 α_i 的取值在稳定域内时，均衡点稳定；一旦离开稳定域，系统就出现分岔、混沌等现象。图 7.2 给出了厂商的价格调整参数变化时博弈双方的价格轨线分岔图。

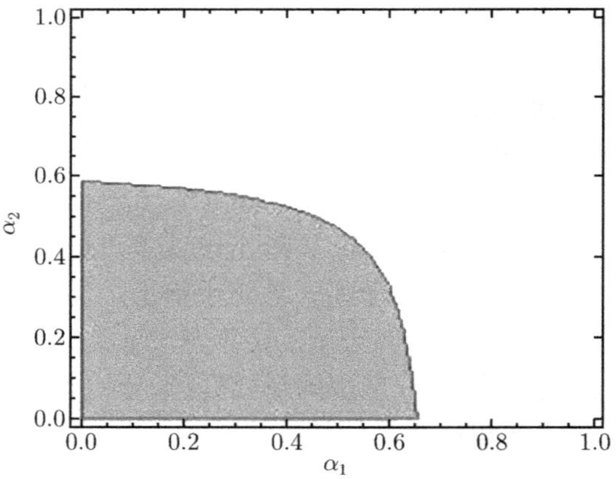

图 7.1　纳什均衡点的稳定域

为了证实系统的演化状态，图 7.3 给出了对应的最大李雅普诺夫指数谱。李雅普诺夫指数是定量描述混沌系统的重要指标，它反映了相空间内系统相邻轨道收敛和发散的长期平均水平，系统最大李雅普诺夫指数为正即意味着发生了混沌现象。图 7.3 中，$\alpha_1 < 0.52$ 时，最大李雅普诺夫指数为负，系统稳定；从 $\alpha_1 > 0.735$ 开始，最大李雅普诺夫指数出现正值，系统进入混沌状态；$0.52 < \alpha_1 < 0.735$ 时，系统为倍周期分岔序列。

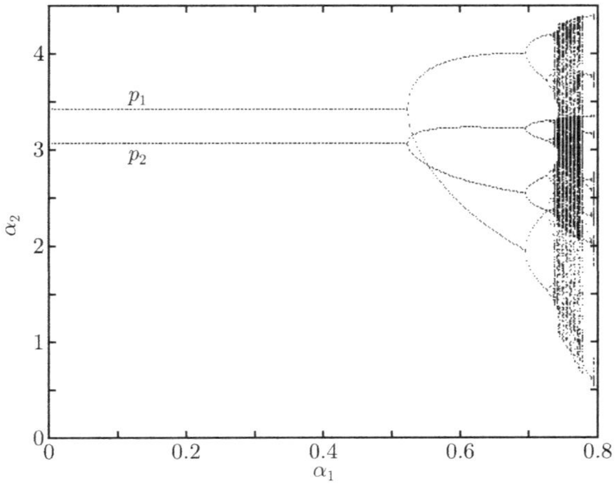

图 7.2　两厂商的价格分岔图 (一)

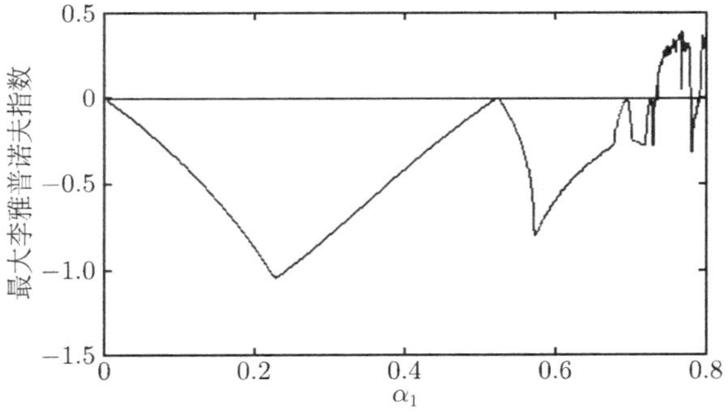

图 7.3　系统最大李雅普诺夫指数谱 (一)

观察系统在 $(\alpha_1, \alpha_2) = (0.4, 0.75)$ 时对初值条件的敏感依赖性。图 7.4、图 7.5 给出了 $p_1(0)$ 分别取 3.8、3.8001 时 Δp_1、Δp_2 的时间历程图。从两幅图中都可以看到，初始条件 0.0001 的微小误差经过一段时间后演化为明显的差异。这种对于初值条件的敏感依赖性同样表明了系统的混沌特性。

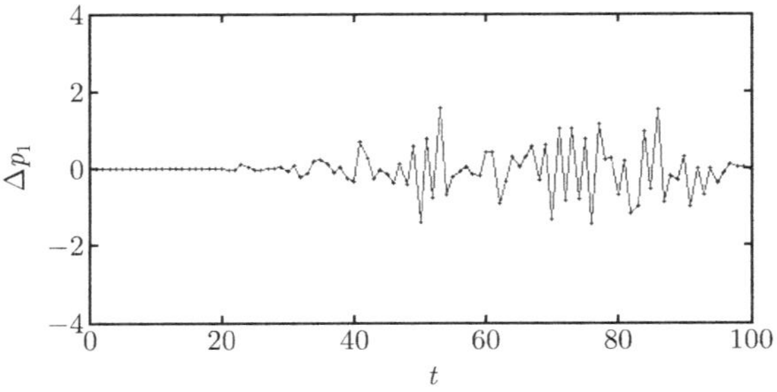

图 7.4　$(\alpha_1, \alpha_2) = (0.4, 0.75)$ 时 Δp_1 的时间历程图

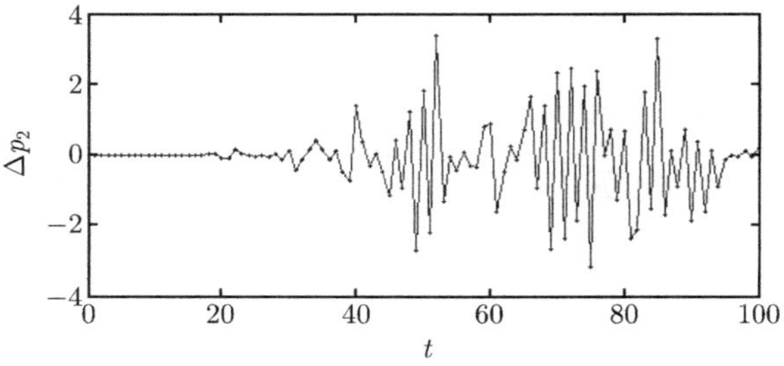

图 7.5　$(\alpha_1, \alpha_2) = (0.4, 0.75)$ 时 Δp_2 的时间历程图

图 7.6 给出了系统随价格调整参数 α_2 演化的价格分岔图，图 7.7 给出了对应的最大李雅普诺夫指数谱。

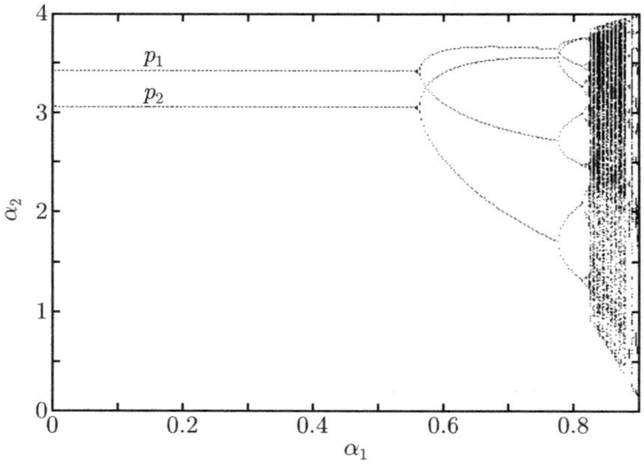

图 7.6　两厂商的价格分岔图 (二)

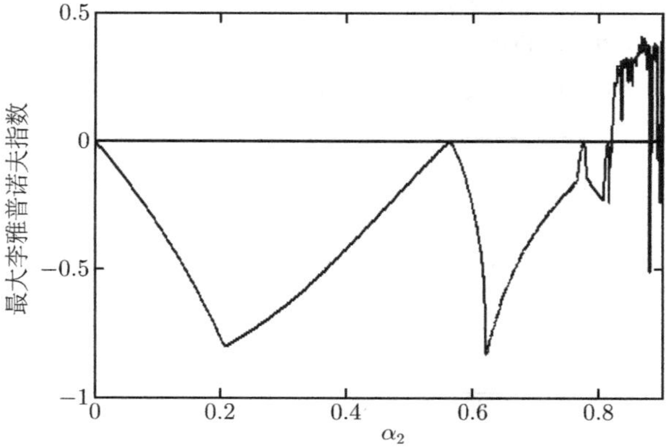

图 7.7　系统最大李雅普诺夫指数谱 (二)

以上分析表明，寡头厂商为了追求更多利润，加快了价格调整速度，当价格调整参数离开稳定区时，系统陷入不稳定状态，经倍周期分岔进入混沌。一旦系统进入混沌状态，市场价格大幅波动，厂商难以做出长期的规划并获得稳定利润。

2. 模型参数对系统稳定性的影响分析

考察系统各参数对稳定性的影响，将式 (7.61) 中的参数分别取值为

$$a_1 = 2.2,\quad r_1 = 1,\quad d_{12} = 0.4,\quad a_2 = 2.5,\quad r_2 = 1,\quad d_{21} = 0.4 \tag{7.62}$$

$$a_1 = 2.2,\quad r_1 = 1.5,\quad d_{12} = 0.25,\quad a_2 = 2.5,\quad r_2 = 1.5,\quad d_{21} = 0.3 \tag{7.63}$$

$$a_1 = 4,\quad r_1 = 1,\quad d_{12} = 0.25,\quad a_2 = 5,\quad r_2 = 1,\quad d_{21} = 0.3 \tag{7.64}$$

系统在 (α_1, α_2) 平面上的稳定域由图 7.8 给出。从图中可以看出，不同参数的变动都会引起稳定域的变化。由此证实各种相空间格局都是在一定参数条件下形成的定局，它们依赖于系统各个参数的取值，有时还敏感地依赖于其中的某一个或几个参数。

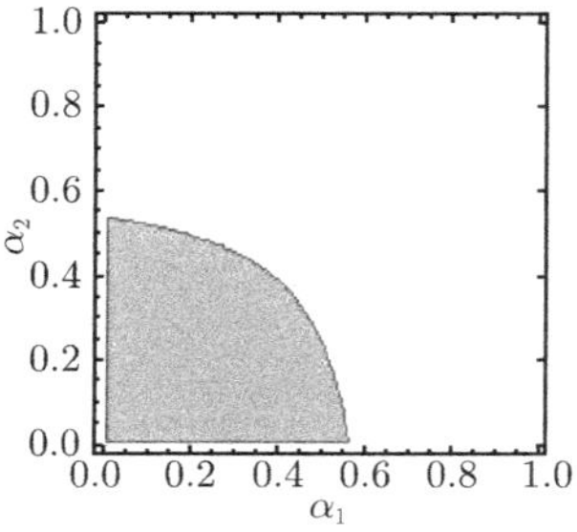

(a) $a_1=2.2$, $r_1=1$, $d_{12}=0.4$, $a_2=2.5$, $r_2=1$, $d_{21}=0.4$时的稳定域

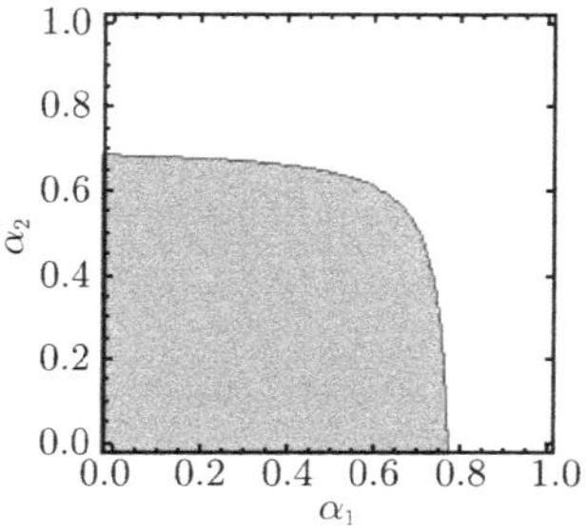

(b) $a_1=2.2$, $r_1=1.5$, $d_{12}=0.25$, $a_2=2.5$, $r_2=1.5$, $d_{21}=0.3$时的稳定域

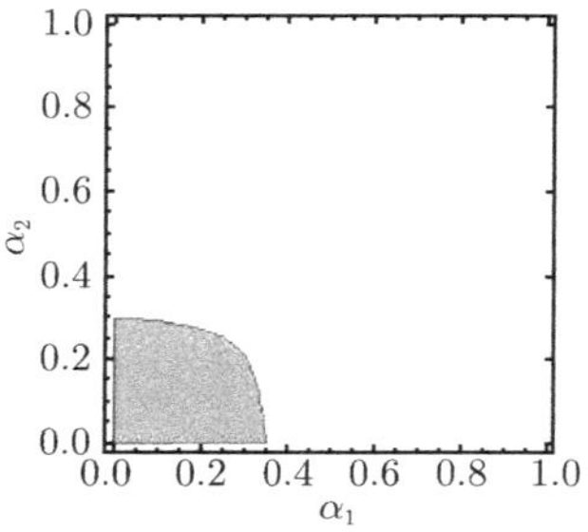

(c) $a_1=4$, $r_1=1$, $d_{12}=0.25$, $a_2=5$, $r_2=1$, $d_{21}=0.3$时的稳定域

图 7.8　系统稳定域

7.2.3　小结

本节主要研究了系统 (7.4) 的双寡头厂商为获得最大收益而进行价格博弈过程中，系统所表现出来的动力学性质，通过分析有限理性下的伯川德重复博弈模型的稳定性、李雅普诺夫指数、倍周期分岔图以及价格时间历程图等定量方法来描述双方价格博弈演化规律。在分析过程中发现：由于博弈双方理性层次不同，寡头厂商的价格调整速度在一定范围内的微小变化都将对经过数次博弈后的市场价格产生很大影响，使得这一寡头市场进入混沌状态，使市场变得不可预测；而系统中每一个参数的变化也都对均衡点的稳定性产生影响。

7.3 双寡头垄断钢铁市场的复杂性分析

Sun 等 (2010) 对双寡头钢铁市场中的博弈现象进行了研究，本节中便以该伯川德博弈模型为例，讨论该博弈系统的复杂性。

7.3.1 市场均衡及其局部稳定性分析

为了研究纳什均衡点的稳定区域，考虑模型 (7.39) 的雅可比矩阵及其特征多项式。

$$J=\begin{pmatrix} 1+\alpha_1(a_1p_1^{-2}+b_1p_2-4a_1t_1p_1^{-3}) & b_1p_1\alpha_1 \\ b_2p_2\alpha_2 & 1+\alpha_2(a_2p_2^{-2}+b_2p_1-4a_2t_2p_2^{-3}) \end{pmatrix} \tag{7.65}$$

$$F(\lambda)=\lambda^2-\mathrm{Tr}\lambda+\mathrm{Det}=0 \tag{7.66}$$

其中，Tr 为雅可比矩阵的迹；Det 为其行列式。

$$\mathrm{Tr}=1+\alpha_1(a_1p_1^{-2}+b_1p_2-4a_1t_1p_1^{-3})+1+\alpha_2(a_2p_2^{-2}+b_2p_1-4a_2t_2p_2^{-3}) \tag{7.67}$$

$$\begin{aligned}\mathrm{Det}=&(1+\alpha_1(a_1p_1^{-2}+b_1p_2-4a_1t_1p_1^{-3}))(1+\alpha_2(a_2p_2^{-2}+b_2p_1-4a_2t_2p_2^{-3}))\\&-b_1p_1\alpha_1b_2p_2\alpha_2\end{aligned} \tag{7.68}$$

将模型中的参数赋值：$a_1=1,a_2=2,b_1=3,b_2=4,t_1=0.1,t_2=0.1$。并且令 $p_i(t+1)=p_i(t)$，从而得到其纳什均衡点 $(p_1=0.205,p_2=0.203)$。这组纳什均衡解表明此时两寡头的边际利润为零，但这并不代表两寡头的博弈过程趋向稳定，相反，博弈一方价格行为的变化，都将导致更为复杂的博弈过程。所以，纳什均衡点只是局部稳定的，其稳定区域由 (α_1,α_2) 决定。

根据韦达定理，将纳什均衡点 $(p_1=0.205,p_2=0.203)$ 代入特征多项式的 $\varDelta=\mathrm{Tr}^2-4\mathrm{Det}$，发现结果大于零，这证明了特征多项式存在实特征根。所以纳什均衡点的稳定区域可根据 Routh-Hurwitz 判据来确定:

$$\text{(a) } 1-\mathrm{Tr}+\mathrm{Det}>0$$

$$\text{(b) } 1+\mathrm{Tr}+\mathrm{Det}>0$$

$$\text{(c) } \mathrm{Det}-1<0$$

通过对上述不等式的计算，得到了纳什均衡的局部稳定区域，这个区域是由 (α_1,α_2) 决定的，如图 7.9 所示。它表明当 (α_1,α_2) 落在稳定区域内时，纳什均衡点才是稳定的。

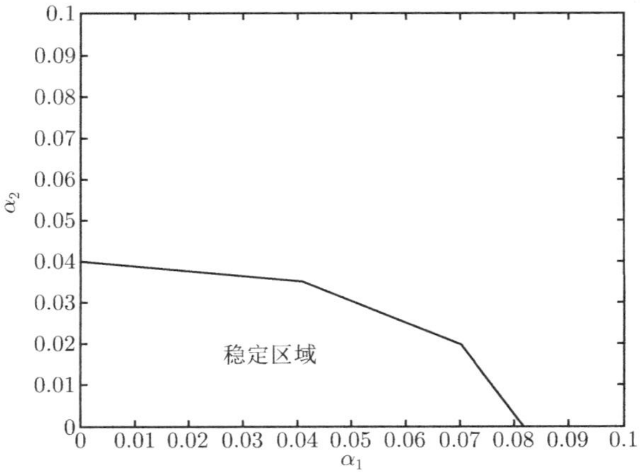

图 7.9 纳什均衡点局部稳定区域

7.3.2 模型的数值模拟和实验计算

当 (α_1, α_2) 冲出了稳定区域时，纳什均衡点的稳定性就会发生变化。图 7.10 表明当 $\alpha_1 = 0.084$ 时，随着价格调整速度 α_2 的增加，两寡头价格曲线的变化。当 $\alpha_2 < 0.043$ 时，纳什均衡点是稳定的。随着 α_2 的增加，均衡点的稳定性发生了变化，两寡头的价格出现倍周期分岔并最终进入混沌状态。图 7.11 显示了在 $\alpha_1 = 0.084, \alpha_2 = 0.7$ 时模型 (7.40) 的混沌吸引子。图 7.12 和图 7.13 分别显示了当 $\alpha_2 = 0.042$ 时，随着价格调整速度 α_1 的增加引起的系统分岔图以及当 $\alpha_1 = 0.149, \alpha_2 = 0.042$ 时系统的混沌吸引子。

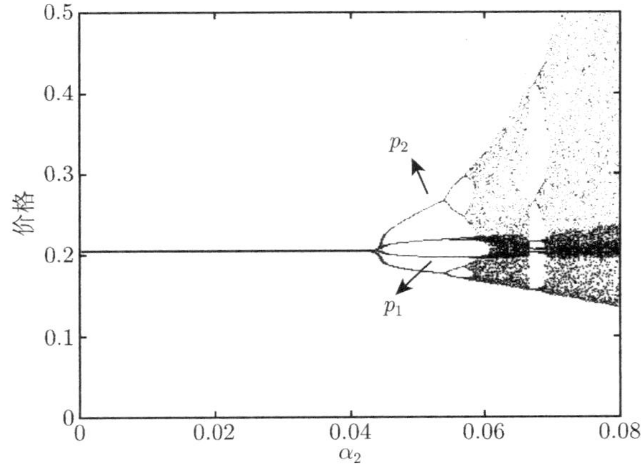

图 7.10 分岔图 ($\alpha_1 = 0.084$，$\alpha_2 \in [0, 0.08]$)

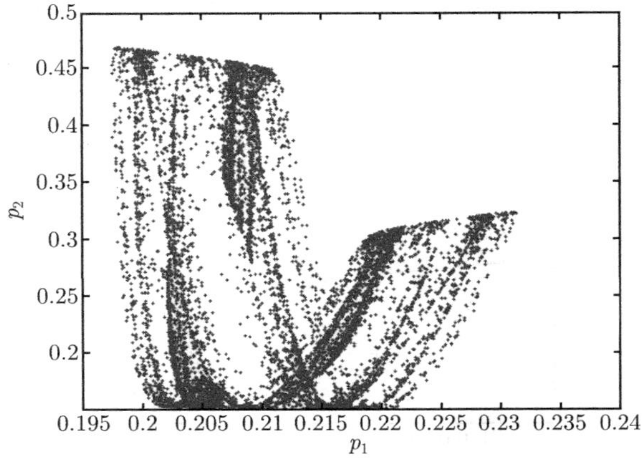

图 7.11　混沌吸引子 ($\alpha_1 = 0.084$，$\alpha_2 = 0.7$)

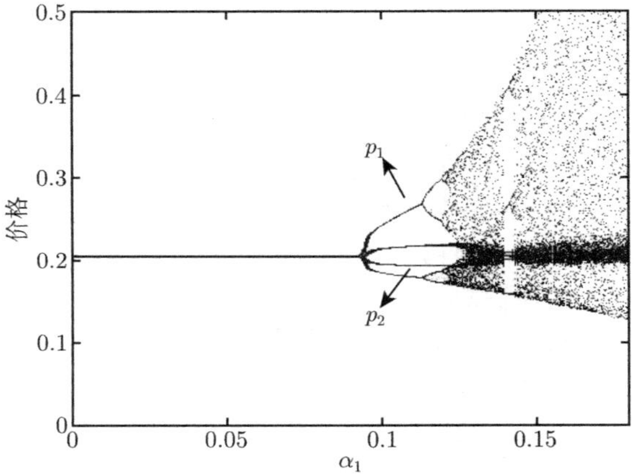

图 7.12　分岔图 ($\alpha_1 \in [0, 0.18]$，$\alpha_2 = 0.042$)

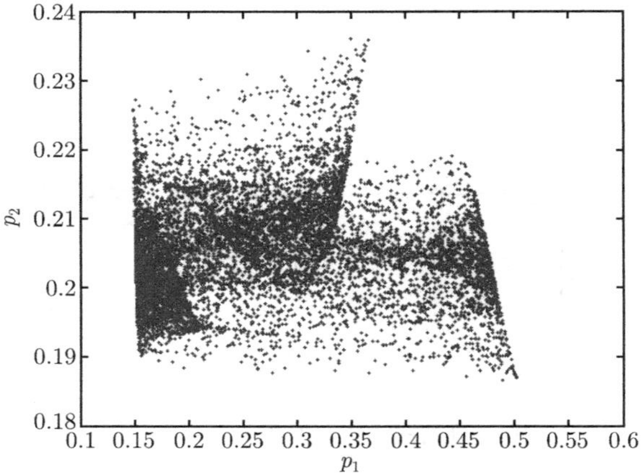

图 7.13　混沌吸引子 ($\alpha_1 = 0.149$，$\alpha_2 = 0.042$)

混沌系统的显著特点之一就是对初值非常敏感，两条初值非常接近的轨线经过若干次迭代之后最终差距甚远。为了证明模型对于初值敏感，计算初值分别被定为 0.205 000、0.203 和 0.205 001、0.203 001 的两组轨线，它们博弈过程的路径见图 7.14 和图 7.15。

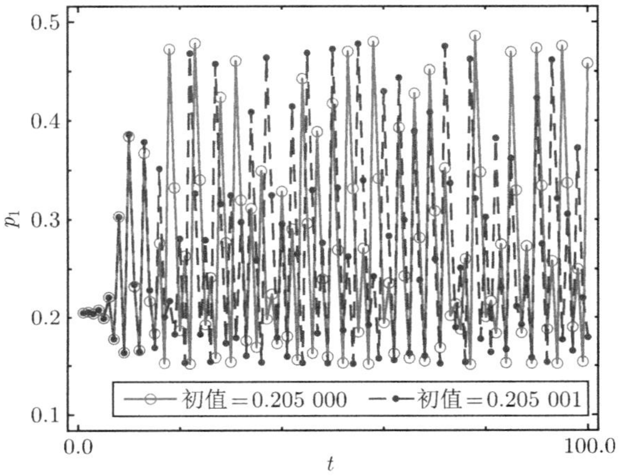

图 7.14　寡头 1 初值敏感性 ($\alpha_1 = 0.149, \alpha_2 = 0.042$)

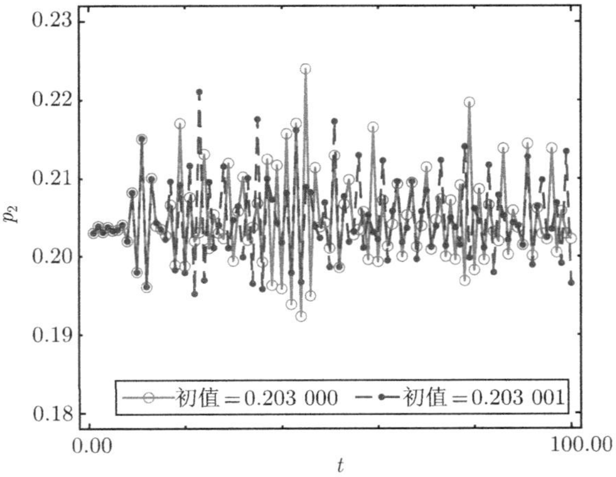

图 7.15　寡头 2 初值敏感性 ($\alpha_1 = 0.149, \alpha_2 = 0.042$)

图 7.14 表明了当 $\alpha_1 = 0.149, \alpha_2 = 0.042$ 时，寡头 1 的价格对于初值敏感。研究发现两条轨线的初值只相差 0.000 001，博弈开始时两条路径几乎是重合的，随着迭代次数的增加，两条路径的差距越来越大。同理，图 7.15 显示了寡头 2 的价格对于初值敏感。这些都进一步验证了当 (α_1, α_2) 冲出稳定区域后，系统最终进入混沌状态。

7.3.3　系统的混沌控制

采用系统变量的状态反馈和参数调节的控制策略，主要考虑参数 α_i 对系统复杂性态的影响，从而讨论系统的混沌控制。将原系统设为

$$\begin{aligned} p_1(t+m) &= (1-\mu)F^m(p_1(t),p_2(t)) + \mu p_1(t) \\ p_2(t+m) &= (1-\mu)G^m(p_1(t),p_2(t)) + \mu p_2(t) \end{aligned} \tag{7.69}$$

其中，$\mu=0$ 时，受控系统退化为原系统，可知受控系统与原系统具有相同的周期轨道。当 $m=1$ 时，即控制不动点，每步迭代都加入控制，相应的 $m=2,4,8,\cdots$，即控制二周期、四周期、八周期轨道 $\cdots\cdots$ 每经过 m 次迭代加入一次控制。

这里重点讨论当 $m=1$ 时系统的稳定性控制条件，此时受控后的系统为

$$\begin{aligned} p_1(t+1) &= (1-\mu)(p_1(t) + \alpha_1 p_1(t)(-a_1 p_1^{-2} + b_1 p_2 + 2a_1 t_1 p_1^{-3})) + \mu p_1(t) \\ p_2(t+1) &= (1-\mu)(p_2(t) + \alpha_2 p_2(t)(-a_2 p_2^{-2} + b_2 p_1 + 2t_2 a_2 p_2^{-3})) + \mu p_2(t) \end{aligned} \tag{7.70}$$

由于引入了调节参数 μ，只要适当选取 μ 的值，就可以确保不动点在参数 α_2 的更大取值范围内保持稳定，即延迟分岔的发生。当 $\mu=0.7$ 时，α_2 的稳定区域扩大，由原来二周期分岔点 0.043 扩大为 0.065，这一点可以由图 7.10 与图 7.16 比较得出。说明系统经过控制后，混沌现象被延迟或完全消除。从图 7.17 可以看出，随着控制参数 μ 的增加，系统混沌现象逐渐得到控制，被控制在八周期、四周期、二周期、不动点等，当 $\alpha_2>0.45$ 时，系统逐渐稳定在纳什均衡点。

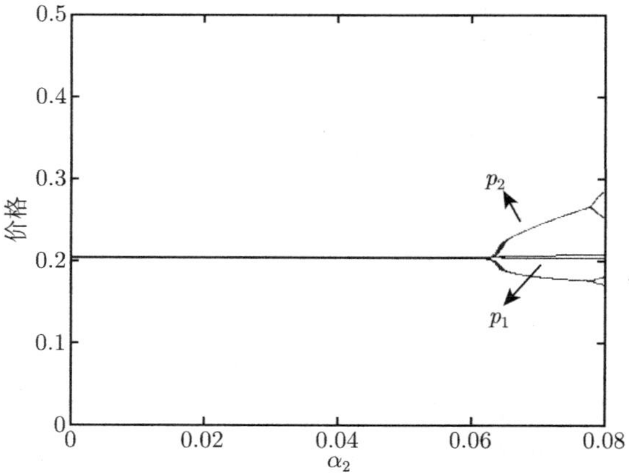

图 7.16　分岔图 ($\alpha_1=0.084$，$\alpha_2\in[0,0.08]$)

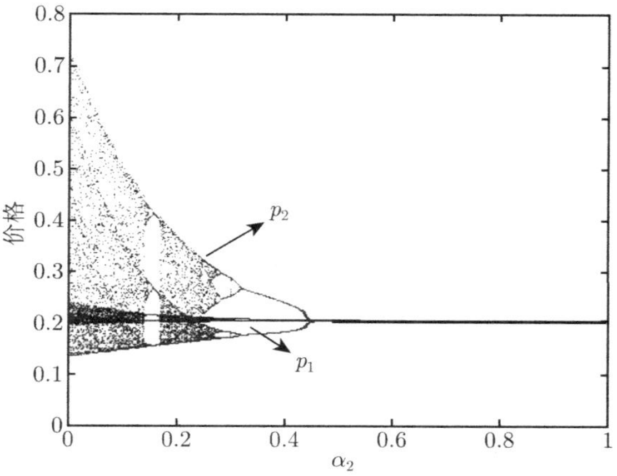

图 7.17　受控后分岔图 ($\mu \in [0,1]$)

7.4　三寡头古诺模型的复杂性分析

7.4.1　三寡头离散古诺模型

本节以古诺模型为基础，讨论三寡头博弈模型的复杂性，基于非线性需求函数和成本函数建立离散动力系统模型。该模型不同于上述模型的是，寡头以产量为决策变量，对未来的预期采取不同的决策规则。

假设非线性成本函数为

$$C_i(q_i(t)) = a_i + b_i q_i(t) + c_i q_i^2(t) + d_i q_i^3(t), \quad i = 1,2,3 \tag{7.71}$$

逆需求函数为

$$P = P(Q(t)) = m - nQ^2(t) \tag{7.72}$$

因此厂商 i 在第 t 期的利润可以表示为

$$\pi_i(t) = q_i(t)(m - nQ^2(t)) - (a_i + b_i q_i(t) + c_i q_i^2(t) + d_i q_i^3(t)), \quad i = 1,2,3 \tag{7.73}$$

本节假设三个厂商分别具有不同的预期，即对决策有着不同的调整规则。

第一个厂商具有静态预期，即

$$q_i(t+1) = q_i^*(t) \tag{7.74}$$

第二个厂商具有自适应预期，即

$$q_i(t+1) = q_i(t) + \alpha\left(q_i(t) - q_i^*(t)\right), \quad -1 < \alpha < 0 \tag{7.75}$$

第三个厂商具有有限理性，即

$$q_i(t+1) = q_i(t) + \beta q_i(t)\frac{\partial \pi_i(t)}{\partial q_i(t)}, \quad 0 < \beta < 1 \tag{7.76}$$

其中，β 为产量调整速度参数，厂商在对未来的产量做决策时，根据当期的边际利润情况进行决策。

综合以上各式建立模型：

$$\begin{cases} q_1(t+1) = \dfrac{1}{3n+3d_1}\left(-2n(q_2(t)+q_3(t)) - c_1 + \sqrt{M}\right) \\ q_2(t+1) = q_2(t) + \alpha\left(q_2(t) - \dfrac{1}{3n+3d_2}\left(-2n(q_1(t)+q_3(t)) - c_2 + \sqrt{N}\right)\right) \\ q_3(t+1) = q_3(t) + \beta q_3(t)(-3(n+d_3)q_3^2(t) - (4nq_1(t) + 4nq_2(t) + 2c_3)q_3(t) \\ \qquad\qquad -n(q_1(t)+q_2(t))^2 + m - b_3) \end{cases} \tag{7.77}$$

以下将研究模型 (7.77) 的丰富的动力学行为以及对市场处于混沌状态时的有效控制策略。

7.4.2 模型的动力学分析

求得方程 (7.77) 的解析解是异常烦琐的，因此本书研究对模型参数赋值之后的数值解。令 $m=5$，$n=1$，$b_1=0.4$，$c_1=-0.03$，$d_1=0.005$，$b_2=0.35$，$c_2=-0.025$，$d_2=0.006$，$b_3=0.3$，$c_3=-0.02$，$d_3=0.007$，$q_i(t+1)=q_i(t)$，$i=1, 2, 3$，此时可以解出模型唯一的纳什均衡点为 $P_1=(0.5450, 0.5581, 0.5712)$。

该纳什均衡点的经济意义为：在激烈的市场竞争中，寡头之间产量的调整经过有限次的重复博弈，在纳什均衡点处既不会增加产量，也不会减少产量，市场处于相对的稳定状态中。

以下做出寡头的产量随着负反馈因子 α 和有限理性厂商产量调整速度 β 变化的分岔图，图 7.18 是固定 $\beta=0.25$，产量随 α 变化的分岔图；图 7.19 是固定 $\alpha=-0.1$，产量随 β 变化的分岔图。参数取值为：$m=5$，$n=1$，$b_1=0.4$，$c_1=-0.03$，$d_1=0.005$，$b_2=0.35$，$c_2=-0.025$，$d_2=0.006$，$b_3=0.3$，$c_3=-0.02$，$d_3=0.007$，寡头的初始产量分别取 0.2、0.5、0.8。

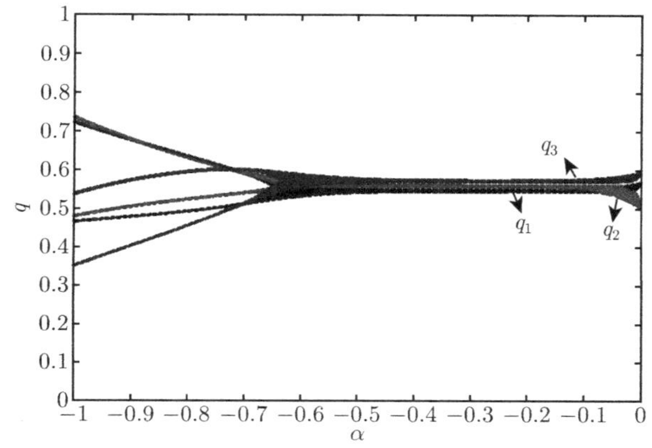

图 7.18　$\beta = 0.25$ 时产量分岔图

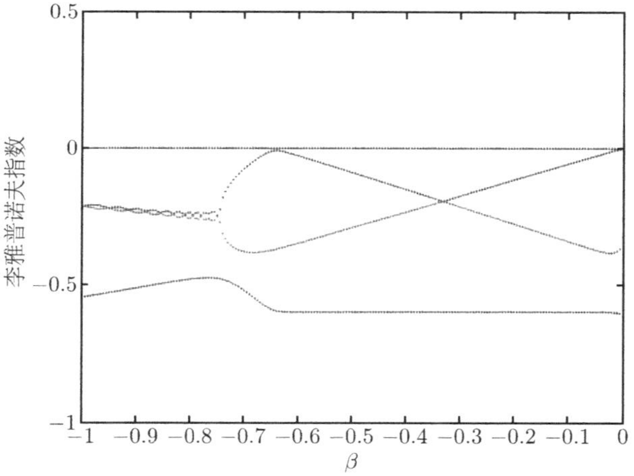

图 7.19　$\alpha = -0.1$ 时李雅普诺夫指数 (一)

从图 7.18 可以发现，当 $\alpha < -0.6407$ 时，产量处于二倍周期分岔状态。随着 α 逐渐增大，当 $\alpha = -0.6407$ 时产量的逆倍周期分岔现象消失，而后模型稳定在纳什均衡点 P_1 处，这说明当寡头采取自适应预期时，负反馈因子 α 的绝对值越小，越有利于市场的稳定。在图 7.19 中不存在正的李雅普诺夫指数，该图和产量分岔图 7.18 是一致的。

从图 7.20 可以发现，当 $\beta < 0.3225$ 时，产量自始至终稳定在纳什均衡点 P_1 处；当 $\beta > 0.3225$ 时，纳什均衡点失去稳定性，而后陆续出现倍周期分岔行为，当 $\beta > 0.5525$ 时，厂商产量进入混沌状态。这意味着市场变得不稳定，有限理性厂商过快的产量调整速度容易使市场陷入混沌状态，此时厂商 1 和厂商 3 快速调整自身产量，以期跟上市场变化，获得竞争优势。然而，对于混沌状态的市场，这样的竞争很可能陷入恶性循环。从图 7.21 中可以发现，在产量分岔图中相应的混沌区域，存在正的李雅普诺夫指数，图 7.21 和图 7.20 是一致的。

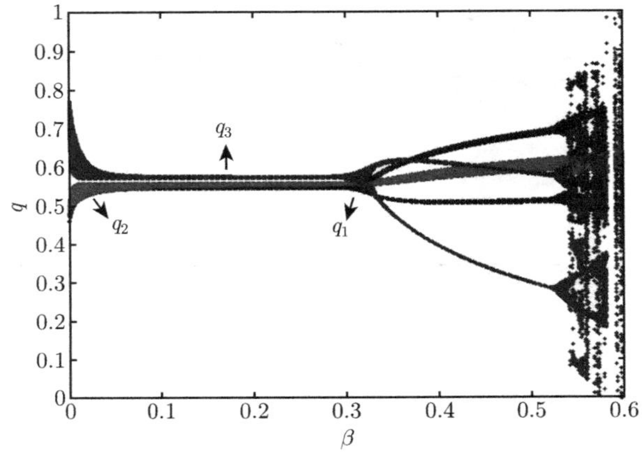

图 7.20　$\alpha=-0.1$ 时产量分岔图

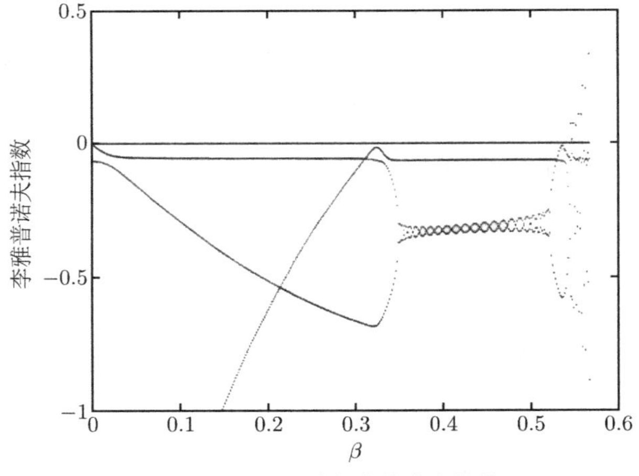

图 7.21　$\alpha=-0.1$ 时李雅普诺夫指数 (二)

通过上述分岔图可以直观地发现，当参数取值为：$m=5$，$n=1$，$b_1=0.4$，$c_1=-0.03$，$d_1=0.005$，$b_2=0.35$，$c_2=-0.025$，$d_2=0.006$，$b_3=0.3$，$c_3=-0.02$，$d_3=0.007$。当 $\alpha=-0.1$，$\beta>0.5525$ 时，厂商产量陷入混沌状态。市场处于混沌状态的吸引子如图 7.22 所示，三家厂商的初始产量分别取 0.2、0.5、0.8，$\beta=0.57$。

吸引子的分数维可以作为系统奇异性的一种非正式的描述，这种情况经常发生在动力系统的混沌状态。混沌吸引子的显著特征是两条毗邻的轨道指数分离，这表明混沌系统对初始条件的敏感依赖性。

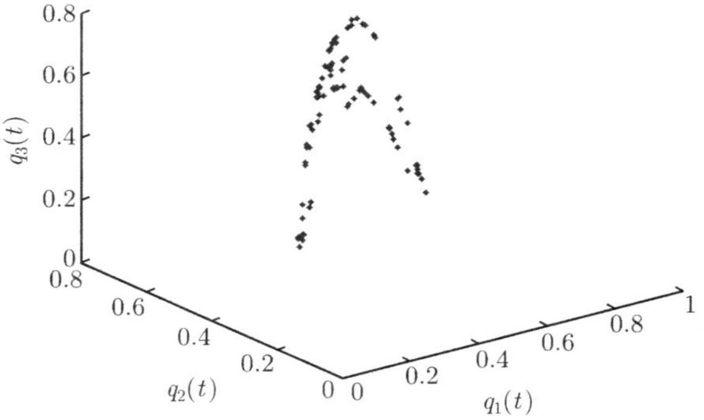

图 7.22 混沌状态的吸引子

7.5 古诺–伯川德混合博弈模型的稳定性分析

这部分分析古诺–伯川德混合博弈系统 (7.46) 的稳定性。该系统的均衡点可以通过令 $q_1(t+1)=q_1(t)$，$q_2(t+1)=q_2(t)$ 获得，得到的 4 个平衡点分别为

$$E_0=(0,0),\ E_1=\left(0,\frac{1+c}{2}\right),\ E_2=\left(\frac{1-c-d}{2(1-d^2)},0\right),\ E^*=({q_1}^*,{q_2}^*) \quad (7.78)$$

其中，$q_1^*=\dfrac{2-2c-d+cd}{4-3d^2}$，$q_2^*=\dfrac{2+2c-d+cd-d^2-2cd^2}{4-3d^2}$。$E_0$、$E_1$ 和 E_2 为边界均衡点，E^* 为唯一的纳什平衡点，其中 $c<1$ 表示价格和产量为正值。

为了分析平衡点的局部稳定性，首先得到系统的雅可比矩阵，可以表示为

$$J(q_1,p_2)=\begin{pmatrix} J_{11} & \alpha d q_1 \\ -\beta d p_2 & J_{22} \end{pmatrix} \quad (7.79)$$

其中，$J_{11}=1+\alpha(1-c-d+dp_2+4(d^2-1)q_1)$，$J_{22}=1+\beta(1+c-4p_2-dq_1)$。

分析各个平衡点的稳定性，需要将平衡点代入雅可比矩阵中，观察特征方程的特征根的取值情况。首先，代入 E_0，可以得到雅可比矩阵为

$$J(E_0)=\begin{pmatrix} 1+\alpha(1-c-d) & 0 \\ 0 & 1+\beta(1+c) \end{pmatrix} \quad (7.80)$$

其特征根为

$$\lambda_1=1+\alpha(1-c-d),\quad \lambda_2=1+\beta(1+c) \quad (7.81)$$

显然有 $\lambda_2 > 1$，该平衡点 E_0 是不稳定的。

在平衡点 E_1 处，系统 (7.46) 的雅可比矩阵可以表示为

$$J(E_1) = \begin{pmatrix} 1+\alpha(1-c)\left(1-\dfrac{d}{2}\right) & 0 \\ -\dfrac{1}{2}\beta d(1+c) & 1-\beta(1+c) \end{pmatrix} \tag{7.82}$$

该矩阵的特征值为

$$\lambda_1 = 1+\alpha(1-c)\left(1-\frac{d}{2}\right), \quad \lambda_2 = 1-\beta(1+c) \tag{7.83}$$

由于之前假设 $c < 1$，显然有 $\lambda_1 > 1$，所以边界平衡点 E_1 是不稳定的，由于 $\lambda_2 < 1$，所以 E_1 为鞍点。同理也可以证明边界平衡点 E_2 是不稳定的。

平衡点 E^* 的稳定性，通过 Jury 判据来判断。

7.6 双寡头斯塔克尔伯格主从博弈模型的复杂性分析

上面给出的博弈模型及其复杂性研究，大多着眼于同时博弈得到的垂直纳什均衡策略的稳定性。本部分重点分析厂商进行主从博弈时系统的稳定性。在市场中，主从博弈广泛存在于具有不同博弈顺序和不同谈判能力的厂商之间的竞争。

7.6.1 模型分析

Ma 和 Xie (2016) 关于制造商和零售商持有不同权利结构的双渠道供应链的研究中曾描述了当制造商和零售商进行主从博弈时，系统的稳定性情况。模型表示市场中存在一个强势的制造商和一个弱势的零售商。制造商可以通过零售商销售自己的产品，也可以通过网络直销渠道进行销售，因而组成了一个双渠道销售系统。两个厂商的需求模型分别为

$$\begin{cases} D_r = \rho a - b_r p_r + k p_m + \varepsilon_r \\ D_m = (1-\rho)a - b_m p_m + k p_r + \varepsilon_m \end{cases} \tag{7.84}$$

根据产量和实际需求的关系，利润模型可以表示为

$$\pi_r = \begin{cases} p_r D_r - w q_r + v\left(q_r - D_r\right), & D_r \leqslant q_r \\ p_r q_r - w q_r - s\left(D_r - q_r\right), & D_r > q_r \end{cases} \tag{7.85}$$

$$\pi_m = \begin{cases} p_m D_m - c q_m + v\left(q_m - D_m\right) + (w-c) q_r, & D_r \leqslant q_r \\ p_m q_m - c q_m - s\left(D_m - q_m\right) + (w-c) q_r, & D_r > q_r \end{cases} \tag{7.86}$$

根据逆向求解法，先计算零售商的最优反应函数。由于 $\partial^2\pi_r/\partial s_3^2 = -2b_r < 0$，通过一阶条件 $\partial\pi_r/\partial s_3 = 0$ 可以求得零售商最优决策的反应函数为

$$s_3^* = -\frac{1}{2b_r}\left(-ck + b_r(c+s_1) - ks_2 - a\rho + \frac{\sigma}{\sqrt{2\pi}}\right) \tag{7.87}$$

制造商在决策时，会将此反应函数代入自己的利润模型中。首先检查制造商能否实现最优决策。检查制造商利润模型的黑塞矩阵可得

$$H_{\pi_m} = \begin{pmatrix} -b_r & k \\ k & -2b_m + \dfrac{k^2}{b_r} \end{pmatrix} \tag{7.88}$$

显然，由于 $b_i > k > 0$，此黑塞矩阵的一阶主子式 $H_{\pi_m} = -b_r < 0$，二阶主子式 $2b_r b_m - k^2 > 0$，因而制造商存在一组唯一的最优解 s_1、s_2。通过解一阶条件 $\partial\pi_m/\partial s_1 = \partial\pi_m/\partial s_2 = 0$，可以得到最优值：

$$\begin{cases} s_1 = \dfrac{b_m b_r\left(-2b_r c + 2a\rho + \sqrt{\dfrac{2}{\pi}}\sigma\right) + k\left(2b_r ck - 2ab_r(\rho-1) - b_r\sqrt{\dfrac{2}{\pi}}\sigma - k\sqrt{\dfrac{2}{\pi}}\sigma\right)}{4b_r(b_m b_r - k^2)} \\ s_2 = \dfrac{-2b_m b_r c + 2ck^2 + 2a(b_r - b_r\rho + k\rho) - b_r\sqrt{\dfrac{2}{\pi}}\sigma}{4(b_m b_r - k^2)} \end{cases} \tag{7.89}$$

由于有限理性制约，制造商只能不断调整自己的策略。假设制造商按照有限理性预期进行策略调整，即

$$s_i(t) = s_i(t-1) + g_i s_i(t-1)\frac{\partial\pi_m(t-1)}{\partial s_i(t-1)}, \quad i = 1, 2 \tag{7.90}$$

其中，$g_i > 0$ 表示决策调整速度；$\partial\pi_m(t-1)/\partial s_i(t-1)$ 表示边际利润。当边际利润为 0 时，决策 s_i 达到最优，不必再做调整。由于零售商在得知制造商的决策后进行决策，假设零售商采取天真预期的方式决策，其决策为

$$s_3(t) = s_3^*(t) = -\frac{1}{2b_r}\left(-ck + b_r(c + s_1(t)) - ks_2(t) - a\rho + \frac{\sigma}{\sqrt{2\pi}}\right) \tag{7.91}$$

因此，两个厂商组成的双渠道供应链决策调整系统为

$$\begin{cases} s_1(t+1)=s_1(t)+g_1s_1(t)\left(\dfrac{1}{4}\left(2ck-2b_r\left(c+2s_1(t)\right)+4ks_2(t)+2a\rho+\sqrt{\dfrac{2}{\pi}}\sigma\right)\right) \\ s_2(t+1)=s_2(t)+g_2s_2(t)\Bigg(2b_rck+2ck^2+4b_rks_1(t)+4k^2s_2(t)-4b_mb_r(c \\ \qquad +2s_2(t))+a(-4b_r(-1+\rho)+2k\rho)-2b_r\sqrt{\dfrac{2}{\pi}}\sigma-k\sqrt{\dfrac{2}{\pi}}\sigma\Bigg)\Big/4b_r \\ s_3(t)=-\dfrac{1}{2b_r}\left(-ck+b_r(c+s_1(t))-ks_2(t)-a\rho+\dfrac{\sigma}{\sqrt{2\pi}}\right) \end{cases} \tag{7.92}$$

7.6.2　均衡解和局部稳定性分析

该博弈系统在 $s_1(t+1)=s_1(t)$，$s_2(t+1)=s_2(t)$ 时达到均衡，因此该系统的四个均衡解分别为

$$E_1=(0,0)$$

$$E_2=\left(0,\frac{4ab_r-4b_mb_rc+2b_rck+2ck^2-4ab_r\rho+2ak\rho-2b_r\sqrt{\dfrac{2}{\pi}}\sigma-k\sqrt{\dfrac{2}{\pi}}\sigma}{8b_mb_r-4k^2}\right)$$

$$E_3=\left(\frac{-2b_rc+2ck+2a\rho+\sqrt{\dfrac{2}{\pi}}\sigma}{4b_r},0\right)$$

$$E_4=\left(\frac{b_mb_r\left(-2b_rc+2a\rho+\sqrt{\dfrac{2}{\pi}}\sigma\right)+k\left(2b_rck-2ab_r(\rho-1)-b_r\sqrt{\dfrac{2}{\pi}}\sigma-k\sqrt{\dfrac{2}{\pi}}\sigma\right)}{4b_r(b_mb_r-k^2)},\right.$$
$$\left.\frac{-2b_mb_rc+2ck^2+2a(b_r-b_r\rho+k\rho)-b_r\sqrt{\dfrac{2}{\pi}}\sigma}{4(b_mb_r-k^2)}\right)$$

显然，E_1、E_2 和 E_3 都是边界均衡解，只有 E_4 是纳什均衡解，表示为 (s_1, s_2, s_3)，表达式分别为

$$\begin{cases} s_1 = \dfrac{b_m b_r\left(-2b_r c+2a\rho+\sqrt{\dfrac{2}{\pi}}\sigma\right)+k\left(2b_r ck-2ab_r(-1+\rho)-b_r\sqrt{\dfrac{2}{\pi}}\sigma-k\sqrt{\dfrac{2}{\pi}}\sigma\right)}{4b_r\left(b_m b_r-k^2\right)} \\ s_2 = \dfrac{-2b_m b_r c+2ck^2+2a(b_r-b_r\rho+k\rho)-b_r\sqrt{\dfrac{2}{\pi}}\sigma}{4b_m b_r-4k^2} \\ s_3 = \dfrac{-2b_r c+2ck+2a\rho-3\sqrt{\dfrac{2}{\pi}}\sigma}{8b_r} \end{cases} \tag{7.93}$$

最优利润表示为 (π_r,π_m)。由于只有 E_4 有意义，因此这部分只分析均衡点 E_4 的局部稳定性。博弈系统的雅可比矩阵为

$$J_{(s_1,s_2)} = \begin{pmatrix} j_{11} & j_{12} \\ j_{21} & j_{22} \end{pmatrix} = \begin{pmatrix} j_{11} & g_1 k s_1 \\ g_2 k s_2 & j_{22} \end{pmatrix} \tag{7.94}$$

其中

$$\begin{cases} j_{11} = 1+\dfrac{1}{4}g_1\left(2ck-2b_r(c+4s_1)+4ks_2+2a\rho+\sqrt{\dfrac{2}{\pi}}\sigma\right) \\ j_{22} = 1+g_2\left(k\left(2ck+8ks_2+2a\rho-\sqrt{\dfrac{2}{\pi}}\sigma\right)-2b_r\left(-ck-2ks_1\right.\right. \\ \qquad \left.\left.+2b_m(c+4s_2)+2a(-1+\rho)+\sqrt{\dfrac{2}{\pi}}\sigma\right)\right)\Big/4b_r \end{cases} \tag{7.95}$$

特征方程为

$$F(\lambda) = \lambda E - J_{(s_1,s_2)} = \lambda^2-(j_{11}+j_{22})\lambda+(j_{11}j_{22}-j_{12}j_{21}) \tag{7.96}$$

在纳什均衡解处可保持局部稳定的条件为

$$\begin{cases} -(j_{11}+j_{22})+(j_{11}j_{22}-j_{12}j_{21})+1>0 \\ (j_{11}+j_{22})+(j_{11}j_{22}-j_{12}j_{21})+1>0 \\ j_{11}j_{22}-j_{12}j_{21}<1 \\ j_{11}+j_{22}>0 \end{cases} \tag{7.97}$$

由于系统比较复杂，解析式较为难解，因此通过数值模拟来表现复杂系统特征。令 $a=10$，$\rho=0.7$，$b_r=0.5$，$b_m=0.7$，$k=0.2$，$s=0.1$，$v=0.2$，$c=0.5$，$\sigma=1$，令初值为 $s_1(1)=s_2(1)=s_3(1)=1$。

一维分岔图和最大李雅普诺夫指数可以反映系统从稳定到不稳定的变化过程。图 7.23(a) 显示了当 g_1 从 0.2 变化到 0.64 这个过程中的一维分岔图和最大李雅普诺夫指数图。随着 g_1 从 0.2 增长到 0.419，系统保持稳定。当 g_1 从 0.419 增长到 0.543 时，系统进入二倍周期分岔，当 g_1 继续从 0.543 增长到 0.565 时，系统进入四倍周期分岔，以此类推。当 $g_1 > 0.570$ 时，系统进入混沌状态。图 7.23 (b) 显示了当 g_2 变化时的情况。

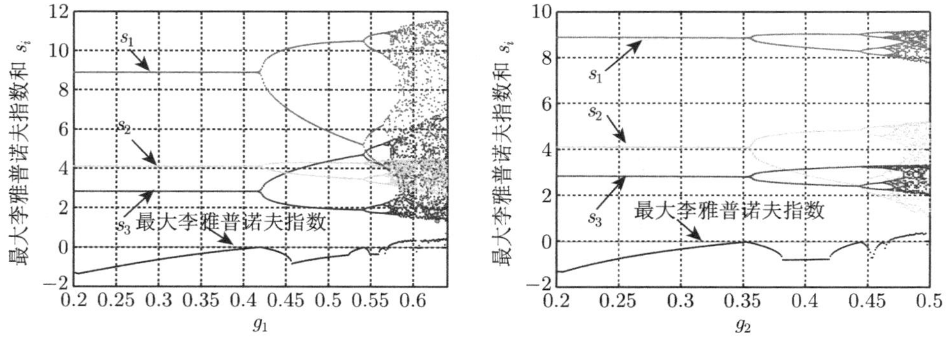

(a) g_1变化下的一维分岔图和最大李雅普诺夫指数图 (b) g_2变化下的一维分岔图和最大李雅普诺夫指数图

图 7.23　g_1 和 g_2 变化下的一维分岔图和最大李雅普诺夫指数

混沌系统的另一个特征是对初值的敏感性。对于一个混沌系统，初值的微小变化会在迭代过程中不断被放大。在混沌系统中，一部分初值组合无法最终吸引到吸引子上。不同系统对初值的敏感依赖性如图 7.24 所示。

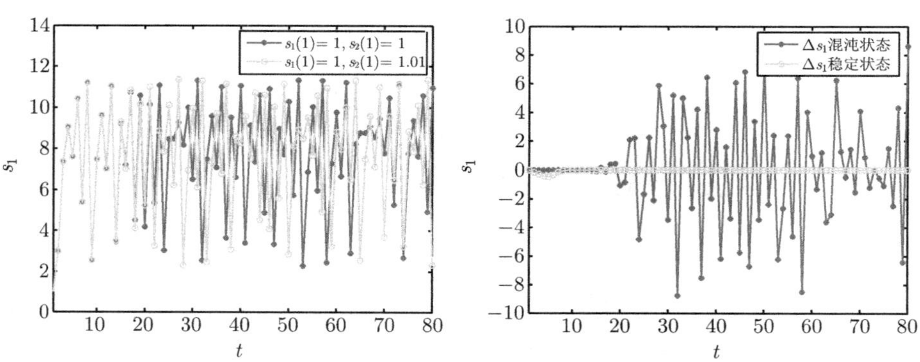

(a) 当初始取值分别为$s_1(1)=1$，$s_2(1)=1$和$s_1(1)=1$，$s_2(1)=1.01$时，s_1的时间序列　(b) 混沌系统和稳定系统对初值的敏感依赖性对比

图 7.24　不同系统对初值的敏感依赖性

图 7.24 (a) 表示从混沌系统的不同初值出发的两个时间序列。星号线条表示

初值为 $s_1(1)=1$, $s_2(1)=1$ 时，经过迭代得到的 s_1 的时间序列。类似地，圆圈线条表示在初值 $s_1(1)=1$, $s_2(1)=1.01$ 状态下，经过迭代得到的 s_1 的时间序列。尽管两条时间序列的起点相差很小，但是经过若干次迭代后两条轨迹之间的差距越来越大。图 7.24 (b) 清楚地显示了经过 80 次迭代后两条轨道之间的距离。在星号线条表示的混沌系统中，这个距离被放大到初始距离的几十倍，而圆圈线条表示的稳定系统中，这个差距逐渐缩小为 0。

不难看出，稳定系统可以逐渐消化市场中的波动，而混沌系统会将这一波动放大。面对不确定的市场环境，稳定系统对企业获取稳定收益有重要作用。

7.7　三寡头斯塔克尔伯格主从博弈模型的复杂性分析

7.6 节的复杂性研究，重点分析了厂商进行主从博弈时系统的稳定性。在市场中，主从博弈广泛存在于具有不同博弈顺序和不同谈判能力的厂商之间的竞争，在本节中我们进一步探讨存在更多寡头竞争的斯塔克尔伯格博弈模型。

7.7.1　模型分析

Ma 和 Ren (2018) 研究了回收市场中两个不同渠道回收商与一个再制造商进行主从博弈的稳定性情况。模型假设市场上有三个寡头参与竞争：线上渠道的回收商、线下渠道的回收商和再制造商。三个参与者的利润函数可表示为式 (7.98)，其中市场需求量的函数由消费者效用模型给出。构建在本节的模型中进行序贯博弈的三个寡头的利润函数表述为

$$\begin{cases} \Pi_H=(p_B-p_H-c_2)\left(p_H-\mu-\dfrac{p_L+\mu-p_H}{\omega}\right) \\ \Pi_L=(p_B-p_L-c_1)\left(\dfrac{p_L+\mu-p_H}{\omega}\right) \\ \Pi_B=(H-p_B)(p_H-\mu) \end{cases} \tag{7.98}$$

在决策流程中，两个回收商的决策变量将通过最大化自己的利润函数得出，即通过 $\dfrac{\partial \Pi_H(t)}{\partial p_H(t)}=0$ 和 $\dfrac{\partial \Pi_L(t)}{\partial p_L(t)}=0$ 求解两个回收商的最佳决策 p_H^{d*} 和 p_L^{d*}，解的最佳决策为

$$\begin{aligned} p_H^{d*}&=\frac{\mu-2c_2-c_1+3p_B-2c_2\omega+2\mu\omega+2p_B\omega}{4\omega+3} \\ p_L^{d*}&=\frac{(\omega+1)(3p_B-2c_1-c_2-\mu)}{4\omega+3} \end{aligned} \tag{7.99}$$

再制造商在分析得知两个回收商各自的最佳决策 p_H^{d*} 和 p_L^{d*} 后，将其代入自

己的利润函数，得到处于领导地位的新决策函数为

$$\Pi_B=(H-p_B)\left(\frac{\mu-2c_2-c_1+3p_B-2c_2\omega+2\mu\omega+2p_B\omega}{4\omega+3}-\mu\right) \tag{7.100}$$

基于有限理性的假设，再制造商在决策时只能不断调整自己的策略，假设再制造商在决策时按照有限理性预期进行策略调整，在这种有限理性的决策方式中，v_m 代表再制造商每一个决策阶段中决策的调整速度，其数值大小反映了再制造商对自身利润变化速度的敏感性，这种决策方式可以被描述为

$$\begin{aligned}p_B(t+1)&=p_B(t)+v_m p_B(t)\frac{\partial \Pi_B(t)}{\partial p_B(t)}\\&=p_B(t)+v_m p_B(t)\frac{3H+c_1+2c_2+2\mu-6p_B(t)+2Hw+2\mu w-4p_B(t)w}{4w+3}\end{aligned} \tag{7.101}$$

两个回收商考虑到自身在整个博弈过程中处于后决策的不利地位，他们在进行自己的决策时不会选择和领导者相同的决策方式，他们仅考虑最大化自己的利润而进行下一步决策，采用自适应决策方法，两个回收商根据当前状态按照一定的调整速度逐渐接近最优决策。本节将回收商决定的调整速度记为处于 $(0,1]$ 的 $v_i(i=1,2)$，其大小主要反映了回收商对先前的决策及其与计算所得的最佳决策之间差距的敏感性。两个回收商进行决策的动态决策系统可以描述为

$$\begin{cases}p_H(t+1)=p_H(t)+v_1\left(\dfrac{\mu-2c_2-c_1+3p_B(t)-2c_2\omega+2\mu\omega+2p_B(t)\omega}{4\omega+3}-p_H(t)\right)\\p_L(t+1)=p_L(t)+v_2\left(\dfrac{(\omega+1)(3p_B(t)-2c_1-c_2-\mu)}{4\omega+3}-p_L(t)\right)\end{cases} \tag{7.102}$$

7.7.2 均衡解和局部稳定性分析

此时，整个三寡头组成的供应链的决策调整系统为

$$\begin{cases}p_H(t+1)=p_H(t)+v_1\left(\dfrac{\mu-2c_2-c_1+3p_B(t)-2c_2\omega+2\mu\omega+2p_B(t)\omega}{4\omega+3}-p_H(t)\right)\\p_L(t+1)=p_L(t)+v_2\left(\dfrac{(\omega+1)(3p_B(t)-2c_1-c_2-\mu)}{4\omega+3}-p_L(t)\right)\\p_B(t+1)=p_B(t)+v_m p_B(t)\dfrac{3H+c_1+2c_2+2\mu-6p_B(t)+2Hw+2\mu w-4p_B(t)w}{4w+3}\end{cases} \tag{7.103}$$

本节采取数值仿真来模拟系统的决策序列，发现在某些特定情况下，系统将难以保持稳定。本节取 $\omega=0.6$, $\mu=0.8$, $c_1=0.2$, $c_2=0.1$, $H=3$, $v_1=v_2=0.6$ 来研究系统对再制造商决策调整速度 v_m 的敏感性状况。

可以看出，如图 7.25 所示，在 v_m 取值较低的情形下，再制造商的决策变量经过数十周期的迭代决策，最终达到了稳定的均衡点，而随着取值的进一步增大，再制造商的决策变量偏离最初的单个均衡点的稳定状态，逐渐进入周期为 2 和周期为 4 的状态。而当取值较高的情形下，在再制造商的不断迭代决策中，其决策无法趋于稳定，保持了长期的波动，这也是混沌运动的表现形式。在混沌运动中，系统往往无法达到预计的平衡点，随着时间的推移会在倍周期均衡点之间往复移动直至彻底失去稳定性。

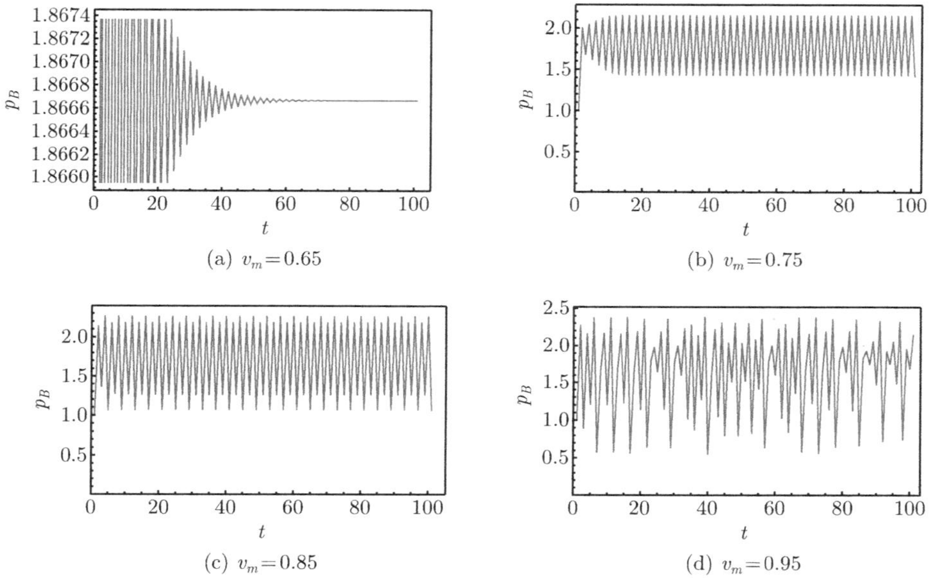

(a) $v_m=0.65$　(b) $v_m=0.75$
(c) $v_m=0.85$　(d) $v_m=0.95$

图 7.25　不同 v_m 下的决策迭代状况

在混沌系统中，决策初值极小的变化，将形成如图 7.26 所示的巨大差异，这也说明此时系统对初值的选择具有极强的敏感性，微小的差异会在不断地迭代中逐渐放大为巨大的偏差，这就要求决策者必须重视决策变量调整速度的选择。

为了研究决策调整系统的稳定性，考虑模型的雅可比矩阵为

$$J=\begin{pmatrix} 1-v_mA & 0 & 0 \\ v_1\dfrac{2\omega+3}{4\omega+3} & 1-v_1 & 0 \\ v_2\dfrac{3\omega+3}{4\omega+3} & 0 & 1-v_2 \end{pmatrix} \tag{7.104}$$

其中

$$A = \frac{12p_B - 3H - c_1 - 2c_2 - 2\mu + 8p_B\omega - 2H\omega - 2c_2\omega - 2\mu\omega}{4\omega + 3} \tag{7.105}$$

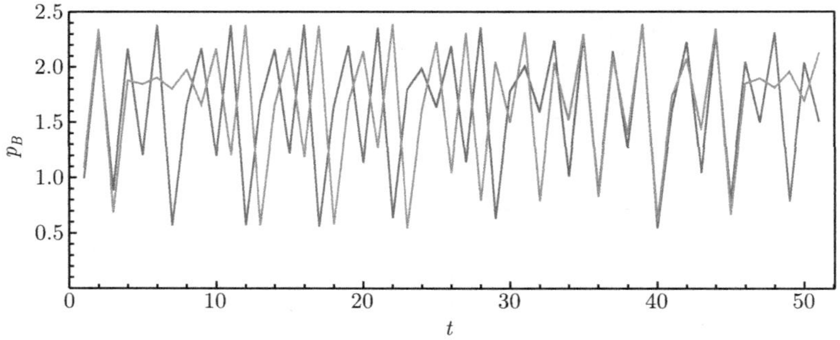

图 7.26　p_B 的初值敏感情况

由于两阶段决策系统的雅可比矩阵对角线上方的元素全部为 0，是标准的下三角矩阵，根据下三角矩阵所具有的性质，其特征值由对角线上的元素给出，可知决策系统的雅可比矩阵的三个特征根为

$$\lambda_1 = 1 - v_m A, \quad \lambda_2 = 1 - v_1, \quad \lambda_3 = 1 - v_2 \tag{7.106}$$

根据判定离散系统稳定性的 Jury 判据的定义，系统的稳定性可以根据离散系统闭环特征方程的系数进行判断，其稳定性取决于特征方程的特征根是否落在位于平面的单位圆内，本节根据 Jury 判据对前面求得的三个特征根进行分析。对于 $\lambda_2 = 1 - v_1, \lambda_3 = 1 - v_2$，由于 $v_1, v_2 \in (0, 1]$，因此对于特征根 λ_2 和 λ_3 均存在 $|\lambda_2| < 1, |\lambda_3| < 1$，这也表明两个再制造商所选择的决策调整方法并不会影响整个决策系统的稳定性，本节进一步对 λ_1 进行分析。

对其进一步分析可以发现，根据假设有

$$v_m > 0, \quad \frac{3H + c_1 + 2c_2 + 2\mu + 2H\omega + 2c_2\omega + 2\mu\omega}{4\omega + 3} > 0 \tag{7.107}$$

因此，随着再制造商决策调整速度 v_m 的变化，或其他参数的调整，$\lambda_1^D(E^*)$ 的数值仍存在足够的变化空间，最终导致 $\lambda_1^D(E^*) < -1$，$\left|\lambda_1^D(E^*)\right| > 1$，$\lambda_1^D(E^*)$ 的数值跳出单位圆，此时的系统丧失保持稳定性的条件，这将会导致整个系统步入倍周期阶段并最终进入混沌的状态。

在固定其他参数取值的情况下，通过图 7.27 中系统在不同再制造商决策调整速度 v_m 下的相图可以看出，再制造商的相关参数变化，会导致整个决策系统由稳定状态进入混沌状态。

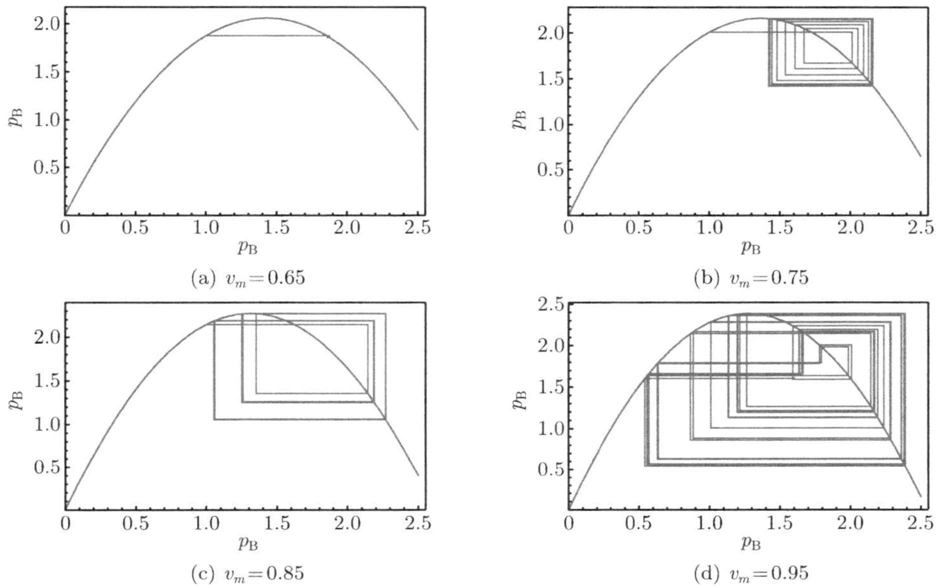

图 7.27 不同 v_m 下的系统相图

从图 7.28 中可以看出，伴随着再制造商决策调整速度的逐渐提升，影响整个决策系统稳定性的特征根 $\lambda_1^D(E^*)$ 按线性方式减小，直到满足 $\lambda_1^D(E^*)<-1$，$\left|\lambda_1^D(E^*)\right|>1$，系统达到失去稳定性的临界点。对应再制造商的决策变量 p_B 可以发现，在同一临界点，再制造商的决策变量 p_B 由稳定的均衡点产生了第一次分岔，然后进入倍周期状态，最终进入混沌状态，市场也进入不稳定的状态。由此可见，对于再制造商而言，过高的决策变量调整速度不利于市场行为有序稳定的展开。从市场角度来看，这也反映了再制造商对市场中发生的变化以及利润的波动的过分敏感也将导致整个市场的行为产生混乱。

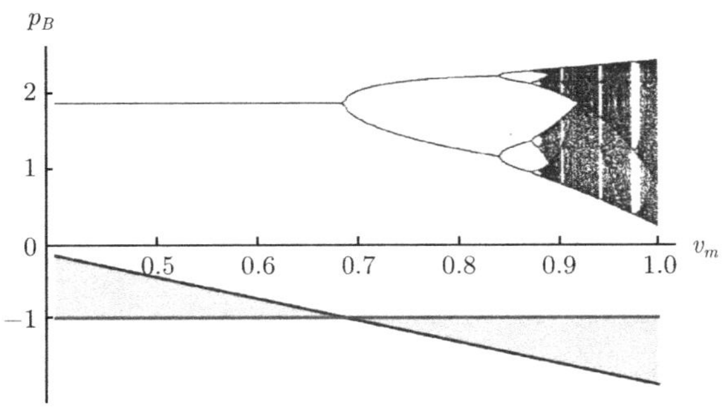

图 7.28 再制造商决策变量 p_B 随 v_m 变化的分岔图

7.8 双寡头有限领导地位主从博弈模型的复杂性分析

前面研究了不同情景下的斯塔克尔伯格主从博弈模型及其复杂性，本部分进一步着眼于分析处于主从博弈和同时博弈中间态的博弈系统的稳定性，在这种情况下，市场中的优势竞争厂商具有有限的市场优势。

7.8.1 模型分析

Ma 和 Ren (2018) 假设任何市场中优势竞争厂商仅具有有限的市场领导地位，同时建立以下基本模型。市场上有两个寡头参与竞争，而具有有限领导力的寡头将首先作出部分决策，随后与另一个寡头就剩余决策部分进行同时博弈，构成了一个双阶段决策系统。决策系统的需求模型可以表示为

$$\begin{cases} \Pi_{M1\_0} = kq_0(a - q_0 - b_0q_2 - c_0) \\ \Pi_{M1\_1} = (1-k)q_1(a - q_1 - b_0q_2 - c_0) \\ \Pi_{M2} = q_2(a - q_2 - b_1kq_0 - b_2(1-k)q_1 - c_2) \end{cases} \tag{7.108}$$

其中，Π_{M1_0} 为制造商 1 先决策部分的利润；Π_{M1_1} 为制造商 1 后决策部分的利润；Π_{M2} 为制造商 2 的利润；k 为制造商 1 的市场优势程度。当 $k=1$ 时，博弈退化为完全的斯塔克尔伯格主从博弈；当 $k=0$ 时，博弈退化为完全的同时博弈。

当 $k=1$ 时，基本的利润函数可以表示为

$$\begin{cases} \Pi_{M1\_0} = q_0(a - q_0 - b_0q_2 - c_0) \\ \Pi_{M1\_1} = 0 \\ \Pi_{M2} = q_2(a - q_2 - b_1kq_0 - b_2(1-k)q_1 - c_2) \end{cases} \tag{7.109}$$

制造商 1 仅须作出第一阶段的决策，制造商 2 作出第二阶段的决策，此时的博弈情况退化为完全的斯塔克尔伯格主从博弈。

当 $k=0$ 时，基本的利润函数可以表示为

$$\begin{cases} \Pi_{M1\_0} = 0 \\ \Pi_{M1\_1} = q_1(a - q_1 - b_0q_2 - c_0) \\ \Pi_{M2} = q_2(a - q_2 - b_1kq_0 - b_2(1-k)q_1 - c_2) \end{cases} \tag{7.110}$$

在这种情况下，制造商 1 和制造商 2 都仅参与第二阶段的决策，博弈情况退化为完全的同时博弈。

根据逆向求解法，先计算制造商 1 和制造商 2 在第二阶段决策的最优反应函数，在第二阶段的决策中，制造商 1 的一阶导数为

$$\frac{\partial \Pi_{M1\_1}}{\partial q_1} = (1-k)(a-c_0-2q_1-b_0q_2) \tag{7.111}$$

在第二阶段的决策中，制造商 2 的一阶导数为

$$\frac{\partial \Pi_{M2}}{\partial q_2} = a-c_2-2q_2-b_2kq_0-b_1q_1(1-k) \tag{7.112}$$

令 $\frac{\partial \Pi_{M1\_1}}{\partial q_1}=0$ 及 $\frac{\partial \Pi_{M2}}{\partial q_2}=0$，可以求得制造商 1 和制造商 2 的最优决策反应函数为

$$\begin{cases} q_1^* = \dfrac{2a-2c_0-ab_0+b_0c_2+b_0b_2kq_0}{(1-k)(b_0b_1k-b_0b_1+4)} \\ q_2^* = \dfrac{2a-2c_2-ab_0+b_1c_0+ab_1k-b_1c_0k-2b_2kq_0}{b_0b_1k-b_0b_1+4} \end{cases} \tag{7.113}$$

制造商 1 在进行第一阶段的决策时，会将两个反应函数代入第一阶段的利润模型中，可以得到此时的利润函数为

$$\Pi_{M1\_0} = \frac{kq_04a-4c_0-4q_0-2ab_1+2b_1c_2+b_1^2q_0-b_1^2kq_0+2b_1b_2k^2q_0}{b_0b_1k-b_0b_1+4} \tag{7.114}$$

出于有限理性制约，制造商 1 在第一阶段的决策中只能不断地调整自己的策略，在这种决策方法中，v_0 是制造商决策的调整速度，其大小主要反映了制造商决策对利润变化的敏感性，这种调整策略即

$$q_0(t+1) = q_0(t)+v_0q_0(t)\frac{\partial \Pi_{M1\_0}(t)}{\partial q_0(t)} \tag{7.115}$$

其中

$$\frac{\partial \Pi_{M1\_0}(t)}{\partial q_0(t)} = \frac{2k(2a-2c_0-4q_0-ab_1+b_1c_2+b_1^2q_0-b_1^2kq_0+2b_1b_2kq_0)}{b_0b_1k-b_0b_1+4} \tag{7.116}$$

决策第二阶段的决策方式与决策第一阶段有所不同，利润最大化成为首要考虑因素。因此，第二阶段中企业采用自适应决策方法作出决策，企业根据当前状态逐步接近最优决策。$v_i(i=1,2)$ 是决策后部分的调整速度，其大小主要反映了它们对当前决策与最优解决策之间差距的敏感性。动态决策系统可以描述为

$$\begin{cases} q_1(t+1) = q_1(t)+v_1(q_1^*-q_1(t)) \\ q_2(t+1) = q_2(t)+v_2(q_2^*-q_2(t)) \end{cases} \tag{7.117}$$

整体的决策系统可以描述为

$$\begin{cases} q_0(t+1) = q_0(t) + v_0 q_0(t)\dfrac{\partial \Pi_{M1\_0}(t)}{\partial q_0(t)} \\ q_1(t+1) = q_1(t) + v_1(q_1^* - q_1(t)) \\ q_2(t+1) = q_2(t) + v_2(q_2^* - q_2(t)) \end{cases} \tag{7.118}$$

7.8.2 均衡解和局部稳定性分析

博弈系统的雅可比矩阵为

$$J = \begin{pmatrix} 1 - v_0 A & 0 & 0 \\ v_1 \dfrac{b_0 b_2 k}{b_0 b_1 k - b_0 b_1 + 4} & 1 - v_1 & 0 \\ v_2 \dfrac{2b_2 k}{b_0 b_1 k - b_0 b_1 + 4} & 0 & 1 - v_2 \end{pmatrix} \tag{7.119}$$

其中

$$A = \frac{2k(2a - 2c_0 - 8q_0 - ab_0 + b_1 c_2 - 2ls + 2b_0 b_1 q_0 + b_0 ls - 2b_0 b_1 k q_0 + 4b_0 b_2 k q_0)}{b_0 b_1 k - b_0 b_1 + 4} \tag{7.120}$$

由于两阶段决策系统的雅可比矩阵对角线上方的元素全部为 0，是标准的下三角矩阵，根据下三角矩阵所具有的性质，其特征值由对角线上的元素给出，可知决策系统的雅可比矩阵的三个特征根为

$$\lambda_1 = 1 - v_0 A, \quad \lambda_2 = 1 - v_1, \quad \lambda_3 = 1 - v_2 \tag{7.121}$$

根据判定离散系统稳定性的 Jury 判据的定义，系统的稳定性可以根据离散系统闭环特征方程的系数进行判断，其稳定性取决于特征方程的特征根是否落在位于平面的单位圆内，本节根据 Jury 判据对前面求得的三个特征根进行分析，λ_2、λ_3 满足 $|\lambda_2| < 1, |\lambda_3| < 1$，说明第二阶段的决策不影响模型的稳定性，在纳什均衡点处的 λ_1 值满足:

$$\lambda_1(E^*) = 1 - v_0 \frac{2k(2a - 2c_0 - ab_0 + b_0 c_2)}{b_0 b_1 k - b_0 b_1 + 4} \tag{7.122}$$

基于本节的其他假设可知:

$$\frac{2k(2(a - c_0 - ls) + b_0(a - c_2 - ls))}{b_0 b_1 k - b_0 b_1 + 4} > 0 \tag{7.123}$$

此时，随着第一阶段中调整速度的变化，$\lambda_1(E^*)$ 的数值不断减小并最终跳出单位圆，系统失去保持稳定性的条件，导致整个系统步入倍周期阶段并最终进入

混沌状态，系统稳定性与 k 之间的关系可以表示为

$$\begin{aligned}
&\frac{dv_0\dfrac{2k(2a-2c_0+ab_0-b_0c_2-2ls-b_0ls)}{b_0b_1k-b_0b_1+4}}{dk}\\
&=\frac{2(4-b_0b_1)(2a-2c_0+ab_0-b_0c_2-2ls-b_0ls)}{(b_0b_1k-b_0b_1+4)^2}\\
&=\frac{2(4-b_0b_1)(2(a-c_0-ls)+b_0(a-c_2-ls))}{(b_0b_1k-b_0b_1+4)^2}>0
\end{aligned} \tag{7.124}$$

这意味着，随着制造商 1 的市场控制能力的提高，系统特征根减小，系统其他参数的变化空间减小，系统的稳定性得到提升。

从图 7.29 中可以看出，当 k 增加时，系统逐渐失去稳定性并且产生倍周期分岔，这与先前的假设相同。

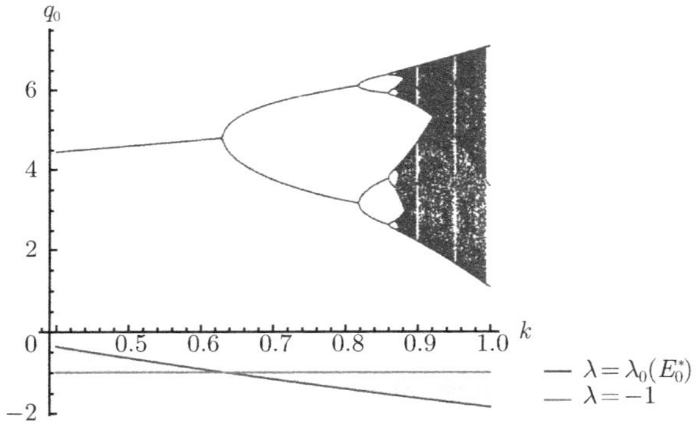

图 7.29　制造商 1 第一阶段决策变量 q_0 随 k 变化的分岔图

图 7.30 显示，系统的稳定性既受调整速度的影响，也与系统的其他参数的变

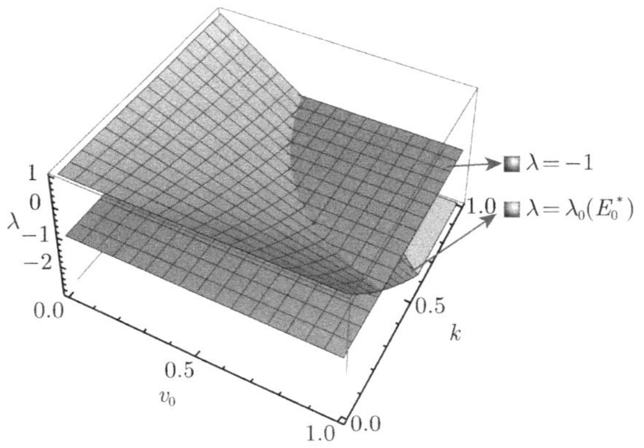

图 7.30　由 k 和 v_0 构成的系统稳定域

化密切相关。可以看出，当 k 增大时，系统允许的调整速度变化范围随之减小，系统的稳定性降低。这也说明强大的市场领导者可以显著提升市场的稳定性。

7.9 小　　结

本章主要研究了双寡头厂商在为获得最大收益而进行价格博弈的过程中，系统所表现出来的动力学性质，通过分析有限理性下的重复博弈模型的稳定性、李雅普诺夫指数、倍周期分岔图、混沌吸引子以及价格时间历程图等定量方法来描述双方价格博弈演化规律，给出了完整的结论。

结果表明，有限理性博弈方对价格的调整反应速度差异可以导致价格博弈均衡点稳定性的变化，使得博弈双方初始价格的调整对最终结果产生巨大的影响，从而使市场进入混沌状态。对于较低的调整反应速度，博弈会趋向唯一的纳什均衡，但随着调整反应速度的增加，纳什均衡点的稳定性会发生变化，将出现分岔、混沌等复杂现象。因此，价格的调整反应速度是博弈是否进入混沌状态的关键因素，而一旦进入混沌的市场，任何初始条件的细微变化都会使最终博弈结果发生巨大的变化，从而市场会出现不可预测性，这样寡头双方都无法对长期的价格决策进行预测调整。所以对于具有有限理性的寡头厂商博弈，要不断地注意厂商所处环境的变化，适时地调整自身的发展目标，使得博弈纳什均衡的稳定区域扩大，尽量避免价格竞争进入混沌的不可预测状态。通过本章分析，可对具有有限理性的寡头市场中由相互竞争而导致市场紊乱的现象作出较为合理的解释，同时企业可以通过改变自身的状态来避免市场的混乱，使得寡头市场得以有序的发展。

采用系统变量的状态反馈和参数调节的控制策略，控制双寡头垄断、市场中离散非线性动力系统的倍周期分岔和混沌吸引子中不稳定的周期轨道，并通过系统分岔图验证了混沌控制过程，可以通过这些参数的变化来实现混沌的控制，使得混沌控制有了更广泛的应用性。

总之，利用非线性博弈模型来研究复杂系统的动态博弈过程是一种有效的方法，运用混沌方法探究复杂系统有望成为对国民经济宏观调控的一种新途径，当前，这一系列的研究工作在国内外都处于初期探索阶段，需要进一步地深化研究并拓展应用领域。

第 8 章　时滞复杂系统的理论及其应用

8.1　时滞微分方程相关概念

在许多实际问题研究中，我们都需要考虑时间延迟对系统的影响，这样才能使建立的模型更贴近实际。时滞微分方程的结构更加复杂，它具有一般微分方程所不具有的很多特征，通过对时滞微分方程的研究，最终可能会发现周期解、分岔甚至混沌现象。

假设某动力系统在时刻 t 处的状态变化率 $\dot{x}(t)$ 取决于状态变量 $x(t)$ 在这个时刻的状态特性，它们之间的这种相互关系可以表示为

$$\dot{x}(t) = f(x(t)) \tag{8.1}$$

从式 (8.1) 可以看出，在该系统中，各个变量之间的相互作用都是即时的，并没有考虑延迟时间对系统的影响。然而，在大量的实际问题研究中，不考虑时间延迟是不够准确的。例如，在研究人口增长问题时，显然人要具有生育能力，就一定要经过成长的过程，假设这个过程要经过 τ 年，所以要计算 t 时刻的人口增长率 $\dot{x}(t)$，就只能考虑在 τ 年之前出生的人口的数量。根据上述分析，我们可以把方程 (8.1) 进行改进，即

$$\dot{x}(t) = f(x(t-\tau)) \tag{8.2}$$

式 (8.2) 就称为时滞微分方程，我们把式中的变量 τ 称为延迟量，也称为时滞。

对于单变量的时滞微分方程，我们可以将其看作无穷阶的自治方程，或者称为无穷多变量自治方程组，将 $x(t-\tau)$ 利用泰勒公式展开可得

$$x(t-\tau) = \sum_{n=0}^{\infty} \frac{(-\tau)^n}{n!} \frac{\mathrm{d}^n}{\mathrm{d}t^n} x(t) = \mathrm{e}^{-\tau \frac{\mathrm{d}}{\mathrm{d}t}} x(t) \tag{8.3}$$

这里无穷阶导数是存在的，所以考虑延迟变量等价于使有限维的系统演化成无限维的系统。

通常，与普通微分方程相比，时滞微分方程的解会更加复杂。对于方程

$$\dot{x} = -\frac{\pi}{2\tau} x \tag{8.4}$$

显然，此方程的解为 $x = x_0 \mathrm{e}^{-\pi t/(2\tau)}$。如果在方程 (8.4) 中考虑延迟的影响，可以将该方程变为

$$\dot{x} = -\frac{\pi}{2\tau} x(t-\tau) \tag{8.5}$$

此时，方程的解应为 $x = x_0 \cos\left(\dfrac{\pi}{2\tau} t\right)$。通过对上述两个方程解的比较可以发现，对于非时滞微分方程的解来说，时滞微分方程的解具有更多的不确定性。延迟方程的解不只由 $t=0$ 时的初始状态决定，而且由 $(-\tau, 0)$ 的初始函数决定。

考虑方程

$$\dot{p}(t) = ap(t) + bp(t-1) \tag{8.6}$$

此时，决定状态变化率 $\dot{p}(t)$ 的不仅包括状态变量 $p(t)$，而且包括具有延迟作用的状态变量 $p(t-1)$。在实际分析中，建立类似的方程，会更加贴近实际，更加合理有效。这里，假设 $p(t) = \mathrm{e}^{\lambda t}$，$\lambda = \alpha + \mathrm{i}\beta$，将其代入方程 (8.6)，可以得出相应的特征方程为

$$\lambda - a - b\mathrm{e}^{-\lambda} = 0 \tag{8.7}$$

从方程 (8.7) 可以看出，如果 $b \neq 0$，即具有延迟作用的状态变量对其状态变化率有影响，那么式 (8.7) 就存在无穷多个解。在这些解当中，只有满足 $\mathrm{Re}(\lambda) = \alpha < 0$ 时，解才是稳定的。

通常，时滞微分方程的形式为

$$\frac{\mathrm{d}y}{\mathrm{d}t} = g(t, y(t), y(t-\tau_1(t)), \cdots, y(t-\tau_m(t))), \quad \tau_i(t) \geqslant 0 \tag{8.8}$$

此时，为了分析未扰动解 $y^*(t)$ 的稳定性，我们可以通过变换 $x(t) = y(t) - y^*(t)$ 来研究方程

$$\frac{\mathrm{d}x}{\mathrm{d}t} = f(t, x(t), x(t-\tau_1(t)), \cdots, x(t-\tau_m(t))) \tag{8.9}$$

在零点处的稳定性。

对于时滞微分方程的解来说，有下列几种稳定性，具体定义如下。

如果 $\forall t_0 \in I, \forall \varepsilon > 0, \exists \delta(\varepsilon, t_0) > 0$，$\forall \xi(t) \in E_{t_0}$，当 $\|\xi(t)\| < \delta$ 时，对所有的 $t \geqslant t_0$ 都有 $\|x(t, t_0, \xi)\| < \varepsilon$ 成立，且 $\delta(\varepsilon, t_0)$ 与 t_0 无关，那么称方程 (8.9) 的平凡解是一致稳定的。

如果方程 (8.9) 的平凡解是稳定的，并且 $\exists \sigma(t_0) > 0, \forall \xi(t) \in E_{t_0}$，当 $\|\xi(t)\| < \delta$ 时，有

$$\lim_{t \to +\infty} \|x(t, t_0, \xi)\| = 0$$

我们就称方程的平凡解是渐近稳定的。

如果方程 (8.9) 的平凡解是一致稳定的，并且 $\exists\sigma>0$，$\forall\varepsilon>0,\exists T(\varepsilon)>0$，当 $t>t_1+T(\varepsilon),\|\xi(t)\|<\sigma$ 时 (其中 $t_1\geqslant t_0$ 且 $\xi(t)$ 是定义在 E_{t_1} 上的任意函数)，有 $\|x(t,t_0,\xi)\|<\varepsilon$，那么我们称方程 (8.9) 的平凡解是一致渐近稳定的。

如果方程 (8.9) 的平凡解是稳定的，对于任意的函数 $\xi(t)$ 都有

$$\lim_{t\to+\infty}\|x(t,t_0,\xi)\|=0$$

那么我们称方程的平凡解是全局渐近稳定的。

8.2　双寡头垄断情形

8.2.1　单延迟博弈模型构建及稳定性分析

假设在一个双寡头垄断的市场中，双方通过对自身产品制定不同的价格进行动态博弈，$p_i(t),i=1,2$ 分别为企业 i 制定的价格，$q_i,i=1,2$ 分别为企业 i 的产品需求量。用 d_i 表示两企业产品的替代率，用 $c_i>0,i=1,2$ 表示第 i 家企业的边际成本，用 v_i 表示第 i 家企业的价格调整速度，且 $v_i>0$。

$$\begin{cases}\pi_1(p_1,p_2)=(p_1-c_1)(a-b_1p_1+d_1p_2)\\\pi_2(p_1,p_2)=(p_2-c_2)(a-b_2p_2+d_2p_1)\end{cases}\tag{8.10}$$

其中，a 为产品的潜在最大需求量。

企业进行价格决策时，有时需要考虑 τ 时刻之前的边际利润情况，这里假设只有企业 1 采取延迟决策，且延迟为 τ。$0<w<1$ 表示决策时本期价格的权重，$1-w$ 则表示 $t-\tau$ 时刻价格的权重。

在上述假设的基础上，可以得出具有延迟的双寡头动态价格博弈模型：

$$\begin{cases}\dot{p}_1(t)=v_1p_1(a-2b_1wp_1(t)-2b_1(1-w)p_1(t-\tau)+d_1p_2(t)+b_1c_1)\\\dot{p}_2(t)=v_2p_2(a-2b_2p_2(t)+d_2wp_1(t)+d_2(1-w)p_1(t-\tau)+b_2c_2)\end{cases}\tag{8.11}$$

基于经济模型本身的意义，均衡解应为非负解。我们求得系统 (8.11) 的均衡解为

$$E_1=(0,0),\quad E_2=\left(0,\frac{a+b_2c_2}{2b_2}\right),\quad E_3=\left(\frac{a+b_1c_1}{2b_1},0\right),\quad E_4=(p_1^*,p_2^*)$$

其中

$$p_1^*=\frac{2ab_2+2b_1b_2c_1+ad_1+b_2c_2d_1}{4b_1b_2-d_1d_2},\quad p_2^*=\frac{2ab_1+2b_1b_2c_2+ad_2+b_1c_1d_2}{4b_1b_2-d_1d_2}\tag{8.12}$$

显然 E_1、E_2、E_3 为边界均衡点，而 E_4 是唯一的纳什均衡点，当 $4b_1b_2-d_1d_2>0$ 时，E_4 是非负均衡点且有经济意义。

做变换 $u_1(t)=p_1(t)-p_1^*, u_2(t)=p_2(t)-p_2^*$，则系统 (8.11) 可化为

$$\begin{cases}\dot{u}_1(t)=v_1(u_1(t)+p_1^*)(-2b_1wu_1(t)-2b_1(1-w)u_1(t-\tau)+d_1u_2(t))\\ \dot{u}_2(t)=v_2(u_2(t)+p_2^*)(-2b_2u_2(t)+d_2wu_1(t)+d_2(1-w)u_1(t-\tau))\end{cases}\tag{8.13}$$

所以，研究均衡点 E_4 的稳定性就转变为研究 (0, 0) 点的稳定性。

系统 (8.13) 在 $u=0$ 处的线性部分为

$$\begin{cases}\dot{u}_1(t)=-2b_1wv_1p_1^*u_1(t)-2b_1(1-w)v_1p_1^*u_1(t-\tau)+d_1v_1p_1^*u_2(t)\\ \dot{u}_2(t)=-2b_2v_2p_2^*u_2(t)+d_2wv_2p_2^*u_1(t)+d_2(1-w)v_2p_2^*u_1(t-\tau)\end{cases}\tag{8.14}$$

从而，可以得到系统 (8.14) 的特征方程为

$$\begin{vmatrix}\lambda+2b_1wv_1p_1^*+2b_1(1-w)v_1p_1^*\mathrm{e}^{-\lambda\tau} & -d_1v_1p_1^*\\ -d_2wv_2p_2^*-d_2(1-w)v_2p_2^*\mathrm{e}^{-\lambda\tau} & \lambda+2b_2v_2p_2^*\end{vmatrix}=0\tag{8.15}$$

即

$$\lambda^2+l_1\lambda+l_2+(l_3\lambda+l_4)\mathrm{e}^{-\lambda\tau}=0\tag{8.16}$$

其中，$l_1=2b_1wv_1p_1^*+2b_2v_2p_2^*$，$l_2=v_1v_2p_1^*p_2^*w(4b_1b_2-d_1d_2)$，$l_3=2b_1(1-w)v_1p_1^*$，$l_4=v_1v_2p_1^*p_2^*(1-w)(4b_1b_2-d_1d_2)$。

假定 $\lambda=\mathrm{i}\omega(\omega>0)$ 是方程 (8.16) 的一个根，则

$$l_2-\omega^2+l_1\omega\mathrm{i}+l_3\omega\cos(\omega\tau)\mathrm{i}-l_4\sin(\omega\tau)\mathrm{i}+l_4\cos(\omega\tau)+l_3\omega\sin(\omega\tau)=0$$

分离实部和虚部，得

$$\begin{cases}\omega^2-l_2=l_4\cos(\omega\tau)+l_3\omega\sin(\omega\tau)\\ -l_1\omega=l_3\omega\cos(\omega\tau)-l_4\sin(\omega\tau)\end{cases}\tag{8.17}$$

把方程 (8.17) 两边平方再相加，有

$$\omega^4+(l_1^2-2l_2-l_3^2)\omega^2+l_2^2-l_4^2=0\tag{8.18}$$

且有

$$\begin{aligned}l_1^2-2l_2-l_3^2&=4(b_1v_1p_1^*)^2(2w-1)+4(b_2v_2p_2^*)^2+2v_1v_2d_1d_2p_1^*p_2^*w\\ l_2^2-l_4^2&=(v_1v_2p_1^*p_2^*)^2(4b_1b_2-d_1d_2)^2(2w-1)\end{aligned}$$

所以当 $l_1^2-2l_2-l_3^2<0$，且 $\Delta=(l_1^2-2l_2-l_3^2)^2-4(l_2^2-l_4^2)=0$，或者 $l_2^2-l_4^2<0$ 时，有 $2w-1<0$，且方程 (8.18) 有唯一的正根

$$\omega_0=\sqrt{\frac{-(l_1^2-2l_2-l_3^2)+\sqrt{\Delta}}{2}} \tag{8.19}$$

也就是说特征方程 (8.16) 有唯一一对纯虚根 $\pm\mathrm{i}\omega_0$。

将 ω_0 代入方程 (8.17)，可解得

$$\tau_j=\frac{1}{\omega_0}\arccos\left(\frac{(l_4-l_1l_3)\omega_0^2-l_2l_4}{l_3^2\omega_0^2+l_4^2}\right)+\frac{2j\pi}{\omega_0},\quad j=0,1,2,\cdots \tag{8.20}$$

下面验证是否满足横截条件。

将方程 (8.16) 两边对 τ 求导，有

$$\left[\frac{\mathrm{d}\lambda}{\mathrm{d}\tau}\right]^{-1}=\frac{(2\lambda+l_1)\mathrm{e}^{\lambda\tau}}{\lambda(l_3\lambda+l_4)}+\frac{l_3}{\lambda(l_3\lambda+l_4)}-\frac{\tau}{\lambda}$$

因此

$$\begin{aligned}
\mathrm{Re}\left[\frac{\mathrm{d}\lambda}{\mathrm{d}\tau}\right]^{-1}\Bigg|_{\tau=\tau_j}&=\mathrm{Re}\left[\frac{(2\lambda+l_1)\mathrm{e}^{\lambda\tau}}{\lambda(l_3\lambda+l_4)}\right]\Bigg|_{\tau=\tau_j}+\mathrm{Re}\left[\frac{l_3}{\lambda(l_3\lambda+l_4)}\right]\Bigg|_{\tau=\tau_j}\\
&=\mathrm{Re}\left[\frac{(l_1\cos(\omega_0\tau)-2\omega_0\sin(\omega_0\tau))+\mathrm{i}(2\omega_0\cos(\omega_0\tau)+l_1\sin(\omega_0\tau))}{-l_3\omega_0^2+\mathrm{i}l_4\omega_0}\right]\\
&\quad+\mathrm{Re}\left[\frac{l_3}{-l_3\omega_0^2+\mathrm{i}l_4\omega_0}\right]\\
&=\frac{1}{A}(-l_1\omega_0\left(l_3\omega_0\cos(\omega_0\tau)-l_4\sin(\omega_0\tau)\right)\\
&\quad+2\omega_0^2\left(l_4\cos(\omega_0\tau)+l_3\omega_0\sin(\omega_0\tau)\right)-l_3^2\omega_0^2)\\
&=\frac{\omega_0^2}{A}\left(2\omega_0^2+(l_1^2-2l_2-l_3^2)\right)\\
&=\frac{\omega_0^2}{A}\sqrt{\Delta}
\end{aligned}$$

其中，$A=l_3^2\omega_0^4+l_4^2\omega_0^2$。

由以上分析可知，如果 $\Delta\neq 0$，那么有

$$\mathrm{Re}\left[\frac{\mathrm{d}\lambda}{\mathrm{d}\tau}\right]^{-1}\Bigg|_{\tau=\tau_j}=\frac{\omega_0^2}{A}\sqrt{\Delta}>0$$

从而满足横截条件。因此可以得出，系统 (8.11) 在平衡点 E_4 处发生 Hopf 分岔。

当 $\tau = 0$ 时，方程 (8.16) 变为

$$\lambda^2 + (l_1 + l_3)\lambda + l_2 + l_4 = 0 \tag{8.21}$$

由于 $l_1, l_2, l_3, l_4 > 0$，所以此方程的两个根都具有负实部，从而当 $\tau = 0$ 时，平衡点 E_4 是局部渐近稳定的。如果特征方程 (8.16) 的根具有零实部，那么使其成立的最小的 $\tau_j (j = 0, 1, 2, \cdots)$ 即为 τ_0。所以当 $\tau \in [0, \tau_0)$ 时，平衡点 E_4 是局部渐近稳定的；当 $\tau > \tau_0$ 时，平衡点 E_4 是不稳定的。

8.2.2 单延迟博弈模型数值仿真

下面对系统进行数值模拟与分析，从而更直观地反映系统的动态行为。参数取值如下：$a = 5, b_1 = 4.5$，$b_2 = 5$，$d_1 = 0.7$，$d_2 = 0.6$，$w = 0.45$。两个寡头企业的边际成本为 $c_1 = 0.002$，$c_2 = 0.001$，两个寡头企业自身产品的价格初值分别为 $p_1(0) = 0.3$，$p_2(0) = 0.4$，价格调整速度分别为 $v_1 = 0.5$，$v_2 = 0.5$。根据式 (8.20) 计算可得 $\tau_0 = 2.4994$。时滞参数 τ 依次取 2、3 来研究在 τ 增加的过程中系统的变化情况。对系统 (8.11) 的数值仿真如图 8.1 所示。

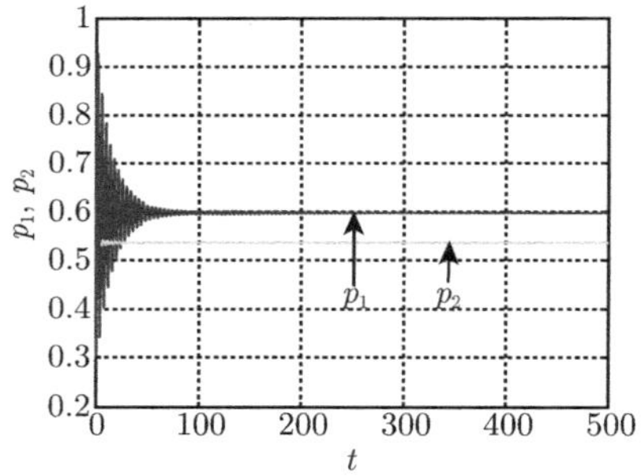

(a) $\tau = 2$

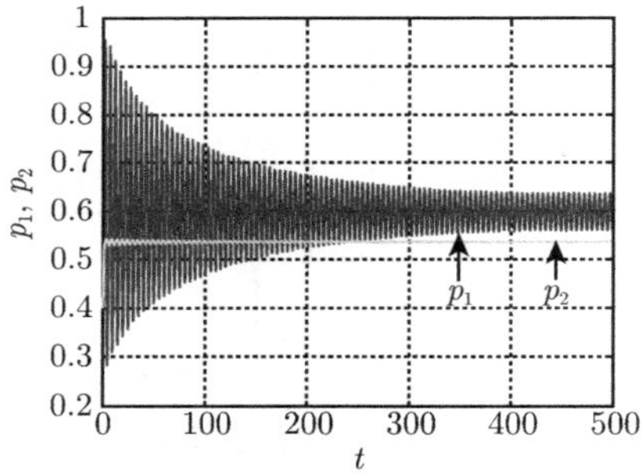

(b) $\tau = 2.5$

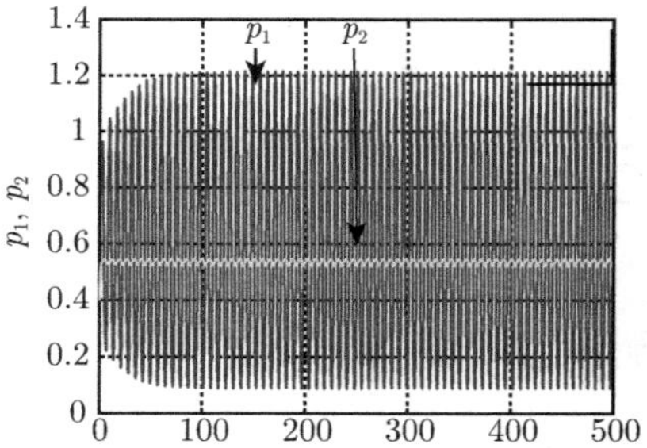

(c) $\tau = 3$

图 8.1　系统的时间序列图 (一)

从图 8.1 中可以看出，当 $\tau < \tau_0$ 时，系统最终会达到一个稳定的状态；当

$\tau > \tau_0$ 时，系统处于不稳定状态，且系统运动的幅度较大。在不稳定的系统中，企业难以掌握市场情况，要想使系统尽快返回稳定状态，必须尽量减小时滞参数的取值。企业虽然会综合考虑过去一段时期的边际利润情况，但并不意味着所考虑的这段时期越长越好。因为 τ 越大，系统到达稳定状态所需的时间就越长，不利于两企业的发展，可见，选择一个合适的值是至关重要的。

8.2.3　双延迟博弈模型构建及稳定性分析

如果此时两家寡头企业都采取延迟策略，但是博弈双方考虑的时间延迟不同，分别为 τ 和 τ'，w 和 w' 表示两家寡头企业进行决策时，本期价格的权重，$1-w$ 和 $1-w'$ 则表示 $t-\tau$ 时刻和 $t-\tau'$ 时刻价格的权重。所以决策的动态过程变为

$$\dot{p}_i(t) = v_i p_i \frac{\partial \pi_i(p_1^d, p_2^d)}{\partial p_i}, \quad i = 1, 2 \tag{8.22}$$

其中，$p_1^d = wp_1(t) + (1-w)p_1(t-\tau)$，$p_2^d = w'p_2(t) + (1-w')p_2(t-\tau')$。

最终的动力系统模型为下面的微分方程组：

$$\begin{cases} \dot{p}_1(t) = v_1 p_1(a - 2b_1 w p_1(t) - 2b_1(1-w)p_1(t-\tau) \\ \qquad\qquad + d_1 w' p_2(t) + d_1(1-w')p_2(t-\tau') + b_1 c_1) \\ \dot{p}_2(t) = v_2 p_2(a - 2b_2 w' p_2(t) - 2b_2(1-w')p_2(t-\tau') \\ \qquad\qquad + d_2 w p_1(t) + d_2(1-w)p_1(t-\tau) + b_2 c_2) \end{cases} \tag{8.23}$$

由于企业在进行价格决策时，可能无法立即获得价格信息，所以只能根据 τ 时刻之前的价格来进行决策，故令 $w = w' = 0$，对系统进行简化可得

$$\begin{cases} \dot{p}_1(t) = v_1 p_1(a - 2b_1 p_1(t-\tau) + d_1 p_2(t-\tau') + b_1 c_1) \\ \dot{p}_2(t) = v_2 p_2(a - 2b_2 p_2(t-\tau') + d_2 p_1(t-\tau) + b_2 c_2) \end{cases} \tag{8.24}$$

此时，系统 (8.24) 的均衡点与系统 (8.11) 的均衡点相同，即 E_1、E_2、E_3 和 E_4，且 E_4 是唯一的纳什均衡点。

做变换 $u_1(t) = p_1(t) - p_1^*, u_2(t) = p_2(t) - p_2^*$，则系统 (8.24) 可化为

$$\begin{cases} \dot{u}_1(t) = v_1(u_1(t) + p_1^*)(-2b_1 u_1(t-\tau) + d_1 u_2(t-\tau')) \\ \dot{u}_2(t) = v_2(u_2(t) + p_2^*)(-2b_2 u_2(t-\tau') + d_2 u_1(t-\tau)) \end{cases} \tag{8.25}$$

所以，此时研究均衡点 E_4 的稳定性就转变为研究 $(0,0)$ 点的稳定性。

系统 (8.25) 在 $u = 0$ 处的线性部分为

$$\begin{cases} \dot{u}_1(t) = -2b_1 v_1 p_1^* u_1(t-\tau) + d_1 v_1 p_1^* u_2(t-\tau') \\ \dot{u}_2(t) = -2b_2 v_2 p_2^* u_2(t-\tau') + d_2 v_2 p_2^* u_1(t-\tau) \end{cases} \tag{8.26}$$

系统 (8.26) 的特征方程可表示为

$$\begin{vmatrix} \lambda + 2b_1 v_1 p_1^* \mathrm{e}^{-\lambda\tau} & -d_1 v_1 p_1^* \mathrm{e}^{-\lambda\tau'} \\ -d_2 v_2 p_2^* \mathrm{e}^{-\lambda\tau'} & \lambda + 2b_2 v_2 p_2^* \mathrm{e}^{-\lambda\tau} \end{vmatrix} = 0 \tag{8.27}$$

即

$$\lambda^2 + 2b_1 v_1 p_1^* \lambda \mathrm{e}^{-\lambda\tau} + 2b_2 v_2 p_2^* \lambda \mathrm{e}^{-\lambda\tau'} + (4b_1 b_2 - d_1 d_2) v_1 v_2 p_1^* p_2^* \mathrm{e}^{-\lambda(\tau+\tau')} = 0$$

为了研究方便，这里只研究 $\tau' = \tau$ 的情形。此时特征方程变为

$$\lambda^2 + m_1 \lambda \mathrm{e}^{-\lambda\tau} + m_2 \mathrm{e}^{-2\lambda\tau} = 0 \tag{8.28}$$

其中，$m_1 = 2(b_1 v_1 p_1^* + b_2 v_2 p_2^*)$，$m_2 = (4b_1 b_2 - d_1 d_2) v_1 v_2 p_1^* p_2^*$。

当 $\tau = 0$ 时，方程 (8.28) 变为

$$\lambda^2 + m_1 \lambda + m_2 = 0 \tag{8.29}$$

此时，方程总是有两个具有负实部的根，从而当 $\tau = 0$ 时，平衡点 E_4 是局部渐近稳定的。

当 $\tau > 0$ 时，如果 $\lambda = \mathrm{i}\omega(\omega > 0)$ 是方程 (8.28) 的一个根，则

$$-\omega^2 + m_1 \omega \cos(\omega\tau)\mathrm{i} + m_1 \omega \sin(\omega\tau) + m_2 \cos(2\omega\tau) - m_2 \sin(2\omega\tau)\mathrm{i} = 0$$

分离实部和虚部，得

$$\begin{cases} m_1 \omega \sin(\omega\tau) + m_2 \cos(2\omega\tau) = \omega^2 \\ m_1 \omega \cos(\omega\tau) - m_2 \sin(2\omega\tau) = 0 \end{cases} \tag{8.30}$$

根据方程 (8.30) 可计算得到

$$\begin{cases} (m_2 - \omega^2) \cos(\omega\tau) = 0 \\ (m_2 + \omega^2) \sin(\omega\tau) = m_1 \omega \end{cases} \tag{8.31}$$

当 $\cos(\omega\tau) = 0$ 时，有 $\sin(\omega\tau) = 1$，则

$$\omega^2 - m_1 \omega + m_2 = 0$$

从而 $\omega_{1,2} = \dfrac{m_1 \pm \sqrt{m_1^2 - 4m_2}}{2}$，$\tau_{1,j} = \dfrac{1}{\omega_{1,2}}\left(\dfrac{\pi}{2} + 2j\pi\right), j = 0, 1, 2, \cdots$。

当 $m_2 - \omega^2 = 0$ 时，有 $\omega_3 = \sqrt{m_2}$，且

$$\tau_{2,j} = \frac{1}{\omega_3} \arccos\left(\pm \frac{\sqrt{4m_2 - m_1^2}}{2\sqrt{m_2}}\right) + \frac{2j\pi}{\omega_3}, \quad j = 0, 1, 2, \cdots$$

8.2.4　双延迟博弈模型数值仿真

当两家寡头企业都引入延迟变量时，价格调整速度分别为 $v_1 = 0.2$，$v_2 = 0.2$。根据延迟参数的变化，对系统进行数值模拟，如图 8.2 所示。

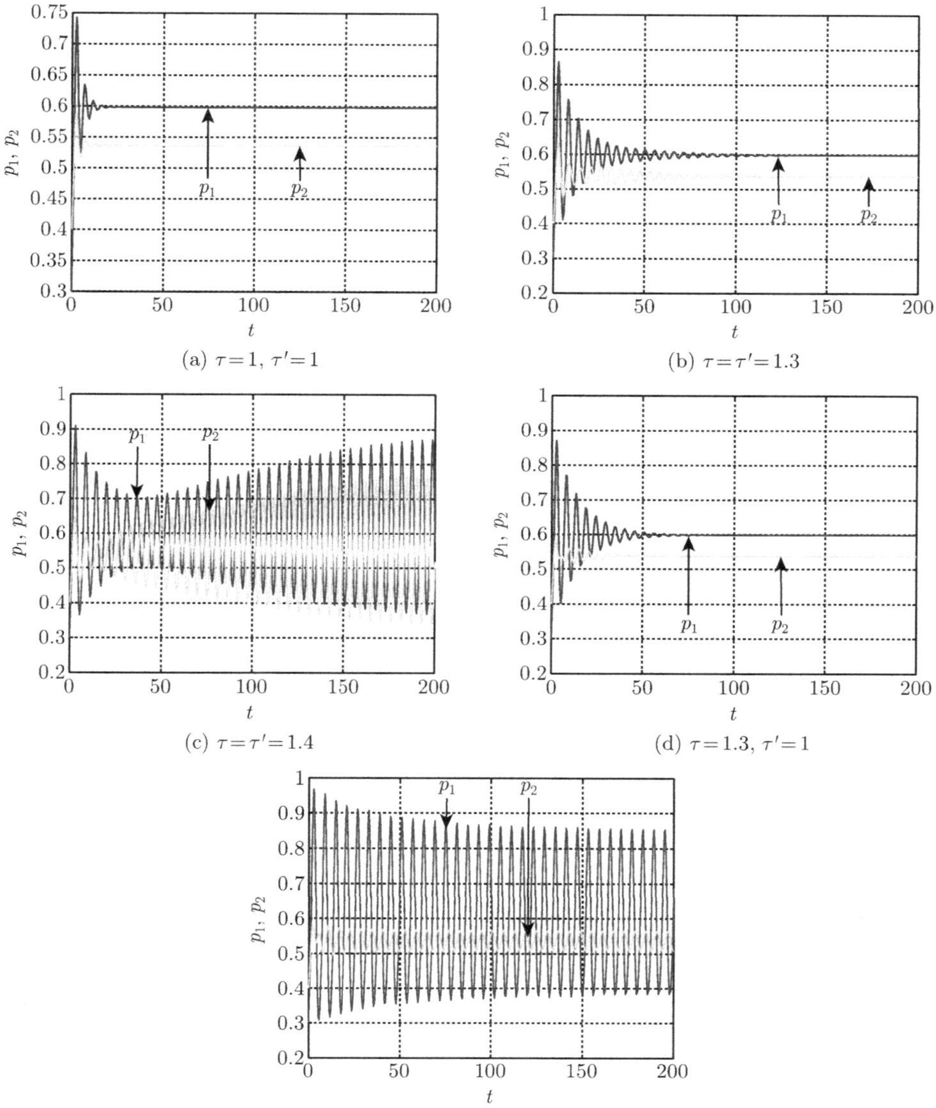

(a) $\tau=1, \tau'=1$

(b) $\tau=\tau'=1.3$

(c) $\tau=\tau'=1.4$

(d) $\tau=1.3, \tau'=1$

(e) $\tau=1.5, \tau'=1$

图 8.2　系统的时间序列图 (二)

从图 8.2 可以看出，对于两家企业来说，随着延迟参数的增大，系统到达平衡点所需要的时间越来越长，最后系统会变得不稳定。此外，如果博弈一方的延迟参数值过大，也会使系统变得不稳定，对市场的负面影响将是巨大的。因此，两家企业都必须尽快获得最新的价格信息，从而作出合理的价格决策，避免市场出现混乱。

本节建立了双寡头垄断的动态价格博弈模型，考虑了两寡头均未采取延迟策略、一方采取延迟策略和双方采取延迟策略三种情况。通过对时滞微分方程的理论分析，我们对该类型的方程有了更深的理解。

8.3　三寡头垄断情形

8.3.1　三寡头博弈模型构建及稳定性分析

在一个三寡头垄断的市场中，三家寡头企业之间进行动态价格博弈。如果 $p_i(t)(i=1,2,3)$ 表示企业 i 的产品销售价格，$q_i(i=1,2,3)$ 表示各寡头企业的产品需求量，那么各寡头企业的逆需求函数为

$$\begin{cases} q_1 = a - b_1p_1 + g_1p_2 + h_1p_3 \\ q_2 = a - b_2p_2 + g_2p_3 + h_2p_1 \\ q_3 = a - b_3p_3 + g_3p_1 + h_3p_2 \end{cases} \tag{8.32}$$

其中，$a, b_i, g_i, h_i > 0, i = 1,2,3$，$g_i, h_i$ 表示两家寡头企业相互之间的产品替代率。如果各寡头企业无固定成本，$c_i > 0(i=1,2,3)$ 为第 i 家寡头企业的边际成本，那么可以假定三家寡头企业的成本函数为线性形式：

$$C_i(q_i) = c_iq_i, \quad i = 1,2,3 \tag{8.33}$$

因此，寡头企业的利润函数可表示为

$$\pi_i(p_1,p_2,p_3) = p_iq_i - c_iq_i, \quad i = 1,2,3 \tag{8.34}$$

将式 (8.32) 代入式 (8.34)，得

$$\begin{cases} \pi_1(p_1,p_2,p_3) = (p_1 - c_1)(a - b_1p_1 + g_1p_2 + h_1p_3) \\ \pi_2(p_1,p_2,p_3) = (p_2 - c_2)(a - b_2p_2 + g_2p_3 + h_2p_1) \\ \pi_3(p_1,p_2,p_3) = (p_3 - c_3)(a - b_3p_3 + g_3p_1 + h_3p_2) \end{cases} \tag{8.35}$$

根据式 (8.35)，求得三寡头的边际利润为

$$
\begin{cases}
\dfrac{\partial \pi_1(p_1,p_2,p_3)}{\partial p_1}=a-2b_1p_1+g_1p_2+h_1p_3+b_1c_1\\
\dfrac{\partial \pi_2(p_1,p_2,p_3)}{\partial p_2}=a-2b_2p_2+g_2p_3+h_2p_1+b_2c_2\\
\dfrac{\partial \pi_3(p_1,p_2,p_3)}{\partial p_3}=a-2b_3p_3+g_3p_1+h_3p_2+b_3c_3
\end{cases}
\tag{8.36}
$$

这里假定第一个寡头采取自适应决策，根据 $\dfrac{\partial \pi_1(p_1,p_2,p_3)}{\partial p_1}=0$ 计算出的价格 $\dfrac{1}{2b_1}(a+g_1p_2+h_1p_3+b_1c_1)$ 与所考虑的 τ 时刻之前的价格 $p_1(t-\tau_1)$ 两者之间的差进行价格博弈。当两者之差大于零时，适当地提高价格；反之，降低价格。如果 $\alpha_i(p_i)(i=1,2,3)$ 表示第 i 家企业的产品价格调整程度，那么第一个寡头的价格调整的动态过程为

$$
\dot{p}_1(t)=\alpha_1(p_1)\left(\frac{1}{2b_1}(a+g_1p_2+h_1p_3+b_1c_1)-p_1(t-\tau_1)\right)
\tag{8.37}
$$

在只考虑有限理性的基础上，其余两个寡头的价格调整的动态过程为

$$
\dot{p}_i(t)=\alpha_i(p_i)\frac{\partial \pi_i(p_1,p_2,p_3)}{\partial p_i},\quad i=2,3
\tag{8.38}
$$

由于寡头企业都是有限理性的经济主体，在作价格决策时，通常在考虑本期边际利润的基础上，还要考虑 τ_2 时刻之前的边际利润情况，使得最后的决策结果更贴近于实际。基于上述假设，企业 2 在有限理性决策的基础上考虑延迟的影响，且延迟为 τ_2，企业 3 则不考虑延迟的影响。从而有

$$
p_2^d=wp_2(t)+(1-w)p_2(t-\tau_2)
\tag{8.39}
$$

其中，$0<w<1$ 表示决策时本期价格的权重，$1-w$ 则表示 $t-\tau_2$ 时刻价格的权重。

假设 $\alpha_i(p_i)(i=1,2,3)$ 仍然是线性形式的，即

$$
\alpha_i(p_i)=v_ip_i,\quad i=1,2,3
\tag{8.40}
$$

其中，v_i 为一个正数，表示第 i 家企业的价格调整速度。为了分析方便，这里假定 $\tau_1=\tau_2=\tau$。

因此，综合上述分析可以得出最终的寡头价格决策博弈模型，即下面的微分方程组：

$$\begin{cases}\dot{p}_1(t)=v_1p_1((a+g_1wp_2(t)+g_1(1-w)p_2(t-\tau)\\ \qquad +h_1p_3(t)+b_1c_1)/(2b_1)-p_1(t-\tau))\\ \dot{p}_2(t)=v_2p_2\left(a-2b_2wp_2(t)-2b_2(1-w)p_2(t-\tau)+g_2p_3(t)+h_2p_1(t)+b_2c_2\right)\\ \dot{p}_3(t)=v_3p_3\left(a-2b_3p_3(t)+g_3p_1(t)+h_3wp_2(t)+h_3(1-w)p_2(t-\tau)+b_3c_3\right)\end{cases}\tag{8.41}$$

当市场中三个寡头的价格竞争达到均衡状态时，应当有 $\dot{p}_1=0$，$\dot{p}_2=0$ 且 $\dot{p}_3=0$。此时，三家企业的产品价格都达到了一个稳定的状态，将不再变化。由于该经济模型要有实际意义，所以其均衡解必须是非负的。对系统 (8.41) 进行求解可以得到 8 个均衡点：

$$\begin{aligned}&E_1=(0,0,0)\,,E_2=\left(\frac{a+b_1c_1}{2b_1},0,0\right),E_3=\left(0,\frac{a+b_2c_2}{2b_2},0\right),E_4=\left(0,0,\frac{a+b_3c_3}{2b_3}\right)\\ &E_5=\left(\frac{2ab_2+2b_1b_2c_1+ag_1+b_2c_2g_1}{4b_1b_2-g_1h_2},\frac{2ab_1+2b_1b_2c_2+ah_2+b_1c_1h_2}{4b_1b_2-g_1h_2},0\right)\\ &E_6=\left(\frac{2ab_3+2b_1b_3c_1+ah_1+b_3c_3h_1}{4b_1b_3-g_3h_1},0,\frac{2ab_1+2b_1b_2c_3+ag_3+b_1c_1g_3}{4b_1b_3-g_3h_1}\right)\\ &E_7=\left(0,\frac{2ab_3+2b_2b_3c_2+ag_2+b_3c_3g_2}{4b_2b_3-g_2h_3},\frac{2ab_2+2b_2b_3c_3+ah_3+b_2c_2h_3}{4b_2b_3-g_2h_3}\right)\\ &E_8=(p_1^*,p_2^*,p_3^*)\end{aligned}$$

其中

$$p_1^*=\frac{s_1+s_2}{s_7-s_8},\quad p_2^*=\frac{s_3+s_4}{s_7-s_8},\quad p_3^*=\frac{s_5+s_6}{s_7-s_8}$$

$$\begin{aligned}s_1&=4ab_2b_3+2ab_3g_1+2ab_2h_1+ag_1g_2-ag_2h_3+ah_1h_3\\ s_2&=4b_1b_2b_3c_1+2b_2b_3c_2g_1+2b_2b_3c_3h_1+b_3c_3g_1g_2-b_1c_1g_2h_3+b_2c_2h_1h_3\\ s_3&=4ab_1b_3+2ab_1g_2+2ab_3h_2+ag_2g_3-ag_3h_1+ah_1h_2\\ s_4&=4b_1b_2b_3c_2+2b_1b_3c_3g_2+2b_1b_3c_1h_2+b_1c_1g_2g_3-b_2c_2g_3h_1+b_3c_3h_1h_2\\ s_5&=4ab_1b_2+2ab_2g_3+2ab_1h_3+ag_1g_3-ag_1h_2+ah_2h_3\\ s_6&=4b_1b_2b_3c_3+2b_1b_2c_1g_3+2b_1b_2c_2h_3+b_2c_2g_1g_3-b_3c_3g_1h_2+b_1c_1h_2h_3\\ s_7&=8b_1b_2b_3-g_1g_2g_3-h_1h_2h_3\\ s_8&=2b_1g_2h_3+2b_2g_3h_1+2b_3g_1h_2\end{aligned}$$

显然，E_1、E_2、E_3、E_4、E_5、E_6、E_7 是系统的边界均衡点，E_8 则是系统 (8.41) 唯一的纳什均衡点。对于均衡状态 E_1，它表示三家企业最终的价格都为零，都将面临倒闭的风险。均衡状态 E_2、E_3、E_4，则表示只有一家企业在竞争中存活，其价格达到了只有其自身存在时的最优状态，其余两家企业的价格为零，都将面临倒闭的风险。对于均衡状态 E_5、E_6、E_7，则表示有两家企业可以经受住竞争的考验而存活，只有一家企业的价格为零。均衡状态 E_8 是指三个寡头通过竞争而达到的稳定状态，只有这个状态是博弈参与者希望的，因为在这个均衡下各企业都可以获得一定的市场份额，而不会退出市场竞争。

下面主要研究正均衡点 E_8 附近，在相关参数的作用下，系统的动态行为会有什么样的影响。

做变换 $u_1(t) = p_1(t) - p_1^*, u_2(t) = p_2(t) - p_2^*, u_3(t) = p_3(t) - p_3^*$，从而系统 (8.41) 可以表示为

$$\begin{aligned}
\dot{u}_1(t) &= v_1(u_1(t) + p_1^*)\left(-u_1(t-\tau) + \frac{g_1 w u_2(t)}{2b_1} + \frac{g_1(1-w)u_2(t-\tau)}{2b_1} + \frac{h_1 u_3(t)}{2b_1}\right) \\
\dot{u}_2(t) &= v_2(u_2(t) + p_2^*)\left(h_2 u_1(t) - 2b_2 w u_2(t) - 2b_2(1-w)u_2(t-\tau) + g_2 u_3(t)\right) \\
\dot{u}_3(t) &= v_3(u_3(t) + p_3^*)\left(g_3 u_1(t) + h_3 w u_2(t) + h_3(1-w)u_2(t-\tau) - 2b_3 u_3(t)\right)
\end{aligned} \tag{8.42}$$

所以，研究均衡点 E_8 的稳定性就转变为研究点 $(0,0,0)$ 的稳定性。

系统 (8.42) 在 $u=0$ 处的线性部分为

$$\begin{aligned}
\dot{u}_1(t) &= -v_1 p_1^* u_1(t-\tau) + \frac{g_1 w v_1 p_1^* u_2(t)}{2b_1} + \frac{g_1(1-w)v_1 p_1^* u_2(t-\tau)}{2b_1} + \frac{h_1 v_1 p_1^* u_3(t)}{2b_1} \\
\dot{u}_2(t) &= h_2 v_2 p_2^* u_1(t) - 2b_2 w v_2 p_2^* u_2(t) - 2b_2(1-w)v_2 p_2^* u_2(t-\tau) + g_2 v_2 p_2^* u_3(t) \\
\dot{u}_3(t) &= g_3 v_3 p_3^* u_1(t) + h_3 w v_3 p_3^* u_2(t) + h_3(1-w)v_3 p_3^* u_2(t-\tau) - 2b_3 v_3 p_3^* u_3(t)
\end{aligned} \tag{8.43}$$

系统 (8.43) 的特征方程为

$$\begin{vmatrix}
\lambda + v_1 p_1^* \mathrm{e}^{-\lambda\tau} & -g_1 w v_1 p_1^*/(2b_1) - g_1(1-w)v_1 p_1^* \mathrm{e}^{-\lambda\tau}/(2b_1) & -h_1 v_1 p_1^*/(2b_1) \\
-h_2 v_2 p_2^* & \lambda + 2b_2 w v_2 p_2^* + 2b_2(1-w)v_2 p_2^* \mathrm{e}^{-\lambda\tau} & -g_2 v_2 p_2^* \\
-g_3 v_3 p_3^* & -h_3 w v_3 p_3^* - h_3(1-w)v_3 p_3^* \mathrm{e}^{-\lambda\tau} & \lambda + 2b_3 v_3 p_3^*
\end{vmatrix} = 0 \tag{8.44}$$

将式 (8.44) 化简，有

$$\lambda^3 + k_1\lambda^2 + k_2\lambda + k_3 + (k_4\lambda^2 + k_5\lambda + k_6)\mathrm{e}^{-\lambda\tau} + (k_7\lambda + k_8)\mathrm{e}^{-2\lambda\tau} = 0 \tag{8.45}$$

其中

$$k_1 = 2\left(w b_2 v_2 p_2^* + b_3 v_3 p_3^*\right)$$

$$
\begin{aligned}
k_2 &= wv_2v_3p_2^*p_3^*\,(4b_2b_3+g_2h_3) - v_1p_1^*\,(wg_1h_2v_2p_2^* + g_3h_1v_3p_3^*)/(2b_1)\\
k_3 &= -(wv_1v_2v_3p_1^*p_2^*p_3^*\,(g_1g_2g_3+h_1h_2h_3+2b_2g_3h_1+2b_3g_1h_2))/(2b_1)\\
k_4 &= 2(1-w)b_2v_2p_2^* + v_1p_1^*\\
k_5 &= (1-w)v_2v_3p_2^*p_3^*(4b_2b_3+g_2h_3)\\
&\quad + 2v_1p_1^*\,(wb_2v_2p_2^* + b_3v_3p_3^*) - (1-w)g_1h_2v_1v_2p_1^*p_2^*/(2b_1)\\
k_6 &= wv_1v_2v_3p_1^*p_2^*p_3^*\,(4b_2b_3+g_2h_3)\\
&\quad - (1-w)v_1v_2v_3p_1^*p_2^*p_3^*(g_1g_2g_3+h_1h_2h_3+2b_3g_1h_2+2b_2g_3h_1)/(2b_1)\\
k_7 &= 2(1-w)b_2v_1v_2p_1^*p_2^*\\
k_8 &= (1-w)v_1v_2v_3p_1^*p_2^*p_3^*(4b_2b_3+g_2h_3)
\end{aligned}
$$

当 $\tau=0$ 时，方程 (8.45) 变为

$$
\lambda^3 + l_1\lambda^2 + l_2\lambda + l_3 = 0 \tag{8.46}
$$

其中，$l_1=k_1+k_4$，$l_2=k_2+k_5+k_7$，$l_3=k_3+k_6+k_8$。

根据 Routh-Hurwitz 判据，当且仅当 $l_i>0$ 且 $l_1l_2-l_3>0$ 时，方程 (8.46) 的每一个根都有负实部，系统在均衡点 E_8 处是局部渐近稳定的。

当 $\tau>0$ 时，在方程 (8.45) 的两端都乘以 $\mathrm{e}^{\lambda\tau}$，有

$$
(\lambda^3+k_1\lambda^2+k_2\lambda+k_3)\mathrm{e}^{\lambda\tau} + (k_4\lambda^2+k_5\lambda+k_6) + (k_7\lambda+k_8)\mathrm{e}^{-\lambda\tau} = 0 \tag{8.47}
$$

假设 $\lambda=\mathrm{i}\omega$ 是方程 (8.47) 的一个根，把它代入方程 (8.47) 并分离其实部和虚部，有

$$
\begin{cases}
(k_3+k_8-k_1\omega^2)\cos(\omega\tau) - \omega(k_2-k_7-\omega^2)\sin(\omega\tau) = k_4\omega^2 - k_6\\
(k_3-k_8-k_1\omega^2)\sin(\omega\tau) + \omega(k_2+k_7-\omega^2)\cos(\omega\tau) = -k_5\omega
\end{cases} \tag{8.48}
$$

根据方程 (8.48)，可以解得

$$
\begin{cases}
\sin(\omega\tau) = \dfrac{m_1\omega^5+m_2\omega^3+m_3\omega}{\omega^6+m_7\omega^4+m_8\omega^2+m_9}\\[2ex]
\cos(\omega\tau) = \dfrac{m_4\omega^4+m_5\omega^2+m_6}{\omega^6+m_7\omega^4+m_8\omega^2+m_9}
\end{cases} \tag{8.49}
$$

其中，$m_1=k_4$，$m_2=k_1k_5-k_2k_4-k_4k_7-k_6$，$m_3=k_2k_6+k_6k_7-k_3k_5-k_5k_8$，$m_4=k_5-k_1k_4$，$m_5=k_1k_6+k_3k_4+k_5k_7-k_2k_5-k_4k_8$，$m_6=k_6k_8-k_3k_6$，$m_7=k_1^2-2k_2$，$m_8=k_2^2-k_7^2-2k_1k_3$，$m_9=k_3^2-k_8^2$。

由于 $\sin^2(\omega\tau)+\cos^2(\omega\tau)=1$，结合方程 (8.49)，有

$$\omega^{12}+n_1\omega^{10}+n_2\omega^8+n_3\omega^6+n_4\omega^4+n_5\omega^2+n_6=0 \tag{8.50}$$

其中，$n_1=2m_7-m_1^2$，$n_2=m_7^2-m_4^2+2m_8-2m_1m_2$，$n_3=2m_7m_8+2m_9-m_2^2-2m_1m_3-2m_4m_5$，$n_4=m_8^2-m_5^2+2m_7m_9-2m_2m_3-2m_4m_6$，$n_5=2m_8m_9-2m_5m_6-m_3^2$，$n_6=m_9^2-m_6^2$。

记 $s=\omega^2$，方程 (8.50) 变为

$$s^6+n_1s^5+n_2s^4+n_3s^3+n_4s^2+n_5s+n_6=0 \tag{8.51}$$

假设方程 (8.51) 有 6 个正根 $s_k(k=1,2,\cdots,6)$，那么方程 (8.50) 就有 6 个正根 $\omega_k=\sqrt{s_k}$，$k=1,2,\cdots,6$，将其代入方程 (8.49)，有

$$\tau_k^j=\frac{1}{\omega_k}\arccos\left(\frac{m_4\omega_k^4+m_5\omega_k^2+m_6}{\omega_k^6+m_7\omega_k^4+m_8\omega_k^2+m_9}\right)+\frac{2j\pi}{\omega_k},\quad k=1,2,\cdots,6,\quad j=0,1,2,\cdots \tag{8.52}$$

令 $\tau_0=\min(\tau_k^j)$。

将方程 (8.47) 的两端同时对 τ 求导，有

$$\left[\frac{\mathrm{d}\lambda(\tau)}{\mathrm{d}\tau}\right]^{-1}=\frac{(3\lambda^2+2k_1\lambda+k_2)\mathrm{e}^{\lambda\tau}+2k_4\lambda+k_7\mathrm{e}^{-\lambda\tau}+k_5}{k_4\lambda^3+k_5\lambda^2+k_6\lambda+2\lambda(k_7\lambda+k_8)\mathrm{e}^{-\lambda\tau}}-\frac{\tau}{\lambda} \tag{8.53}$$

将 $\lambda=\mathrm{i}\omega_0$ 代入方程 (8.53)，有

$$\mathrm{Re}\left[\frac{\mathrm{d}\lambda(\tau)}{\mathrm{d}\tau}\right]^{-1}\Bigg|_{\tau=\tau_0}=\frac{r_1r_3-r_2r_4}{r_3^2+r_4^2}$$

其中

$$r_1=(-3\omega_0^2+k_2+k_7)\cos(\omega_0\tau_0)-2\omega_0k_1\sin(\omega_0\tau_0)+k_5$$
$$r_2=(-3\omega_0^2+k_2-k_7)\sin(\omega_0\tau_0)+2\omega_0k_1\cos(\omega_0\tau_0)+2k_4\omega_0$$
$$r_3=-k_5\omega_0^2+2\omega_0(k_7\omega_0+k_8)\sin(\omega_0\tau_0)$$
$$r_4=-k_4\omega_0^3+k_6\omega_0+2\omega_0k_8\cos(\omega_0\tau_0)$$

因此，我们可以计算出

$$\mathrm{sign}\left[\mathrm{Re}\left[\frac{\mathrm{d}\lambda(\tau)}{\mathrm{d}\tau}\right]\Bigg|_{\tau=\tau_0}\right]=\mathrm{sign}\left[\mathrm{Re}\left[\frac{\mathrm{d}\lambda(\tau)}{\mathrm{d}\tau}\right]^{-1}\Bigg|_{\tau=\tau_0}\right]\neq 0$$

基于上述的理论分析，我们可以得出下列结论：当 $\tau\in[0,\tau_0)$ 时，系统 (8.41) 在均衡点处是渐近稳定的；当 $\tau=\tau_0$ 时，系统在均衡点处发生 Hopf 分岔。

8.3.2　三寡头博弈模型数值仿真

下面对系统进行数值模拟与分析，从而更直观地反映系统的动态行为。在上述的动态博弈模型中，参数取值如下：$a=5$，$b_1=3.8$，$b_2=3.5$，$b_3=3.1$，$g_1=0.4$，$g_2=0.5$，$g_3=0.6$，$h_1=0.45$，$h_2=0.55$，$h_3=0.65$，三家寡头企业的边际成本为 $c_1=0.0016$，$c_2=0.0014$，$c_3=0.0012$。三家寡头企业自身产品的价格初值分别为 $p_1(0)=0.5$，$p_2(0)=0.4$，$p_3(0)=0.3$，价格调整速度分别为 $v_1=0.5$，$v_2=0.5$，$v_3=0.5$，价格权重 $w=0.45$。经计算可得 $\tau_0=2.6863$。依次取 $\tau=2.1, 2.8$，模拟结果如图 8.3 所示。

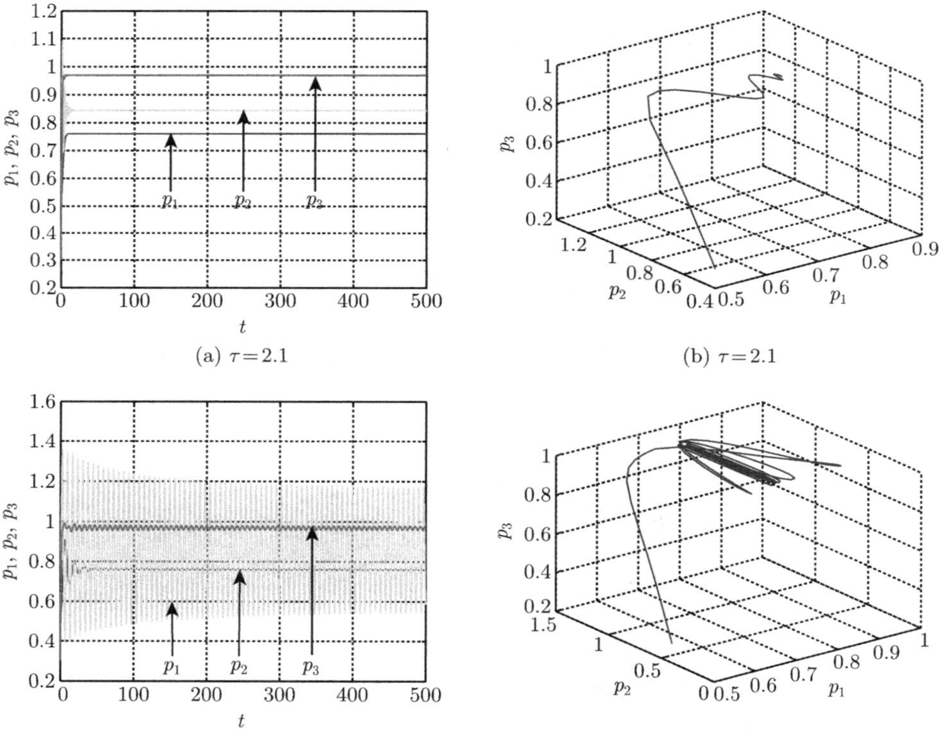

(a) $\tau=2.1$　(b) $\tau=2.1$

(c) $\tau=2.8$　(d) $\tau=2.8$

图 8.3　系统的时间序列图系统的吸引子

从图 8.3 可以看出，当 $\tau<\tau_0$ 时，系统先有一段波动，最终将会稳定到平衡状态；$\tau>\tau_0$ 时，系统将会产生周期解。在系统能够稳定到平衡点的情况下，可以计算出平衡点的值，即 $p_1^*=0.7605$，$p_2^*=0.8440$，$p_3^*=0.9691$。此时，可以计算出三家寡头企业的利润值为 $\pi_1=2.1885$，$\pi_2=2.4847$，$\pi_3=2.9043$。

通过上述的理论分析及数值仿真，我们可以发现当系统中的参数满足一定条件时，如果延迟参数的值小于临界值，系统最终会达到稳定状态，如果延迟参数的值大于临界值，系统便会发生 Hopf 分岔，从而变得不稳定。当三家寡头企业采取不同策略时，其目的都是在市场获得相应的份额，从而更好地生存和发展。显然，系统不稳定的现象不是各家寡头企业愿意看到的情景，所以为了避免此类现象的发生，各家寡头企业都应当针对市场情况做出迅速的反应，促进企业的共同发展。

8.4　小　　结

本章中结合时间延迟效应讨论了系统的复杂性，并对双寡头和三寡头情形进行了分析与讨论。其中研究双寡头博弈系统时，分别考虑了两寡头均未采取延迟策略、一方采取延迟策略和双方采取延迟策略三种情况。从中可以发现三种情况均会对系统产生复杂的影响，在决策过程中，决策者应当注重参数的选取。对三寡头博弈情形的分析，也可以发现时间延迟对博弈系统所产生的复杂现象，结合数值仿真，对参数的临界值进行了分析，对出现的 Hopf 分岔以及系统稳定性进行了讨论。通过对时滞微分方程的理论分析，可以对该类型的方程有更加深入的理解。

第 9 章 混沌理论在缓解牛鞭效应方面的应用

供应链系统是由供应商、制造商、分销商、零售商和客户等成员构成的，涉及从计划、采购、生产、仓储、分销到配送等各种活动。作为整体，供应链不但包括从供应商到客户等实体成员及其相互关系，以及它们同外界环境的关系，还包括从计划到配销等多种业务活动及信息、物料、资金的流动。纷繁多样的各级子系统、子系统间复杂的交互关系以及系统跟外界环境的交互关系，决定了供应链系统是一个开放的复杂性系统。

在供应链管理系统中，各节点企业的局部生产目标并不一致，这种目标的相互冲突使系统中任意节点企业的局部决策变成系统的干扰因素。这种干扰因素产生的偏差通过系统日益复杂化的链式网络，在串级向上逐层传播过程中不断叠加放大误差，致使不确定性成倍增长，并在一些临界点上造成巨大影响。此外，随着全球经济一体化步伐不断加快，市场和消费习惯迅速变化，企业间竞争日趋激烈，产品寿命周期不断缩短，顾客期望持续提高。供应链企业现有的管理模式已难以快速响应市场需求，无法在激烈的市场竞争条件下获得所期望的利润。进入 20 世纪 90 年代，供应链企业开始将目光转向供应链的外部环境，将供应链内部节点企业和外部供应商及客户完全集成起来。而快速发展的信息技术为这些企业将自己的供应链延伸到世界各个有利可图的市场提供了技术支持，使供应链结构由单级生产–库存系统演变为复杂的多级生产–库存系统，形成了许多目标相互关联和相互冲突的利益主体构成的复杂的集成供应链管理系统。

在涉及供应链系统复杂性的研究中，外部的随机不确定扰动对系统稳定性的影响，已经成为学者研究的热点。供应链的不确定性主要包括市场价格随机波动带来的需求变化，需求信息的非线性波动，缺货、断货的发生和订单前置期的变化等。

9.1 牛鞭效应的定义

牛鞭效应是指供应链上的一种需求变异放大 (方差放大) 现象，信息流从最终客户端向原始供应商端传递时，无法有效地实现信息的共享，使得信息扭曲而逐级放大，导致需求信息出现越来越大的波动。第一个正式描述牛鞭效应的是 Forrester，在 1958 年，他采用计算机仿真模型，发现了在一个典型的供应链系统中 (零售商、分销商和制造商) 存在着显著的牛鞭效应。Forrester 认为，供应链中个体的非理性决定是引起牛鞭效应的根本原因；相信个体对供应链上游的需求信息存在过度反应。例如，如果顾客的需求增加后，从零售商到批发商的订单数量会增加得更多，因为零售商发出的订单不仅包括顾客的实际增长需求，而且包括零售商增加库存以防止未来顾客需求的突然变动所带来的与批发商之间订单的增加。这一需求的变化，直接导致了供应链中牛鞭效应的发生。此外，他认为时间延误、系统的动力学特性和需求信息的波动也是牛鞭效应发生的主要原因。在清楚地明白牛鞭效应产生的原因后，他提出采用“系统动力学”的方法来对供应链系统进行仿真建模，以便管理者能确定合适的决策方案。

Forrester 提出的系统动力学研究的方法对现在学者的研究产生了深远的影响。在 Forrester 之后，大量的学者被他的工作吸引，对牛鞭效应进行了深入的研究。其中麻省理工学院啤酒游戏 (beer game) 的提出具有很重要的意义。Sterman 系统描述了这个游戏：参与者在游戏中分别扮演一个啤酒销售供应链中的不同角色 (啤酒零售商、批发商、分销商和酿造商)。随着游戏的进行，客户需求的一点微小变化将对上游供应商的订单和库存水平产生巨大的影响。这个游戏自 20 世纪 60 年代以来，已被全世界不同背景的学生和公司的管理人员玩过上千次，结果都是相同的：过度的反应出现在供应链的上游，从而造成系统的总费用常常是执行最优化策略产生的费用的 5~10 倍。Sterman 认为产生这种不良绩效的原因在于参与者没有认识到系统是一个彼此联系的整体，因而不能合理地估计出时间延迟对系统产生的复杂性。尽管啤酒游戏是理解牛鞭效应的一个有用的教学工具，但是它并不能帮助研究者精确地估计牛鞭效应所产生的费用影响。Sterman 注意到，参与者表现出的一种普遍的行为是他们趋向于根据自己的在手库存减去未交付的需求来决定下期订单数量，而忘记了考虑自己的在途订货 (在途订货是指已向供应商订购，但尚未交付的订货。根据库存理论，参与者应该根据自己的在手库存加上在途订货减去未交付的需求来决定下期订单数)。这种非理性的决策在良好管理的企业中是不允许存在的。针对在啤酒游戏中暴露出来的非理性决策问题，Sterman 认为牛鞭效应产生的原因是参与人的系统性的非理性行为和对反馈信息错误理解的结果，认为对参与人进行培训，帮助他们养成“系统思维”可以避免这样的结果。

9.2　牛鞭效应产生的原因

为了减少不确定性对供应链系统的影响，近年来，国内外学者采用集成建模技术对供应链系统结构进行深入研究，建立了一系列供应链系统集成数学模型。但是这些模型受限于固定或已知的渠道分配方式，大多数基于确定性提前期进行分析，难以通过模型认识供应链系统结构特征，只是通过某种“观测器”采集系统某些状态的动态演化来“还原”系统的整体行为。另外，有的学者运用随机模型对集成供应链管理问题进行了深入研究，反映实际情况的精确性也越来越高。然而，这些随机模型大部分采用数学规划方法。由于供应链管理系统的生产过程是一个复杂的非线性系统，供应链协调本身的复杂性导致模型的结构十分复杂，现有的数学工具还不能提供获得最优解的途径。显然，这些研究存在很大的局限性。

作为一个由众多供应商、制造商、销售商和客户组成的复杂的供需网络系统，集成供应链管理系统节点企业之间具有地理上的分散性、职权的自主性和充分的自治性，合作与竞争、自主与联合并存的特征，其系统自身的网状结构以及系统内部企业间的特征决定了系统中所有节点企业将不可避免地面对诸多不确定因素。为了降低不确定性因素对系统的影响，这些节点企业必须具有柔性决策能力。而大量理论研究表明，柔性生产系统会产生混沌行为，无须附加任何随机因素，系统仍然会产生貌似随机的动力学行为。柔性生产决策下，集成供应链管理系统会受到不可控制的市场需求、利率和可控的生产决策准则等动态参量影响，使得系统所处状态具有不确定性以及不可预测性，这种不确定性以及不可预测性构成了系统的复杂性混沌现象。

混沌理论作为当今举世瞩目的前沿课题及学术热点，揭示了自然界及人类社会中普遍存在的复杂性，是有序与无序的统一、确定性与随机性的统一。随着混沌理论与管理科学不断交叉与渗透，近年来，许多学者证明在企业系统的演化过程中会出现混沌现象。

供应链管理系统作为信息化条件下企业管理的变革模式，其系统功能涉及企业全新的管理行为和文化特征，其系统结构为非线性网络结构系统。所以，描述非线性动力系统演化行为的混沌理论对于供应链管理系统动态演化的复杂性研究具有重要的理论价值。而牛鞭效应作为供应链管理系统中不确定性的直接体现，对其复杂性的研究具有重要的学术价值。

Chen 等 (2009) 指出牛鞭效应来源于两个方面：需求的变化和订货周期的存在。需求的变化指客观存在的市场需求的波动，需求变大，则效应强烈；需求平稳，则效应微弱。订货周期 (从经营者发出订单到最终收到所订货物要花费的时间) 越长，需求预测越不准确，牛鞭效应表现越明显。Metters (1997) 认为在供应链的各个层次，经营者都会设置安全库存，造成多层的累积，同一层的企业也会在考虑自身利益的前提下，设置各自的库存点。这些库存的累加会导致整个供应链库存产品量的倍增，进而导致牛鞭效应的加剧。

尽管众多科学家深入研究了牛鞭效应的存在性和可能产生的原因，但是绝大部分工作仅限于定性的分析、实证的观察以及计算机的仿真上。学者仍然不能从理论上清楚地解释：究竟有哪些因素，在什么条件下，通过什么途径诱发了牛鞭效应。斯坦福大学的 Lee (1997) 领导的研究小组在这个问题上首先取得了突破。他支持经济学家的理论，即牛鞭效应起源于管理者追求利润最大化的理性决策，而牛鞭效应则是这些理性决策相互影响的结果。他的模型建立在以下假设条件基础上：① 不依据过去的需求来预测未来；② 在某一确定的交货周期内供应量是无限的；③ 不存在固定的订货成本；④ 订货成本不随时间而变化。

李效良利用定量分析的方法，研究了一个多周期库存系统，分别得出了导致牛鞭效应的四个原因。

(1) 限量供应和短缺博弈 (shortage game)。李效良假设：当潜在需求超过生产商的生产能力时，制造商常根据零售商的订货数量按照一定的分配制度进行限量供应。无疑，零售商会被激励在订货时夸大实际需求量而避免缺货。当供不应求情况得到缓解时，大批零售商会取消大部分订单，销售量会远远小于订货量，这样产生了牛鞭效应。这是零售商在考虑自身利益的前提下多方博弈的结果。这种情况下，供应商无法区分这些增长中有多少是由于市场真实需求增加而增加的，有多少是零售商害怕限量供给而增加的，因而不能从零售商的订单中得到有关产品需求的真实信息。另外，只要零售商认为可能会有短缺现象发生，就会产生这种现象。

(2) 供应链上各个企业对需求信号 (demand signal) 的处理过程。由于每个供方都是依据需方的需求和订货确定生产量的，因此，当下游需方发现市场需求突然增加时，他们会认为这是需求增加的标志，从而增加自己的订货量。上游供应商同样会利用自己的预测系统，将已经放大的需方需求进一步加工放大，传递给上游。以此类推，到达产品源头时，需求会被放大很多倍。这表明需求信息在渠道上传递时，信息会被放大，产生牛鞭效应。

(3) 零售商的批量订货 (order batching) 方式。在供应链中，每个零售商都会向上游企业订货，并且会对库存进行一定程度的监控。由于入库的物料在耗尽以后，零售商不能马上从其供应商那里获得及时补给，因此，他们会采用批量订购方式，保持一定的安全库存。供应商也经常用“给一定的折扣”的方法鼓励零售商进行批量订货。同时，零售商向供应商订货时，也会倾向于大批量订货，以降低单位运输成本。通常供应商在处理这些不定期的频繁订货时，所消耗的时间与成本都相当多。宝洁公司估计，用于处理订单、结算和运送系统的人手很多，处理每笔订货的成本为 35~75 美元。李效良考察了订货周期和订货的交易成本引起的零售商经济订货批量方式，将不同零售商的订货周期的分布划分为随机订货、正相关订货和平衡订货三种情况。这三种情况对生产商来说都导致相同的订货期望值，但方差不同：正相关订货的方差最大，平衡订货的方差最小，而随机订货的方差介于两者之间。但这三者的方差都大于零售商所面临的市场需求变动的方差，即存在牛鞭效应。如果所有顾客的订货周期均匀分布，即平衡订货，那么牛鞭效应的影响就会最小。然而，这种理想状态极少存在。相反，由于相当多的企业运用

负利率政策 (negative interest rate policy, NIRP) 或配送需求计划 (distribution requirements planning, DRP) 系统来确定其月度生产计划及库存管理，几乎同时确认订货，这将发生最坏的情况——正相关订货，需求高度集中，从而导致牛鞭效应高峰的出现。

(4) 产品价格波动 (fluctuation prices)。生产商通常会进行周期性促销，如价格折扣、数量折扣、优惠券等，这些优惠实质上是一种间接的价格优惠，产生一定时期的价格波动。生产商的价格波动会促使其分销商提前购买日后所需的产品。而提前购买行为导致了市场购买模式并不能反映实际的消费模式。李效良假设零售商每一期都面对独立且具有相同分布密度函数的需求，而生产商的产品价格则在一定范围内随机波动 (李效良的模型假设价格仅在高和低之间呈伯努利分布)。零售商的最优订货决策是，当前面临低价格时扩大订货，而面临高价格时就减少订货，从而产生牛鞭效应。

下面针对第四个牛鞭效应的产生成因，构建一个多角色供应链企业产量博弈模型，并用混沌理论来分析缓解牛鞭效应的途径和方法。

9.3　三级供应链节点间产量博弈下的牛鞭效应缓解

供应链系统是一个复杂巨系统，由很多节点企业构成，并且节点企业之间的关系错综复杂，给供应链的研究带来了很大难度。为了简化模型，对供应链中的节点企业做以下假设。

9.3.1　模型假设

假设 1：供应链中有多个成员企业，每个成员企业的分工不同，各成员企业对于供应链的影响及作用也不一样；不同的供应链中，起主导作用的核心企业也不一样，有的以研发企业为主导，有的以销售企业为主导，有的以生产企业为主导。这些成员企业当中，生产企业往往是供应链价值增值的直接源泉，所以我们研究最经典的一种供应链：生产商起主导作用的供应链。

假设 2：供应链中包含的企业很多，可以根据其类型分为多级：供应商、生产商、分销商、零售商等。假定每级只考虑一个企业，或者说此企业在所属级别中是独占垄断的。

假设 3：考虑到实际情况的复杂性，所有企业的成本函数是非线性的，同理，所有企业的逆向需求函数也是非线性的。

假设 4：每个企业在做产量博弈的时候，都是根据边际产量利润来确定最优产量的。

假设 5：供应链中的每级企业的产量决策都是依据下级企业的需求来确定的。

假设 6：为了便于研究，分销商对生产商的订货量假定为分销商的产量，零售商对分销商的订货量假定为零售商的产量。

为研究方便并具有一定的代表性，选取了供应链中的三级角色——生产商、分销商和零售商，分别代表供应链的上游、中游和下游。

9.3.2　符号定义

为了研究方便，本节对符号做以下定义。

令 $q_{i,t}$ 表示在供应链节点企业中第 i 个企业在 t 期的产量决策。其中，$i=1,2,3,\cdots,t>0$，为了保证其经济意义，令 $q_{i,t}>0$。

$$P_{i,t}=\alpha_i+\beta_i q_{i,t}-\gamma_i q_{i,t}^2 \tag{9.1}$$

其中，$P_{i,t}$ 表示在供应链节点企业中第 i 个企业在 t 期的逆向需求函数，$i=1,2,3,\cdots,t>0$；α_i 为生产商对产品的最高定价；β_i 和 γ_i 为非负系数。

$$C_{i,t}=a_i+b_i q_{i,t}+c_i q_{i,t}^2 \tag{9.2}$$

其中，$C_{i,t}$ 表示在供应链节点企业中第 i 个企业在 t 期的成本函数，$i=1,2,3,\cdots,t>0$；a_i 为供应链中节点企业的固定成本；b_i 和 c_i 为非负系数。

$\pi_{i,t}$ 表示在供应链节点企业中第 i 个企业在 t 期的利润。其中，$i=1,2,3,\cdots,t>0$。

那么，有

$$\pi_{i,t}=P_{i,t}q_{i,t}-C_{i,t}=(\alpha_i+\beta_i q_{i,t}-\gamma_i q_{i,t}^2)q_{i,t}-(a_i+b_i q_{i,t}+c_i q_{i,t}^2) \tag{9.3}$$

9.3.3　模型构建

考虑到供应链上的各节点企业的决策大多是有限理性的，并且信息也是不对称的，如果供应链中的节点企业想掌握完全信息，那么耗费的代价会过高，所以节点企业在作产量决策的时候，往往是不断增加产量直到实现边际产量的利润，即

$$\frac{\partial \pi_{i,t}}{\partial q_{i,t}}=0 \tag{9.4}$$

根据假设 4，可以得到第 i 个企业在 t 期的边际利润：

$$\frac{\partial \pi_{i,t}}{\partial q_{i,t}}=-3\gamma_i q_{i,t}^2+2(\beta_i-c_i)q_{i,t}+\alpha_i-b_i \tag{9.5}$$

考虑到供应链中各企业的决策是一个长期重复的动态过程，其行为不但具有适应性，而且具有长程记忆性。并且企业的决策多数情况下也是有限理性的。企

业意识到 t 期的结果是满意的，在 $t+1$ 期会继续利用该策略行动。企业的目标为利润的最大化，它们之间进行博弈所依据的策略之一是边际产量。如果 t 期的边际产量为正值，则 $t+1$ 期会继续执行其产量调整策略，那么利润会继续增加。可以按照以下形式来建模：

$$q_{i,t+1} = q_{i,t} + k_i q_{i,t} \frac{\partial \pi_{i,t}}{\partial q_{i,t}} \tag{9.6}$$

其中，k_i 为供应链中第 i 个节点企业的产量调整速度系数。k_i 的大小反映了当 t 期供应链中节点企业的边际利润大于零时，节点企业继续扩大产量或订货量的能力强弱。

可以得到，供应链中的上游企业 (如生产商) 的产量动态调整方程如下：

$$q_{1,t+1} = q_{1,t} + k_1 q_{1,t}(-3\gamma_1 q_{1,t}^2 + 2(\beta_1 - c_1)q_{1,t} + \alpha_1 - b_1) \tag{9.7}$$

同理，可以得到供应链中第 i 个节点企业的产量动态调整方程如下：

$$q_{i,t+1} = q_{i,t} + k_i q_{i,t}(-3\gamma_i q_{i,t}^2 + 2(\beta_i - c_i)q_{i,t} + \alpha_i - b_i) \tag{9.8}$$

那么，以上的供应链节点企业的产量博弈模型就可以用以下的 n 维非线性映射来表示：

$$\begin{cases} x_1' = x_1 + k_1 x_1(-3\gamma_1 x_1^2 + 2(\beta_1 - c_1)x_1 + \alpha_1 - b_1) \\ x_2' = x_2 + k_2 x_2(-3\gamma_2 x_2^2 + 2(\beta_2 - c_2)x_2 + \alpha_2 - b_2) \\ \vdots \\ x_i' = x_i + k_i x_i(-3\gamma_i x_i^2 + 2(\beta_i - c_i)x_i + \alpha_i - b_i) \\ \vdots \\ x_n' = x_n + k_n x_n(-3\gamma_n x_n^2 + 2(\beta_n - c_n)x_n + \alpha_n - b_n) \end{cases} \tag{9.9}$$

对于以上的多维离散动力系统，我们可以通过研究第一个映射来解释这个系统的大多情况。假定我们考虑供应链上三个角色——生产商、分销商和零售商，零售商根据市场的需求变化调整自己的订货策略，分销商根据零售商的订货变化调整自己的订货策略，生产商根据分销商的订货变化调整自己的生产策略，并循环这个过程。那么可以构建非线性动力学模型如下。

令 $q_{1,t} = x$，$q_{2,t} = y$，$q_{3,t} = z$，$q_{1,t+1} = x'$，$q_{2,t+1} = y'$，$q_{3,t+1} = z'$，那么，得到

$$\begin{cases} x' = x + k_1 x(-3\gamma_1 x^2 + 2(\beta_1 - c_1)x + \alpha_1 - b_1) \\ y' = y + k_2 y(-3\gamma_2 y^2 + 2(\beta_2 - c_2)y + \alpha_2 - b_2) \\ z' = z + k_3 z(-3\gamma_3 z^2 + 2(\beta_3 - c_3)z + \alpha_3 - b_3) \end{cases} \tag{9.10}$$

在供应链典型的三个角色中，生产商、分销商和零售商在供应链中处于三个位置，每个角色都可以看作一个动力学系统。它们之间的相互影响会产生复杂的性态，下面针对这三个角色，对一个不对称信息下的三级供应链的离散动力学模型进行研究，并运用非线性动力学的相关理论分析其动力学行为。最后给出混沌控制的方法及经济学解释。

9.4 缓解牛鞭效应的数值模拟及分析

9.4.1 纳什均衡点及稳定性分析

三级供应链包括生产商、分销商和零售商。在三级供应链模型中，合作博弈是由零售商的订货决策、分销商的订货决策和生产商的产量决策三个阶段构成。假设每级只考虑一个企业，或者说这个企业在这级是独占垄断的。每个生产商都具有有限理性，产量决策都是依据下级分销商的订货量来确定的。分销商和零售商都具有简单理性，在做订货决策的时候，都是根据边际利润来确定最优订货量。为了研究方便，认为零售商和分销商的订货量都会变成生产商的产量。那么，零售商和分销商的订货量即零售商和分销商的产量。模型可以表示为

$$\begin{cases} x' = x + k_1x(-3\gamma_1x^2 + 2(\beta_1 - c_1)x + \alpha_1 - b_1) \\ y' = y + k_2y(-3\gamma_2y^2 + 2(\beta_2 - c_2)y + \alpha_2 - b_2) \\ z' = z + k_3z(-3\gamma_3z^2 + 2(\beta_3 - c_3)z + \alpha_3 - b_3) \end{cases}$$

令 $x' = x$，那么模型的不动点满足以下代数方程组：

$$\begin{cases} k_1x_1(-3\gamma_1x_1^2 + 2(\beta_1 - c_1)x_1 + \alpha_1 - b_1) = 0 \\ k_2x_2(-3\gamma_2x_2^2 + 2(\beta_2 - c_2)x_2 + \alpha_2 - b_2) = 0 \\ \vdots \\ k_ix_i(-3\gamma_ix_i^2 + 2(\beta_i - c_i)x_i + \alpha_i - b_i) = 0 \\ \vdots \\ k_nx_n(-3\gamma_nx_n^2 + 2(\beta_n - c_n)x_n + \alpha_n - b_n) = 0 \end{cases} \tag{9.11}$$

代数方程组的解不依赖于参数 k_1，k_2，$\cdots$，k_n，对于经济学模型，只有非负的均衡解才具有现实意义，求得均衡解非负的情况。可得到均衡点为

$$E^*(x_1^*, x_2^*, \cdots, x_n^*) = \left(\frac{\beta_1 - c_1 + \Omega_1}{3\gamma_1}, \frac{\beta_2 - c_2 + \Omega_2}{3\gamma_2}, \cdots, \frac{\beta_n - c_n + \Omega_n}{3\gamma_n}\right)$$

其中

$$\varOmega_1=\sqrt{(\beta_1-c_1)^2+3\gamma_1(\alpha_1-b_1)} \tag{9.12}$$

$$\varOmega_2=\sqrt{(\beta_2-c_2)^2+3\gamma_2(\alpha_2-b_2)} \tag{9.13}$$

$$\vdots$$

$$\varOmega_n=\sqrt{(\beta_n-c_n)^2+3\gamma_n(\alpha_n-b_n)} \tag{9.14}$$

在纳什均衡点处的雅可比矩阵可表示为以下形式：

$$J(E^*)=\begin{pmatrix} 1+k_1\omega_1 & & & \\ & 1+k_2\omega_2 & & \\ & & \ddots & \\ & & & 1+k_n\omega_n \end{pmatrix} \tag{9.15}$$

其中，$\omega_i=-9\gamma_i x^2+4(\beta_i-c_i)x_i+\alpha_i-b_i$。

以上矩阵是一个对角阵，可求得其特征值为

$$\lambda_1=1-k_1\omega_1,\lambda_2=1-k_2\omega_2,\cdots,\lambda_n=1-k_n\omega_n \tag{9.16}$$

考虑到生产商、分销商和零售商三个角色，那么代数方程组可以变为

$$\begin{cases} k_1x(-3\gamma_1x^2+2(\beta_1-c_1)x+\alpha_1-b_1)=0 \\ k_2y(-3\gamma_2y^2+2(\beta_2-c_2)y+\alpha_2-b_2)=0 \\ k_3z(-3\gamma_3z^2+2(\beta_3-c_3)z+\alpha_3-b_3)=0 \end{cases} \tag{9.17}$$

求解得到不动点为

$p_1=(0,0,0)$，$p_2=(1.2585,1.3067,1.3557)$，$p_3=(-1.1919,-1.1734,-1.1557)$

$p_4=(1.2585,-1.1734,-1.1557)$，$p_5=(-1.1919,1.3067,-1.1557)$

$p_6=(-1.1919,-1.1734,1.1557)$，$p_7=(1.2585,1.3067,-1.1557)$

$p_8=(1.2585,-1.1734,1.3557)$，$p_9=(-1.1919,1.3067,1.3557)$

可以看出，不动点和参数 k_1、k_2、k_3 的取值无关，当产量出现负值时没有意义，p_2 即系统的纳什均衡点。所以考虑在 p_2 处的雅可比矩阵为

$$J=\begin{pmatrix} -9.605\,6k_1 & 0.000\,2k_1 & 0 \\ 0 & -10.086\,7k_2 & 0.000\,28k_2 \\ 0 & 0 & -10.214\,5k_3 \end{pmatrix}$$

这个矩阵可以看作对角阵 ($0.0002k_1$ 和 $0.000\,28k_2$ 的大小可以忽略不计，有时候迭代次数少，产生的误差都远远大于这个值)，容易得到其特征值：

$\lambda_1 = 1-9.6056k_1$，如果 $k_1 = 0.2082$，则 $\lambda_1 = -1$，因此，系统会在 $k_1 = 0.2082$ 处出现倍周期分岔现象。

在产量博弈动力学模型中，参数 α_i、β_i、γ_i、a_i、b_i、c_i 是相对确定的，而产量调整系数 k_1、k_2、k_3 是变化的。为了便于比较和研究，把参数固定如下：

$$\alpha_1 = 5, \beta_1 = 0.5, \gamma_1 = 1, b_1 = 0.5, c_1 = 0.4, \alpha_2 = 5, \beta_2 = 0.5, \gamma_2 = 1,$$
$$b_2 = 0.4, c_2 = 0.3, \alpha_3 = 5, \beta_3 = 0.5, \gamma_3 = 1, b_3 = 0.3, c_3 = 0.2$$

那么产量博弈动力学模型变为

$$\begin{cases} x' = x + k_1 x(-3x^2 + 0.2x + 4.5) \\ y' = y + k_2 y(-3y^2 + 0.4y + 4.6) \\ z' = z + k_3 z(-3z^2 + 0.6z + 4.7) \end{cases} \tag{9.18}$$

9.4.2 数值模拟结果及分析

为了更好地了解系统的动态行为，我们对系统进行数值模拟，考虑其中的一种情况：系数 k_1 变化，系数 k_2、k_3 固定。其余几种情况类似。当 $k_2 = 0.03$，$k_3 = 0.02$ 时，模拟生产商的产量调整速度 k_1 的变化对系统的复杂性演化路线的影响，首先通过分岔图来分析供应链中三个角色的产量决策的演化路线，然后运用李雅普诺夫指数、吸引子、时序图和对初始条件的敏感依赖性等方法研究该系统的复杂性与 k_1 的关系，并对模拟结果从供应链的视角做出相应解释。

取步长为 0.0003，对于 k_1 的不同取值，对系统迭代 1000 次得到分岔图，如图 9.1 所示，生产商的产量调整速度系数 $k_1 \in (0, 0.2082)$，纳什均衡点 $p_2(1.2585, 1.3067, 1.3557)$ 是稳定的。但随着 k_1 的增大，在 $k_1 = 0.2082$ 处产生第一次分岔，在 $k_1 = 0.2661$ 处产生第二次分岔，在 $k_1 = 0.2785$ 处产生第三次分岔，$\cdots$，最终进入混沌状态。但是从分岔图 9.2 和图 9.3 可以看出，分销商和零售商的产量决策一直是稳定的，并且分销商产量决策的稳定值高于零售商产量决策的稳定值。考虑到不合格品的比例及退换货的出现，仿真结果符合实际逻辑。另外，如果降低生产商在产量决策时对产量调整的速度，会延迟混沌态的出现。分销商只对零售商反应，零售商只对市场需求反应，都属于单向控制，所以决策呈现出稳定的状态。

从最大李雅普诺夫指数图 9.4 得知，系统在 $k_1 \in (0, 0.2082)$ 时是稳定的，当 $k_1 < 0.2785$ 时，系统处于倍周期分岔的过程，运动都是规则的周期运动，所以最大李雅普诺夫指数总是小于零，仅在分岔点处由于不确定的临界状态才等于零。

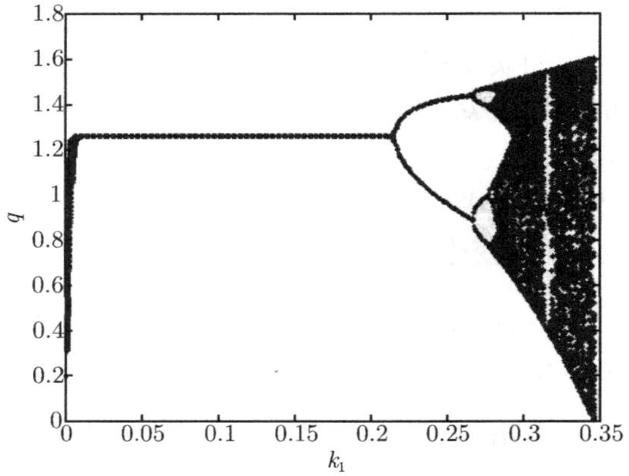

图 9.1　生产商 x 的产量分岔图

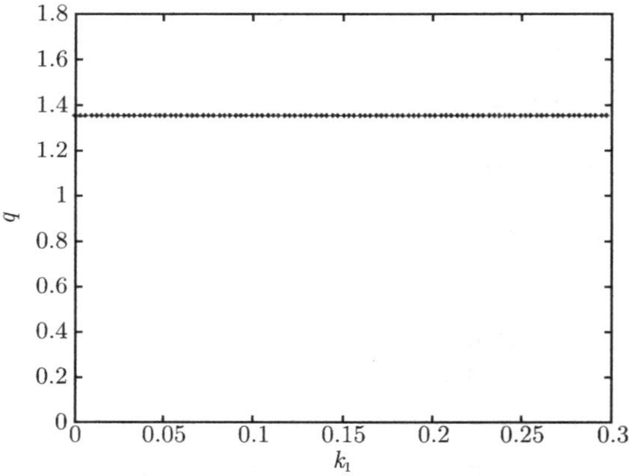

图 9.2　分销商 y 的产量分岔图

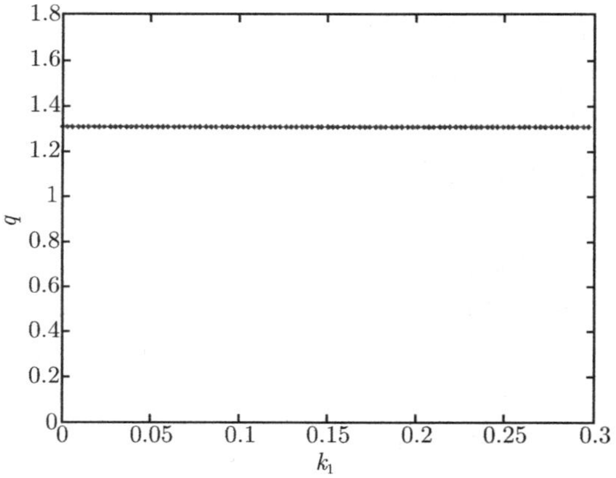

图 9.3　零售商 z 的产量分岔图

当 $k_1 > 0.2785$ 时，大多数李雅普诺夫指数都大于零，表示系统处于混沌区，仅在一些狭窄的区间里，最大李雅普诺夫指数小于零，这对应混沌区内的周期窗口。这和分岔图的分析结果一致。图 9.5 和图 9.6 为第二李雅普诺夫指数图和第三李雅普诺夫指数图。

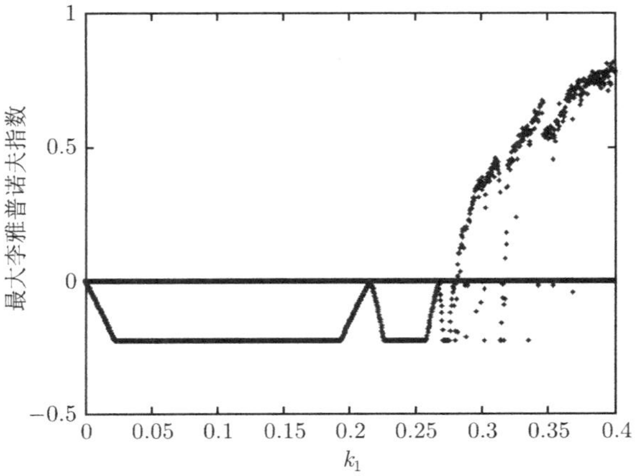

图 9.4　最大李雅普诺夫指数图

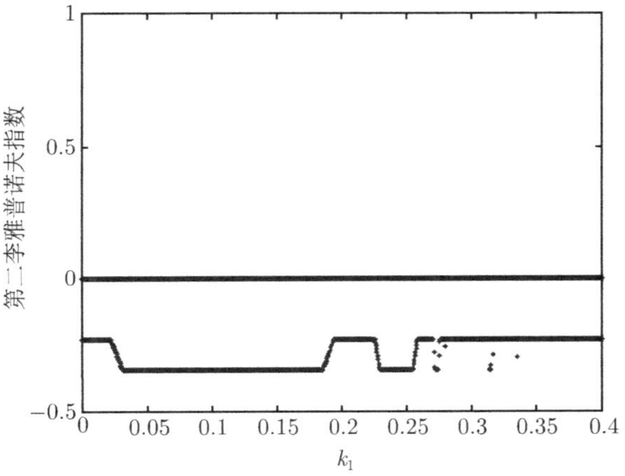

图 9.5　第二李雅普诺夫指数图

图 9.7 和图 9.8 的混沌吸引子比较特别，是一条线段，因为在系统中，只有生产商处于混沌状态，分销商和零售商的决策都稳定，那么投影到生产商处就会出现这种图形。图 9.9 是分销商和零售商的吸引子，因为分销商和零售商的决策均为简单理性，由分岔图和最大李雅普诺夫指数图可知，决策处于稳定状态，所以吸引子为一个点。图 9.10 是生产商、分销商和零售商的三维吸引子。

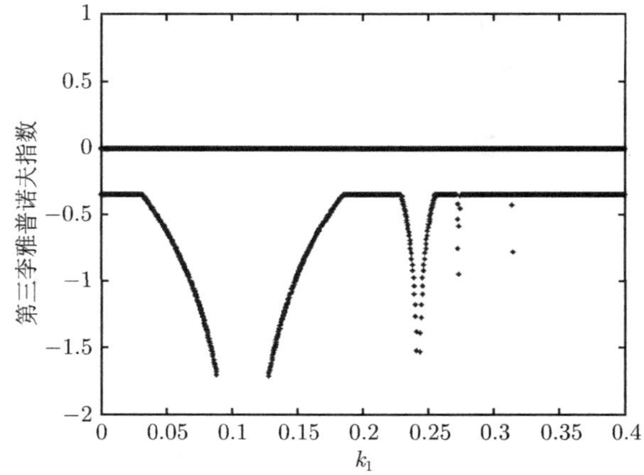

图 9.6　第三李雅普诺夫指数图

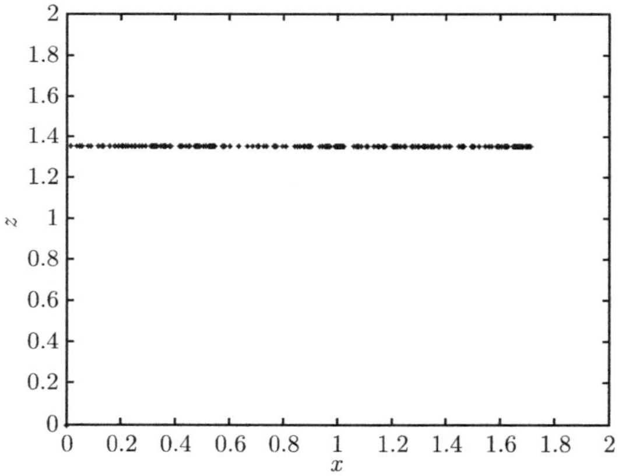

图 9.7　x 和 z 的混沌吸引子

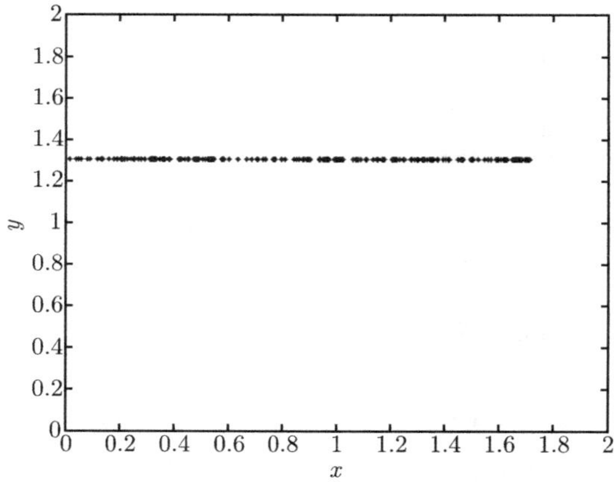

图 9.8　x 和 y 的混沌吸引子

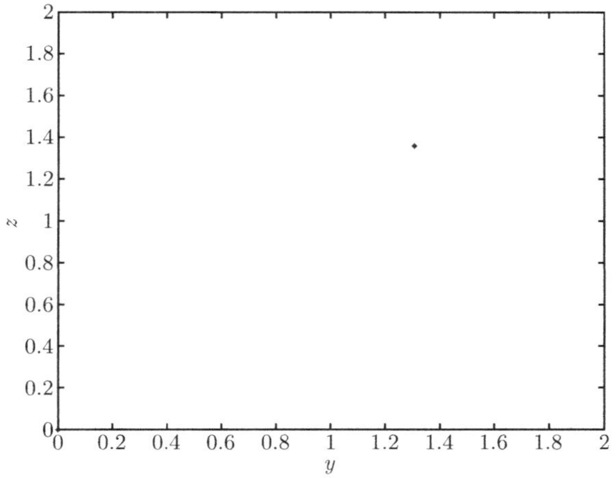

图 9.9　y 和 z 的混沌吸引子

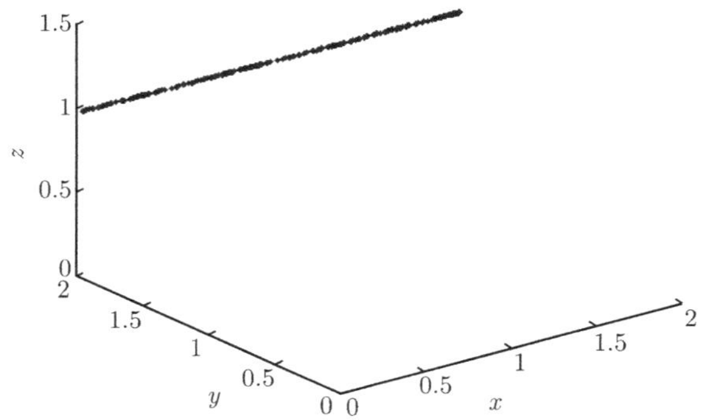

图 9.10　xyz 的混沌吸引子

图 9.11、图 9.12 和图 9.13 是系统中三个角色的时序图，都随着时间的推移遍历到整个区域，很好地验证了以上的分析结果：生产商决策出现混沌态，而分销商和零售商决策稳定。

图 9.14、图 9.15 和图 9.16 是生产商、分销商和零售商的产量状态随时间变化的历程图。由于混沌运动对于初始状态具有敏感依赖性，即使初始条件的微小差别也会使相邻轨道按指数形式分开。令初始条件 $(0.2, 0.4, 0.6)$ 变为 $(0.2, 0.4, 0.6001)$，如图 9.14 所示，在开始时差别很小 (接近于零)，随着时间的推移，生产商的产量决策在迭代 20 次后差距加大使相邻轨线进入不同的吸引域。图 9.16 的零售商波动幅度单位为 10^{-6}，远远小于图 9.15 的分销商的波动幅度，并都在迭代 30 次之后趋于稳定。

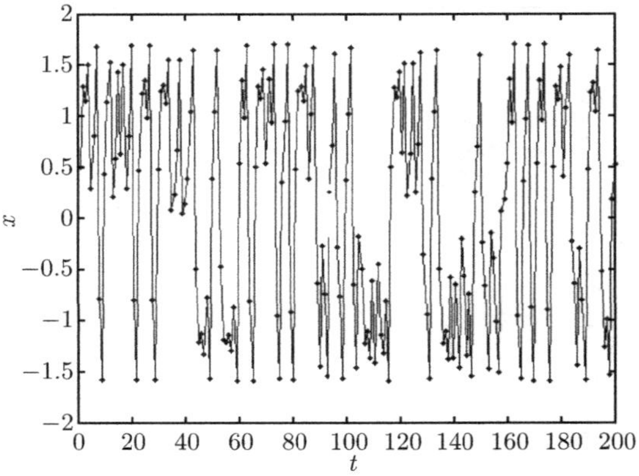

图 9.11　生产商 x 的序列图

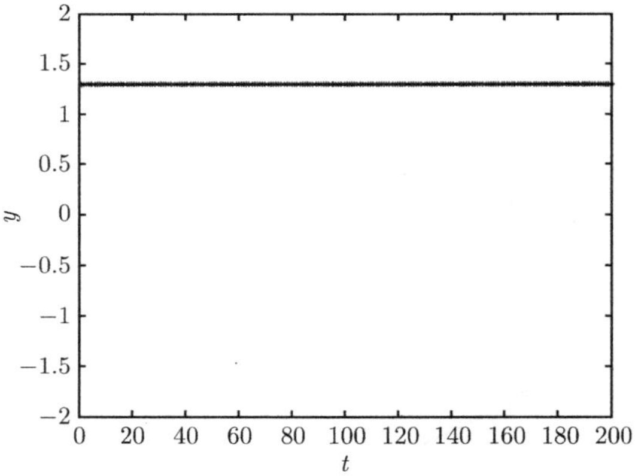

图 9.12　分销商 y 的序列图

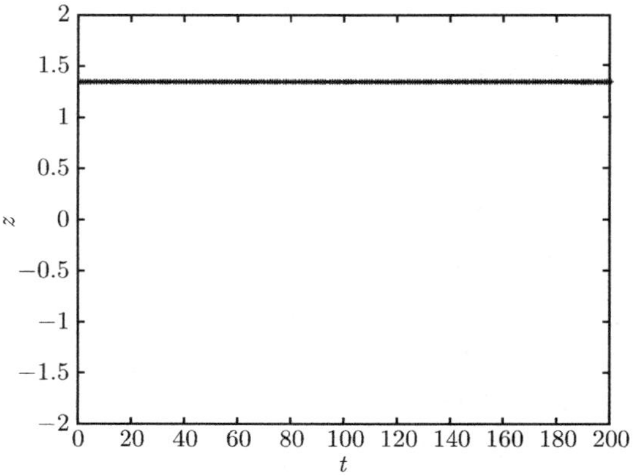

图 9.13　零售商 z 的序列图

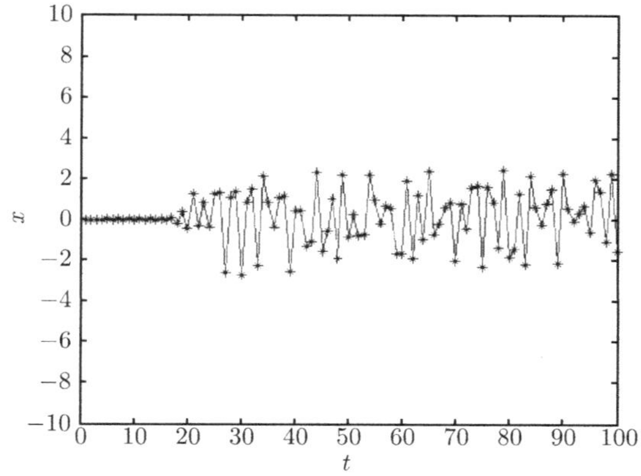

图 9.14　生产商 x 的敏感依赖性

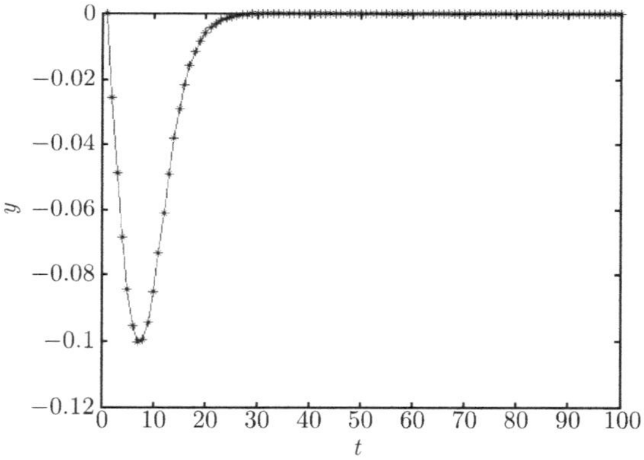

图 9.15　分销商 y 的敏感依赖性

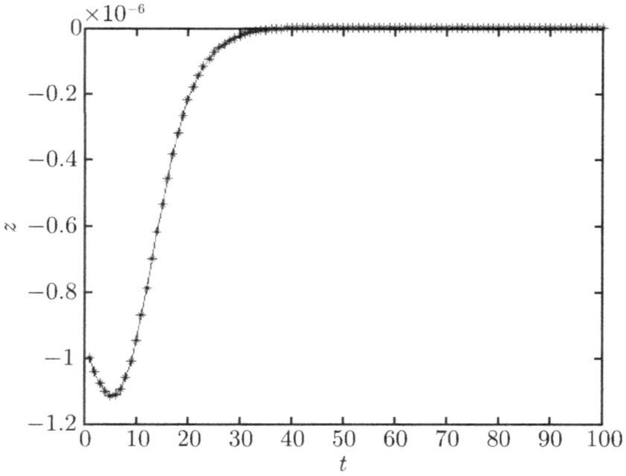

图 9.16　零售商 z 的敏感依赖性

下面分析当初始产量密度分布已知时的系统性态。假设模型的初始状态为 $[0,1]\times[0,1]\times[0,1]$ 的均匀分布，每个生产商都可以在不生产和最大化生产之间来确定自己的产量。当三个生产商的产量调整系数取 $k_1=k_2=k_3=0.252$ 时，经过多次博弈后可达到密度稳定状态，稳定在一个均衡点 (0.927, 0.8467, 0.8389)，如图 9.17 (a) 所示。当三个生产商的产量调整系数取 $k_1=k_2=k_3=0.254$ 时，博弈 2000 次后，三个生产商的密度分布在 (0.9177, 0.8252, 0.8126) 和 (0.9128, 0.8506, 0.8516) 之间并循环，也就是密度二周期现象，如图 9.17 (b) 所示。当三个生产商的产量调整系数取 $k_1=k_2=k_3=0.255$ 时，产量的密度分布由稳定变得不稳定，出现了四周期现象，如图 9.17 (c) 所示。当三个生产商的产量调整系数取 $k_1=k_2=k_3=0.256$ 时，出现八周期现象 (图 9.17 (d))。当三个生产商的产量调整系数取 $k_1=k_2=k_3=0.257$ 时，出现十六周期现象 (图 9.17 (e))。当三个生产商的产量调整系数取 $k_1=k_2=k_3=0.258$ 时，如图 9.17 (f) 所示。继续增大时，系统完全进入混沌态。

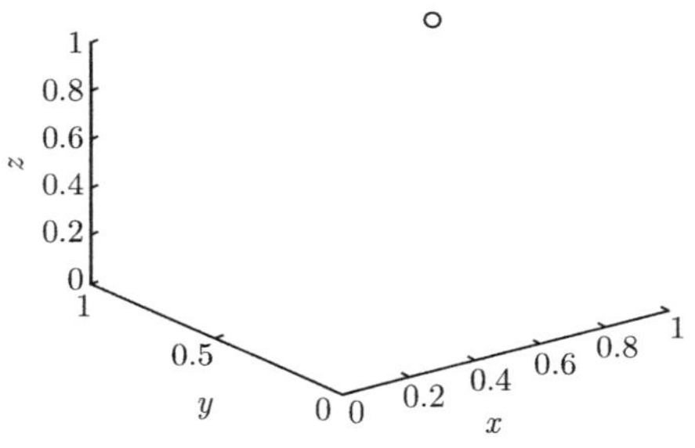

(a) $k_1=k_2=k_3=0.252$

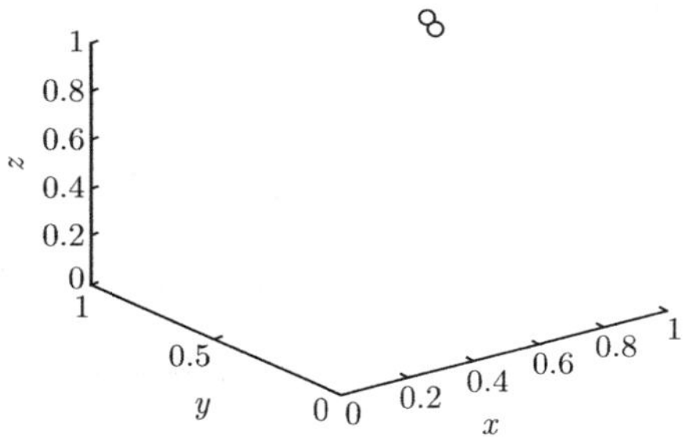

(b) $k_1=k_2=k_3=0.254$

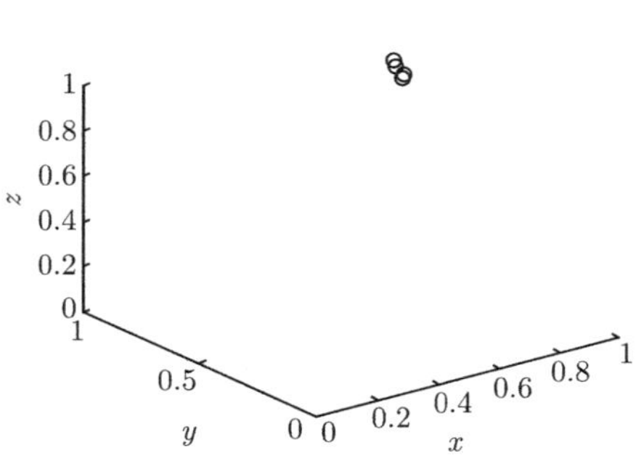

(c) $k_1=k_2=k_3=0.255$

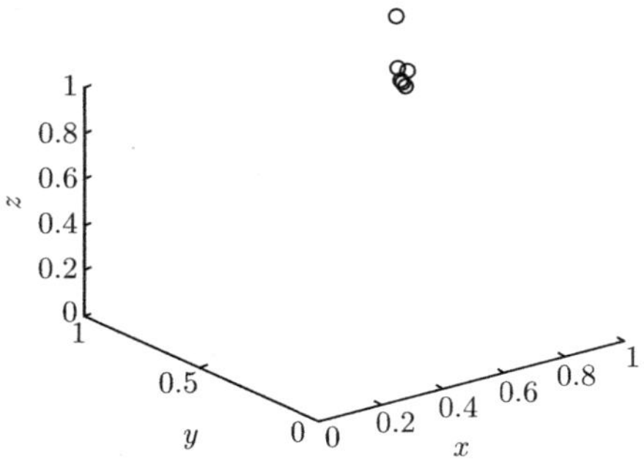

(d) $k_1=k_2=k_3=0.256$

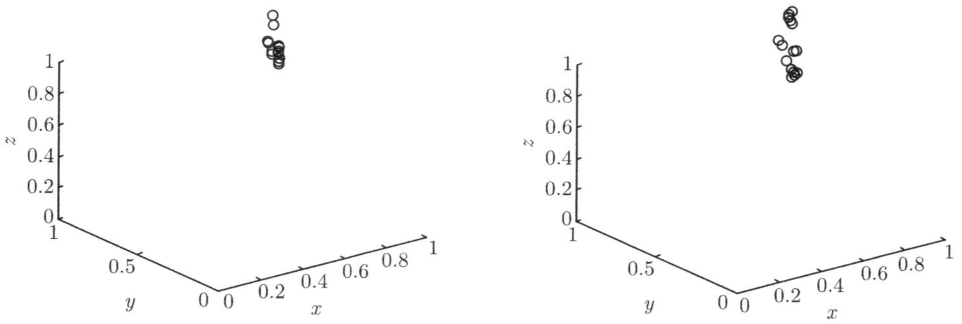

(e) $k_1=k_2=k_3=0.257$　(f) $k_1=k_2=k_3=0.258$

图 9.17　演化 2000 次后的产量密度分布状态

9.4.3　模型的混沌控制

本节采用系统变量的反馈和参数调节的控制策略，对供应链中三角色企业产量决策的倍周期分岔和不稳定的周期轨道进行控制。

为了简化分析，本节做以下假设：

(1) 供应链中的生产商是有限理性的决策者。

(2) 如果在系统中加入的控制信号为 μ，那么第 i 级企业对控制信号的反应满足 $\mu_i \in [0,1]$。

(3) 假定所有的企业控制规则相同。

将原系统设为

$$\begin{cases} q_1(t+1) = X\left(q_1(t), q_2(t), q_3(t)\right) \\ q_2(t+1) = Y\left(q_1(t), q_2(t), q_3(t)\right) \\ q_3(t+1) = Z\left(q_1(t), q_2(t), q_3(t)\right) \end{cases} \tag{9.19}$$

对其施以下面的参数调节和状态反馈控制策略：

$$\begin{cases} q_1(t+m) = \mu X^{(m)}\left(q_1(t), q_2(t), q_3(t)\right) + (1-\mu)q_1(t), \\ q_2(t+m) = \mu Y^{(m)}\left(q_1(t), q_2(t), q_3(t)\right) + (1-\mu)q_2(t), \quad 0<\mu<1 \\ q_3(t+m) = \mu Z^{(m)}\left(q_1(t), q_2(t), q_3(t)\right) + (1-\mu)q_3(t), \end{cases} \tag{9.20}$$

其中，$\mu=1$ 时，受控系统退化为原系统。当 $m=1$ 时，开始加入控制，随着迭代次数的增加，相应的 $m=2,4,8,\cdots$，即控制二周期，四周期，八周期，$\cdots$ 轨道，每经过 m 次迭代加入一次控制。如果 m 值比较高，适合对混沌系统中较高周期轨道进行控制，本节讨论系统在 $m=1$ 时的控制条件。对调节参数 μ 进行调整，就可以实现对系统的混沌控制。

供应链中的生产商是有限理性的决策者，分销商和零售商是简单理性的决策者。如果在系统中加入的控制信号为 μ，那么第 i 级企业对控制信号的反应满足 $\mu_i \in [0,1]$，假定所有的企业控制规则相同，那么第 i 级企业的产量决策函数可以表示为

$$x_i{}' = \mu_i(x_i + k_i x_i(-3\gamma_i x_i^2 + 2(\beta_i - c_i)x_i + \alpha_i - b_i)) + (1-\mu_i)x_i \tag{9.21}$$

那么，受控企业的产量博弈模型可以表示为如下形式：

$$\begin{cases} x_1' = \mu_1(x_1 + k_1 x_1(-3\gamma_1 x_1^2 + 2(\beta_1 - c_1)x_1 + \alpha_1 - b_1)) + (1-\mu_1)x_1 \\ x_2' = \mu_2(x_2 + k_2 x_2(-3\gamma_2 x_2^2 + 2(\beta_2 - c_2)x_2 + \alpha_2 - b_2)) + (1-\mu_2)x_2 \\ \vdots \\ x_i' = \mu_i(x_i + k_i x_i(-3\gamma_i x_i^2 + 2(\beta_i - c_i)x_i + \alpha_i - b_i)) + (1-\mu_i)x_i \\ \vdots \\ x_n' = \mu_n(x_n + k_n x_n(-3\gamma_n x_n^2 + 2(\beta_n - c_n)x_n + \alpha_n - b_n)) + (1-\mu_n)x_n \end{cases} \tag{9.22}$$

因为代数方程组的解不依赖于参数 μ，所以纳什均衡解不变。当 μ =1 时，受控系统退化为原系统；选取适当的调节参数 μ，就可以确保不动点在较原系统更大的范围内保持稳定，延迟分岔的发生。

把上面的参数代入，得到以下受控模型：

$$\begin{cases} x' = \mu(x + k_1 x(-3x^2 + 0.2x + 4.5)) + (1-\mu)x \\ y' = \mu(y + k_2 y(-3y^2 + 0.4y + 4.6)) + (1-\mu)y \\ z' = \mu(z + k_3 z(-3z^2 + 0.6z + 4.7)) + (1-\mu)z \end{cases} \tag{9.23}$$

下面应用分岔图、李雅普诺夫指数谱、时序图、敏感依赖图等工具对此模型进行数值模拟分析，通过调整混沌控制参数 μ 的值，来对处于混沌状态的生产商产量决策的控制效果进行研究。

图 9.18 是控制参数 $\mu = 0.9$ 时生产商 x 的产量分岔图，当 k_1 在 0.2385 处时，系统出现第一次分岔，在 0.2835 处出现第二次分岔，在 0.2955 处出现第三次分岔直至混沌。和图 9.1 没有加入控制参数 μ 相比，稳定区域扩大了。当控制参数 $\mu = 0.8$，k_1 在 0.2685 处时，系统出现第一次分岔，如图 9.19 所示。当控制参数 $\mu = 0.7$ 时，系统的分岔图呈直线，证明在此参数下，系统已经稳定。图 9.19 和图 9.20 分别是控制参数 $\mu = 0.8$ 和 $\mu = 0.7$ 时生产商 x 的产量分岔图，如图 9.20 所示。

李雅普诺夫指数图也是分析系统复杂演化趋势的一个重要工具。如图 9.21 所示，当控制参数 $\mu = 0.9$ 时，系统在 $k_1 \in (0, 0.2385)$ 区间内是稳定的，当 $k_1 < 0.243$

时，系统处于倍周期分岔的过程。当 $k_1 > 0.243$ 时，系统处于混沌区，和没有加入控制参数 μ 相比，扩大了李雅普诺夫指数为负值的区域，达到了控制效果。

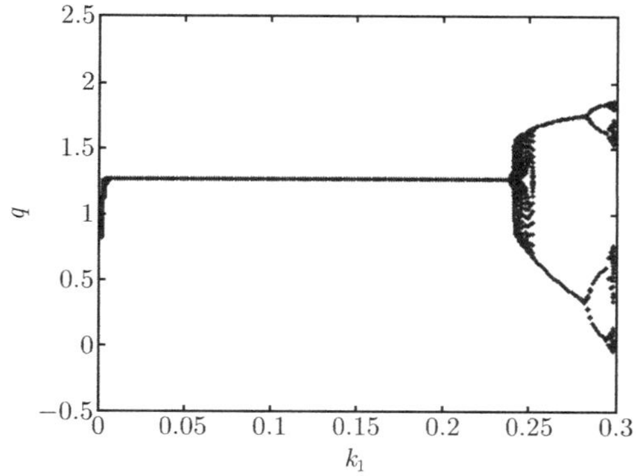

图 9.18　$\mu = 0.9$ 时生产商 x 的产量分岔图

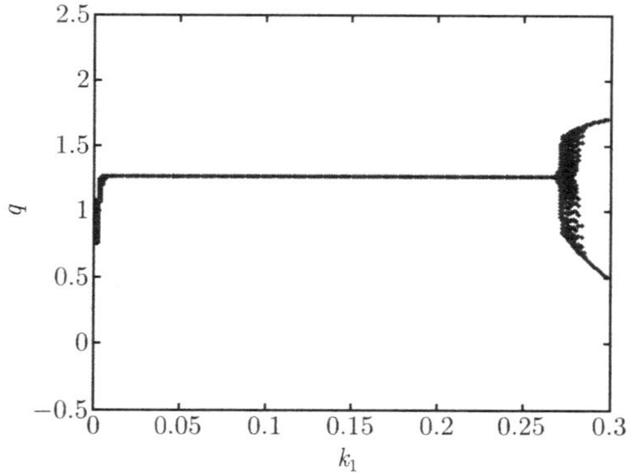

图 9.19　$\mu = 0.8$ 时生产商 x 的产量分岔图

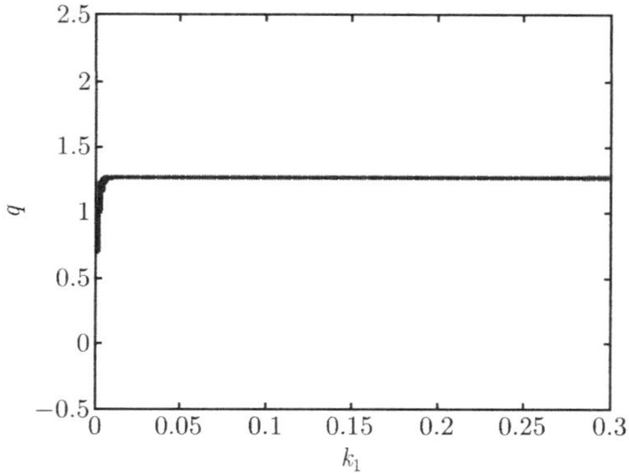

图 9.20　$\mu = 0.7$ 时生产商 x 的产量分岔图

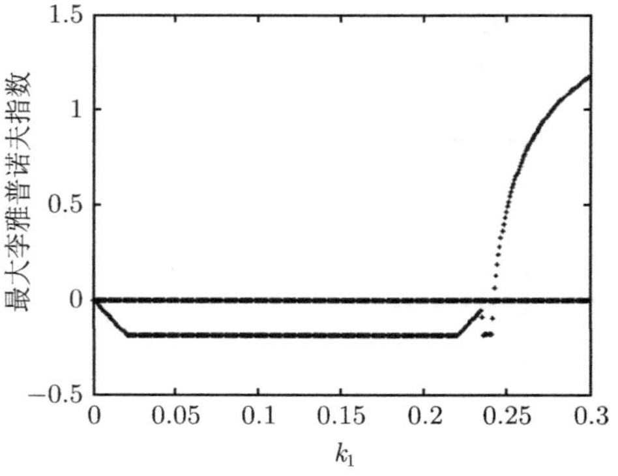

图 9.21　$\mu = 0.9$ 时最大李雅普诺夫指数图

当控制参数 $\mu = 0.8$ 时，如图 9.22 所示，当 $k_1 > 0.276$ 时，系统处于混沌区。当控制参数 $\mu = 0.7$ 时，如图 9.23 所示，系统的最大李雅普诺夫指数都小于或等于零，而且 μ 值越小，系统越稳定。

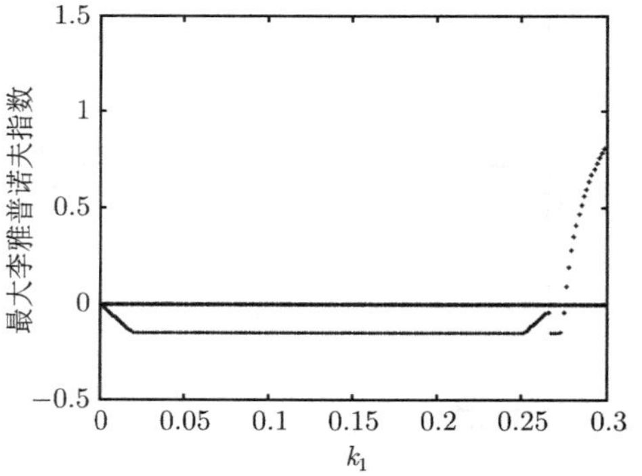

图 9.22　$\mu = 0.8$ 时最大李雅普诺夫指数图

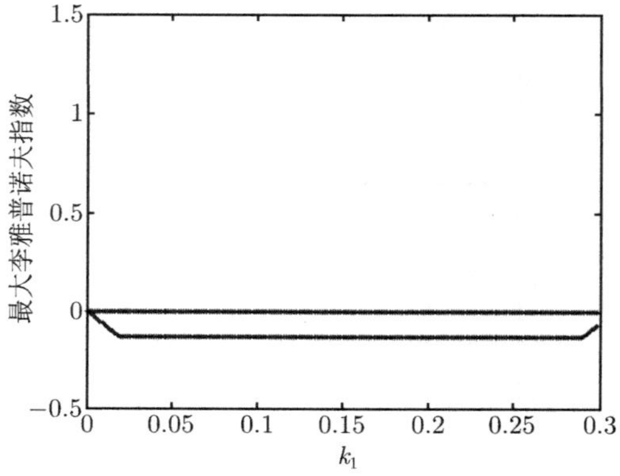

图 9.23　$\mu = 0.7$ 时最大李雅普诺夫指数图

在图 9.24、图 9.25 、图 9.26 中，令初始条件 $(0.2, 0.4, 0.6)$ 变为 $(0.2, 0.4, 0.6001)$，变化幅度为 0.0001，再观察经过控制后各生产商的产量决策对系统初值的敏感性变化。当 $\mu = 0.9$ 时，生产商 x 在迭代前 60 次比较稳定，60 次后波动逐渐加大，处于混沌状态。比控制之前的图 9.14 的稳定次数多了 40 次，且波动幅度减小。当 $\mu = 0.8$ 和 $\mu = 0.7$ 时，各生产商产量决策波动呈现一条直线，处于稳定态。

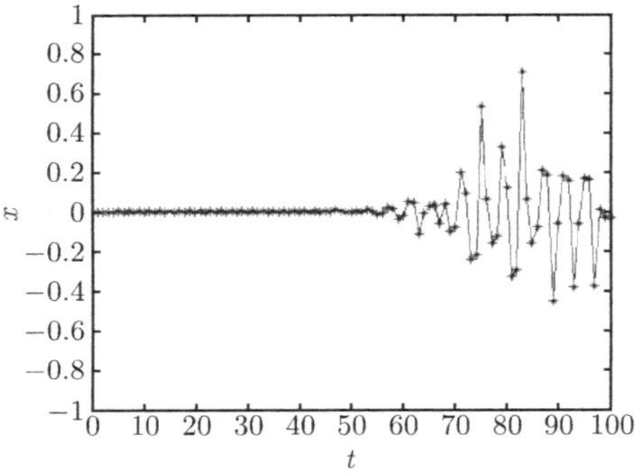

图 9.24　$\mu = 0.9$ 时生产商 x 的产量决策对系统初值的敏感性

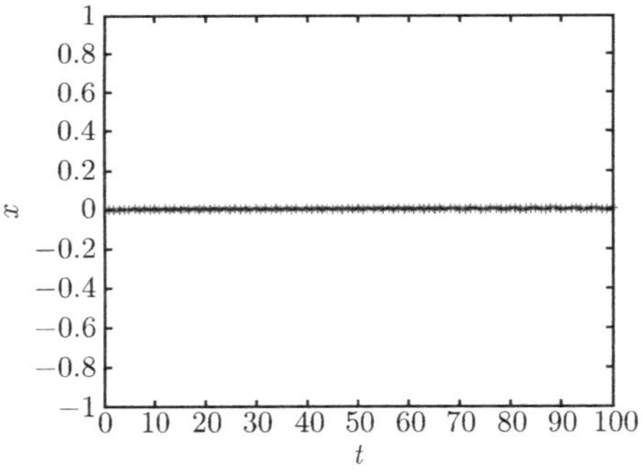

图 9.25　$\mu = 0.8$ 时生产商 x 的产量决策对系统初值的敏感性

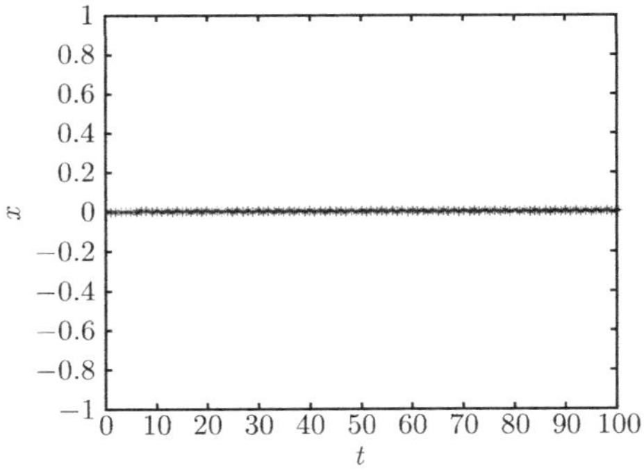

图 9.26　$\mu = 0.7$ 时生产商 x 的产量决策对系统初值的敏感性

图 9.27 、图 9.28 和图 9.29 是控制参数 μ 取不同值的情况下生产商 x 的时序图，可以看出，当 $\mu=0.9$ 时，生产商的产量决策呈现不规则的变化，当 $\mu=0.8$ 时，生产商的产量决策呈周期性规律变化，当 $\mu=0.7$ 时，生产商的产量决策呈现稳定的周期变化，并且波动幅度开始减小。

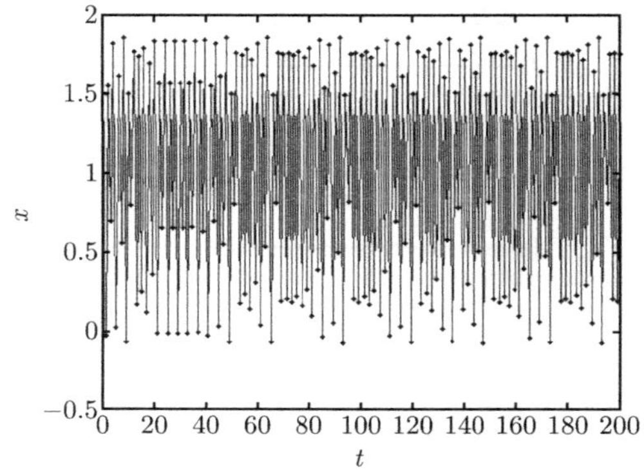

图 9.27　$\mu=0.9$ 时生产商 x 的时序图

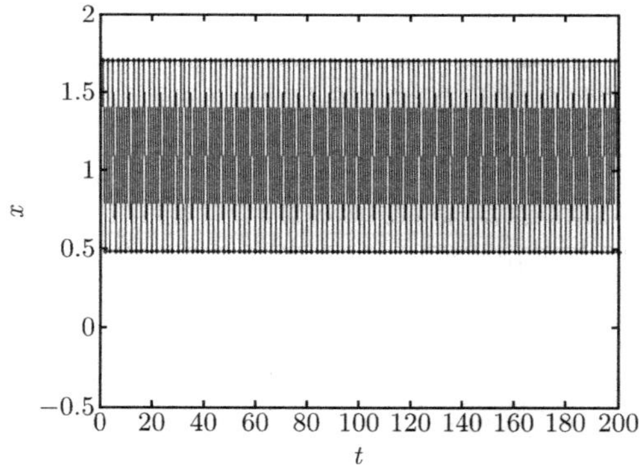

图 9.28　$\mu=0.8$ 时生产商 x 的时序图

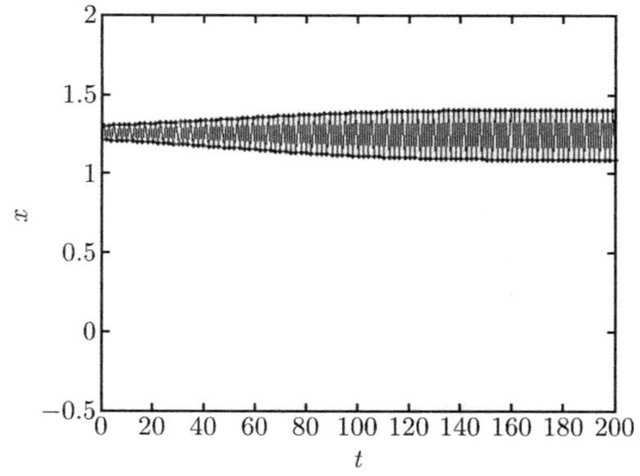

图 9.29　$\mu=0.7$ 时生产商 x 的时序图

以上的分析，形成了三种典型的控制方案：

(1) $\mu = 0.9$ 时，系统处于混沌区。

(2) $\mu = 0.8$ 时，系统处于分岔区。

(3) $\mu = 0.7$ 时，系统处于稳定区。

当控制参数 $\mu = 0.9$ 时，系统仍然处于混沌区，但是稳定区域增大；当控制参数 $\mu = 0.8$ 时，混沌现象得到抑制，系统处于分岔区，最大李雅普诺夫指数等于零，说明有混沌周期窗口出现；当控制参数 $\mu = 0.7$ 时，混沌现象被完全抑制，最大李雅普诺夫指数小于零，系统处于稳定区，达到了混沌控制的目的。

9.4.4 模型的动力学分析及应用解释

三级供应链是目前供应链研究的热点，因为这种形式最典型而且相比两角色供应链来说更加贴近实际情况。我国很多中大型生产企业都处于这种供应链中。三级供应链具有完善的销售渠道，对市场反应敏捷快速，生产能力充足并且能够及时满足需求的变化。生产商、分销商和零售商分别对下级负责，满足下级企业的需求。

供应链的下游零售商要反映不确定的市场需求，使得自身的订货量不断发生变化，这种需求的波动经过分销商的放大传递到生产商处，导致生产商的产量决策出现混沌现象，这就是牛鞭效应的出现过程，和本节仿真分析的结果一致。由于零售商和分销商的决策是简单理性的，只考虑其下级企业的需求，所以决策也是稳定的，生产商因为涉及组织生产，产量决策是有限理性的，不但要考虑下级的需求，还要考虑设备的利用率、不合格品的更换、退换货的数量等，所以产量决策会出现混沌态。仿真结果显示，如果加快产量速度系数的调整，生产商决策将会进入混沌态。但是，分销商和零售商决策仍然稳定。但是分销商和零售商两角色在决策时的稳定态是否对供应链系统有利，目前有两种观点：本节的混沌控制是其中之一，把生产商的决策通过控制项增大其稳定域或者完全消除混沌，有利于生产的稳定进行；还有一种观点，分销商和零售商的决策混沌化对整条供应链中参与博弈的企业有好处。

本节研究了最常见的一类供应链系统：三级供应链系统的牛鞭效应的模拟及缓解过程。其中，零售商根据市场需求向分销商订货，分销商根据零售商的订货决策向生产商订货，生产商根据分销商的订货量决定产量。在合作产量博弈模型的稳定性分析后运用李雅普诺夫指数、吸引子、时序图、对初始条件的敏感依赖性和密度分布等方法研究了该模型的复杂性，并采用参数调节和状态反馈控制策略对模型进行了混沌控制。在三级供应链中，调整生产商的产量决策系数，可以有效地抑制牛鞭效应发生。

1. N 级供应链牛鞭效应的大小

为了研究供应链系统的混沌程度，建立相应的数学模型是必要的。假设所研究的 N 级供应链模型类似于传统啤酒游戏模型，如图 9.30 所示。其订单决定过程如下。

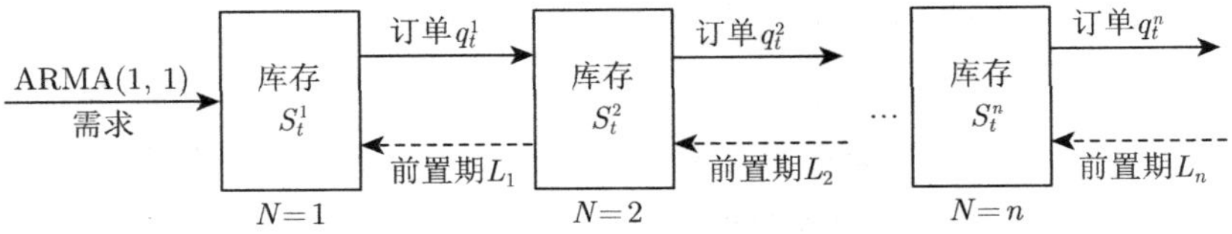

图 9.30　N 级供应链模型

在 $t-1$ 期末，零售商 $(N=1)$ 根据 $t-1$ 期需求 D_{t-1}^1 确定 t 期库存数量 S_t^1，同时发出订单 q_t^1 来满足 S_t^1，前置期为 L_1。批发商 $(N=2)$ 收到订单 q_t^1 后，根据 D_{t-1}^2 计算自己的库存策略数量 S_t^2，从而向第三级 $(N=3)$ 发出订单 q_t^2，订单的前置期为 L_2。此过程递推，在第 n 级 $(N=n)$ 产生的订单为 q_t^n，前置期为 L_n。假设 N 级供应链每一级中，需求关系均服从 ARMA(1, 1) 时间序列过程：

$$D_t = \delta + \rho D_{t-1} + \varepsilon_t - \varphi\varepsilon_{t-1} \tag{9.24}$$

其中，δ 为非负常数；ρ 为自回归系数 $|\rho|<1$；φ 为移动平均系数 $|\varphi|<1$；ε_t 为移动平均模型的误差项，服从均值为 0、方差为 σ^2 的标准正态分布，且：

$$\begin{aligned} E[D_t] &= \mu_d = \frac{\delta}{1-\rho} \\ \mathrm{Var}(D_t) &= \sigma_d^2 = \frac{1+\varphi^2-2\rho\varphi}{1-\varphi^2}\sigma^2 \end{aligned} \tag{9.25}$$

订单 q_t、库存 S_t 和需求 D_{t-1} 的关系满足订至点库存模型：

$$q_t = S_t - S_{t-1} + D_{t-1} \tag{9.26}$$

$$S_t = \hat{D}_t^L + z\hat{\sigma}_t^L \tag{9.27}$$

$\hat{D}_t^L$ 为前置期 L 内需求预测值，满足 $\hat{D}_t^L = \sum\limits_{i=0}^{L-1}\hat{D}_{t+i}$。假设零售商采用均方误差法预测需求，那么有 $\hat{D}_t^L = \sum\limits_{i=0}^{L-1}\hat{D}_{t+i}$，根据 Duc 的证明，ARMA(1, 1) 需求模型下零售商订单 q_t^1 的方差为

$$\mathrm{Var}(q_t) = \left(1 + \frac{2(\rho-\varphi)(1-\rho^L)(1-\rho^{L+1}-\rho\varphi(1-\rho^{L-1}))}{(1-\rho)(1+\varphi^2-2\rho\varphi)}\right)\sigma_d^2 \tag{9.28}$$

根据定义，基于 ARMA(1, 1) 需求过程，牛鞭效应的大小为

$$\mathrm{BW}(L,\rho,\varphi)=\frac{\mathrm{Var}(q_t)}{\sigma_d^2}=1+\frac{2(\rho-\varphi)(1-\rho^L)(1-\rho^{L+1}-\rho\varphi(1-\rho^{L-1}))}{(1-\rho)(1+\varphi^2-2\rho\varphi)} \tag{9.29}$$

当 $N=2$ 时，批发商采用相同的预测方法，当以订单传递过程作为研究对象时，可以得到 $N=2$ 时，总的前置期为 L_1+L_2，批发商需求预测值为 $\hat{D}_t^L=\sum\limits_{i=L_1}^{L_1+L_2}\hat{D}_{t+i}$。根据 Chen 等 (2000) 关于 AR(1) 前置期的论述与 Hosoda 和 Disney (2006) 的证明，在订至点库存策略下，N 级供应链总前置期应该为各级前置期之和，即

$$L_n=\sum_{i=1}^{n}L_i=L_1+L_2+\cdots+L_n \tag{9.30}$$

其基于 ARMA(1, 1) 需求过程订单方差有表达式：

$$\mathrm{Var}(q_t^n)=\left(1+\frac{2(\rho-\varphi)\left(1-\rho^{\sum\limits_{i=1}^{n}L_i}\right)\left(1-\rho^{\sum\limits_{i=1}^{n}L_i+1}-\rho\varphi\left(1-\rho^{\sum\limits_{i=1}^{n}L_i-1}\right)\right)}{(1-\rho)(1+\varphi^2-2\rho\varphi)}\right)\sigma_d^2 \tag{9.31}$$

所以，N 级供应链牛鞭效应的大小：

$$\begin{aligned}\mathrm{BW}^n(L^n,\rho,\varphi)&=\frac{\mathrm{Var}(q_t^n)}{\sigma_d^2}\\&=1+\frac{2(\rho-\varphi)\left(1-\rho^{\sum\limits_{i=1}^{n}L_i}\right)\left(1-\rho^{\sum\limits_{i=1}^{n}L_i+1}-\rho\varphi\left(1-\rho^{\sum\limits_{i=1}^{n}L_i-1}\right)\right)}{(1-\rho)(1+\varphi^2-2\rho\varphi)}\end{aligned} \tag{9.32}$$

2. N 级供应链牛鞭效应的李雅普诺夫指数计算

最大李雅普诺夫指数是定量描述复杂系统动力学特性，也是标识系统混沌程度的重要参数之一。Efstathiou 和 Kariuki (2001) 重点研究了一维非线性动力学系统，其方程如下所示：

$$x_{n+1}=F(x_n) \tag{9.33}$$

指出初始两点随时间的推移，距离离散变化的大小可以由式 (9.34) 决定，其中 λ 就是李雅普诺夫特性指数。

$$|x_{n+1}-x_n|=|x_1-x_0|\exp(\lambda n),\quad \lambda>0 \tag{9.34}$$

$$\lambda = \frac{1}{n}\ln\left|\frac{x_{n+1}-x_n}{x_1-x_0}\right| \quad 或 \quad \lambda = \lim_{n\to\infty}\frac{1}{n}\ln\left|\frac{\mathrm{d}F^n(x)}{\mathrm{d}x}\right|$$

一般来讲，一维非线性系统只有一个李雅普诺夫指数，它可能大于、等于或小于零。例如，对于稳定的不动点有 $|\mathrm{d}F/\mathrm{d}x|<1$，那么 $\lambda<0$。对于稳定周期 n，由于它是映射 $x_{n+1}=F(x_n)$ 的不动点，所以 $\lambda<0$。对于混沌运动，由于敏感的初始条件，有 $\lambda>0$。可见，λ 由负变正表明了运动向混沌的转变，所以 $\lambda>0$，表明系统运动轨道在局部不稳定，相邻轨道指数迅速分离，轨道在整体性的稳定因素作用下反复折叠，形成混沌状态。

假设 N 级供应链为一维动力学系统，其动力学模型如图 9.30 所示。其中输入为需求 D_t^n，输出为订单 q_t^n。考虑系统的初始点为第一级 $(N=1)$，订单方差 $\mathrm{Var}(q_t^n)$ 作为因变量变化，需求的方差 $\mathrm{Var}(D_t)$ 作为自变量变化，如果随着级数 $(N>1)$ 的增加，相邻两级距离逐渐增加，也就是方差逐级放大，那么可以认为系统处在混沌状态。如果距离减小，方差缩小，则表明系统相对稳定，不产生混沌。而根据牛鞭效应的定义，恰恰订单方差的逐级放大就会导致牛鞭效应，那么可以认为，混沌状态必然导致牛鞭效应的发生，这就把混沌行为和牛鞭效应联系起来。所以在 N 级供应链模型中要量化混沌行为，首先应该计算 N 级供应链的李雅普诺夫指数。比较式 (9.28)、式(9.31) 可以得到

$$\begin{aligned}
&\mathrm{Var}(q_t^n)-\mathrm{Var}(q_t^{n-1})\\
&=\frac{2(\rho-\varphi)}{(1-\rho)(1+\varphi^2-2\rho\varphi)}\\
&\cdot\left[\begin{array}{l}\left(1-\rho^{\sum\limits_{i=1}^{n}L_i}\right)\left(1-\rho^{\sum\limits_{i=1}^{n}L_i+1}-\rho\varphi\left(1-\rho^{\sum\limits_{i=1}^{n}L_i-1}\right)\right)\\
-\left(1-\rho^{\sum\limits_{i=1}^{n-1}L_i}\right)\left(1-\rho^{\sum\limits_{i=1}^{n-1}L_i+1}-\rho\varphi\left(1-\rho^{\sum\limits_{i=1}^{n-1}L_i-1}\right)\right)\end{array}\right]\\
&=\frac{2(\rho-\varphi)}{(1-\rho)(1+\varphi^2-2\rho\varphi)}\left[\begin{array}{c}(\rho^{L_n}\varphi-\rho^{L_n+1})-(\rho^{L_n}-\rho^{L_n}\rho^{L_n+1}\\
-\rho\varphi\rho^{L_n}+\rho\varphi\rho^{L_n}\rho^{L_n-1})\end{array}\right]\\
&=\frac{2(\rho-\varphi)}{(1-\rho)(1+\varphi^2-2\rho\varphi)}\left[\begin{array}{c}(\rho^{L_n}\varphi-\rho^{L_n+1})-(\rho^{L_n}-\rho^{L_n}\rho^{L_n+1}\\
-\varphi\rho^{L_n+1}+\varphi\rho^{L_n}\rho^{L_n})\end{array}\right]\\
&=\frac{2(\rho-\varphi)\rho^{L_n}}{(1-\rho)(1+\varphi^2-2\rho\varphi)}(\varphi-\rho-1+\rho^{L_n+1}+\varphi\rho-\varphi\rho^{L_n})
\end{aligned}$$

$$\mathrm{Var}(q_t^1)-\mathrm{Var}(q_t^0)=\frac{2(\rho-\varphi)\rho^{L_1}}{(1-\rho)(1+\varphi^2-2\rho\varphi)}(\varphi-\rho-1+\rho^{L_1+1}+\varphi\rho-\varphi\rho^{L_1})$$

那么

$$\frac{\mathrm{Var}(q_t^n)-\mathrm{Var}(q_t^{n-1})}{\mathrm{Var}(q_t^1)-\mathrm{Var}(q_t^0)}=\frac{(\varphi-\rho-1+\rho^{L_n+1}+\varphi\rho-\varphi\rho^{L_n})\rho^{L_n}}{(\varphi-\rho-1+\rho^{L_1+1}+\varphi\rho-\varphi\rho^{L_1})\rho^{L_1}} \tag{9.35}$$

所以，N 级供应链系统的李雅普诺夫指数值为

$$\begin{aligned}\lambda&=\frac{1}{n}\ln\left|\frac{\mathrm{Var}(q_t^n)-\mathrm{Var}(q_t^{n-1})}{\mathrm{Var}(q_t^1)-\mathrm{Var}(q_t^0)}\right|\\&=\frac{1}{n}\ln\left|\frac{(\varphi-\rho-1+\rho^{L_n+1}+\varphi\rho-\varphi\rho^{L_n})\rho^{L_n}}{(\varphi-\rho-1+\rho^{L_1+1}+\varphi\rho-\varphi\rho^{L_1})\rho^{L_1}}\right|\end{aligned} \tag{9.36}$$

由于李雅普诺夫指数表明了混沌系统对初始态的依赖程度以及距离很近的相点之间演化轨迹的发散程度，如果李雅普诺夫指数大于零，则表明需求方差放大的行为存在混沌特性，就可以用混沌理论的方法对其进行研究，众所周知，关于牛鞭效应的研究中，重点在于如何对不确定的需求进行准确的预测，而在混沌理论中，可以通过相空间重构、最大李雅普诺夫指数预测等方法对需求作出准确预测。而准确预测的前提是系统必须存在混沌特性。

3. *N* 级供应链牛鞭效应的混沌判定

从式 (9.36) 可以看出，由于存在非线性项 ρ^{L_n}、ρ^{L_1}，这就使得当 ρ 小于零时，L_n、L_1 的奇偶性会影响李雅普诺夫指数 λ 的终值；当 ρ 大于零时，无论 L_n、L_1 的奇偶，非线性项 ρ^{L_n}、ρ^{L_1} 均大于零，所以分 $0<\rho<1$、$-1<\rho<0$ 两种情况讨论 N 级供应链的混沌状态。

1) $0<\rho<1$ 的情况

定理 9.1　当 $0<\rho<1$ 时，N 级供应链系统具有以下性质：

(1) $\rho>\varphi$，$\mathrm{BW}^n(L,\rho,\varphi)>1$。

(2) 当 $L_1<L_n$ 时，$\lambda<0$，系统不存在混沌状态；当 $L_1=L_n$ 时，$\lambda=0$，系统处于混沌临界点；当 $L_1>L_n$ 时，$\lambda>0$，系统处于混沌状态。

证明：

(1) 式 (9.28) 中，设 $f=1-\rho^{\sum_{i=1}^{n}L_i+1}-\rho\varphi\left(1-\rho^{\sum_{i=1}^{n}L_i-1}\right)$，$\mathrm{d}f/\mathrm{d}\varphi=-\rho\left(1-\rho^{\sum_{i=1}^{n}L_i-1}\right)$，当 $0<\rho<1$ 时，$\mathrm{d}f/\mathrm{d}\varphi<0$，$f$ 为递减函数，$f(\varphi=1)=(1-\rho)\left(1+\rho^{\sum_{i=1}^{n}L_i}\right)>0$，所以 $-1<\varphi<1$ 时，$f>0$。又因为 $1-\rho^{\sum_{i=1}^{n}L_i}>0$，

$(1-\rho)(1+\varphi^2-2\rho\varphi)>0$，所以当 $0<\rho<1$，$\rho>\varphi$ 时，$\rho-\varphi>0$，从而 $\mathrm{BW}^n(L,\rho,\varphi)>1$。

(2) 设 $A(L_n)=(\varphi-\rho-1+\rho^{L_n+1}+\varphi\rho-\varphi\rho^{L_n})\rho^{L_n}$，当 $L_1<L_n$ 时，因为 $0<\rho<1$, $\rho^{L_n}<\rho^{L_1}$，可得 $0<A(L_n)<A(L_1)$，所以 $|A(L_n)/A(L_1)|<1$，$\lambda<0$，系统不存在混沌。同理可证，当 $L_1>L_n$ 时，$|A(L_n)/A(L_1)|>1$，$\lambda>0$，系统处于混沌状态；当 $L_1=L_n$ 时，$\lambda=0$，系统处于混沌临界点，如图 9.31 所示。

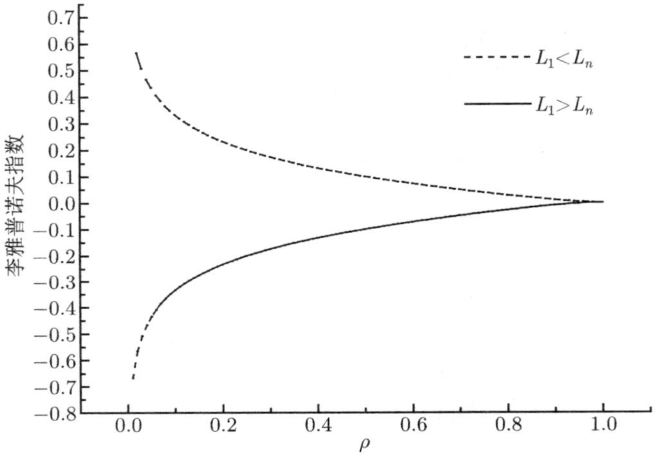

图 9.31　$L_1<L_n$、$L_1>L_n$，李雅普诺夫指数值 ($\varphi=0.3$)

从以上的分析可以得到这样的结论：当 $0<\rho<1$，且 $\rho>\varphi$ 时，N 级供应链系统出现混沌行为必然会导致牛鞭效应。因为混沌的产生源于系统的不稳定，而牛鞭效应正是系统不确定因素影响后，不稳定的体现。所以可以把牛鞭效应和李雅普诺夫指数结合起来考察系统参数变化所带来稳定性的变化。

定理 9.2　当 $0<\rho<1$ 时，N 级供应链李雅普诺夫指数与 φ 大小无关，与 L_n、L_1 的奇偶性无关，仅仅与 L_n、L_1 的大小有关。

证明：为了考察参数 φ 与李雅普诺夫指数之间的关系，这里取 $L_n=7$、$L_1=6$，分别计算 $\varphi=-0.9$、-0.3、0.5 在 $L_1<L_n$、$L_1>L_n$ 两种情况下 $n\lambda$ 的大小，结果如表 9.1、表 9.2 所示。

从表 9.2 可以看到，当 φ 的取值从 $-1\sim1$ 变化的时候，φ 的取值不影响李雅普诺夫指数的大小，也就是说 φ 对系统稳定性影响不大。假设 $A(L_n)=(\varphi-\rho-1+\rho^{L_n+1}+\varphi\rho-\varphi\rho^{L_n})\rho^{L_n}$，当参数 ρ、φ 固定时，可以得到 $A(L_n)$、$A(L_1)$ 随着 ρ^{L_n}、ρ^{L_1} 的取值变化而变化；此外，当 $0<\rho<1$，无论 L_n、L_1 奇偶性如何，ρ^{L_n}、ρ^{L_1} 的符号始终相同，且变化方向也相同，这就证明系统的李雅

普诺夫指数与 L_n、L_1 的奇偶性无关，而仅仅与其大小有关。

表 9.1　当 $L_1 < L_n$ 时，李雅普诺夫指数 $n\lambda$ 的值 ($L_n = 7$、$L_1 = 6$)

φ	ρ								
	0.1	0.2	0.3	0.4	0.5	0.6	0.7	0.8	0.9
$\varphi = -0.9$	− 1	− 0.699	− 0.5228	− 0.3974	− 0.2994	− 0.2178	− 0.1469	− 0.0841	−0.0304
$\varphi = -0.3$	− 1	− 0.699	− 0.5228	− 0.3974	− 0.2994	− 0.2178	− 0.147	− 0.0842	− 0.0304
$\varphi = 0.5$	− 1	− 0.699	− 0.5228	− 0.3974	− 0.2994	− 0.2179	− 0.1471	− 0.0843	− 0.0305

表 9.2　当 $L_1 > L_n$ 时，李雅普诺夫指数 $n\lambda$ 的值 ($L_n = 6$、$L_1 = 7$)

φ	ρ								
	0.1	0.2	0.3	0.4	0.5	0.6	0.7	0.8	0.9
$\varphi = -0.9$	1	0.699	0.5228	0.3974	0.2994	0.2178	0.1469	0.0841	0.0304
$\varphi = -0.3$	1	0.699	0.5228	0.3974	0.2994	0.2179	0.1471	0.0843	0.0305
$\varphi = 0.5$	1	0.699	0.5229	0.3977	0.3002	0.2193	0.1491	0.0864	0.0319

2) $-1 < \rho < 0$ 的情况

假设 L_n、L_1 奇偶性相同，当 L_n、L_1 同为奇数或者同为偶数，$-1 < \rho < 0$ 时，非线性项 ρ^{L_n} 与 ρ^{L_1} 正负相同，且分子、分母正负相抵，所以 $-1 < \rho < 0$ 时，李雅普诺夫指数的取值与 $0 < \rho < 1$ 时相同，参照命题 1：当 $L_1 < L_n$ 时，$\lambda < 0$，系统不存在混沌状态；当 $L_1 > L_n$ 时，$\lambda > 0$，系统处于混沌状态。如果 L_n、L_1 奇偶性不同，会造成 ρ^{L_n}、ρ^{L_1} 的正负不同，导致李雅普诺夫的计算结果不同。以下分情况讨论不同取值、不同奇偶性下，系统稳定性的变化。

(1) 当 $L_n > L_1$，L_n 为奇数，L_1 为偶数，$-1 < \rho < 0$，$-1 < \varphi < 1$ 时，通过数值仿真可以得到 $\lambda_{\text{all}} < 0$，如图 9.32 (a) 所示，从图中可以看到，系统的李雅普诺夫指数 λ 始终小于零，在此条件下不存在混沌现象，系统处于稳定状态。同理，当 $L_n < L_1$，L_n 为偶数，L_1 为奇数，$-1 < \rho < 0$，$-1 < \varphi < 1$ 时，系统的李雅普诺夫指数 λ 大于零，系统出现混沌，如图 9.32 (b) 所示。

(2) 当 $L_n > L_1$，L_n 为偶数，L_1 为奇数，$-1 < \rho < 0$，φ 从 $-1 \sim 1$ 变化时，N 级供应链系统的李雅普诺夫指数如图 9.33 所示。从图中可以得到，λ 多数是小于零的，但是在一些区间段，$\lambda > 0$，系统出现混沌，集中在 $-1 < \rho < -0.4$ 范围内。随着 φ 取值的增大，$\lambda > 0$ 的峰值向 $\rho = -0.4$ 靠近；但是无论取值是多少，当 $\rho > -0.4$ 时，李雅普诺夫指数均小于零，可以看出 $\rho = -0.4$ 是系统从混沌状态转为稳定状态的拐点。

(3) 当 $L_n < L_1$，L_n 为奇数，L_1 为偶数时，系统的李雅普诺夫指数如图 9.34 所示。同理，λ 多数大于零，系统出现混沌。当 $-1 < \rho < -0.4$ 时，随着 φ 取值的增大，李雅普诺夫指数不同程度地小于零，系统稳定，但是峰值逐渐向 $\rho = -0.4$

靠近，且均在 $\rho=-0.4$ 时，系统状态发生变化。结合图 9.33、图 9.34 可以认为，当 L_n、L_1 奇偶性不同时，$\rho=-0.4$ 可以作为系统混沌状态的临界点。

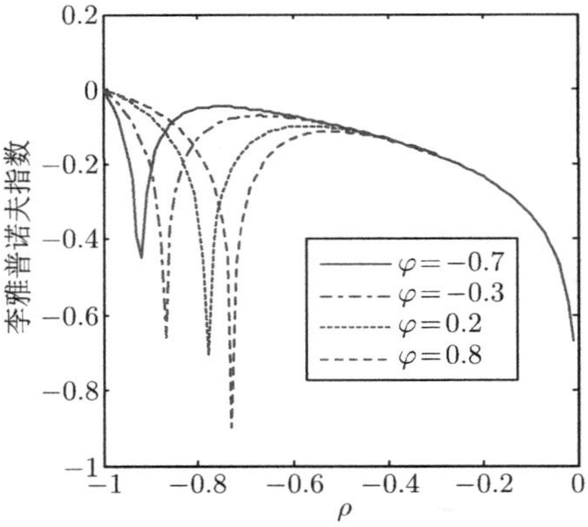

(a) $L_n>L_1$, $L_n=7$, $L_1=6$

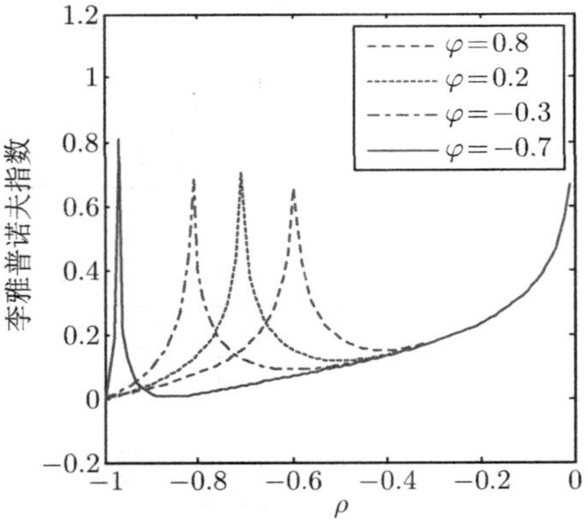

(b) $L_n<L_1$, $L_n=6$, $L_1=7$

图 9.32　L_n、L_1 奇偶性不同时，系统的李雅普诺夫指数

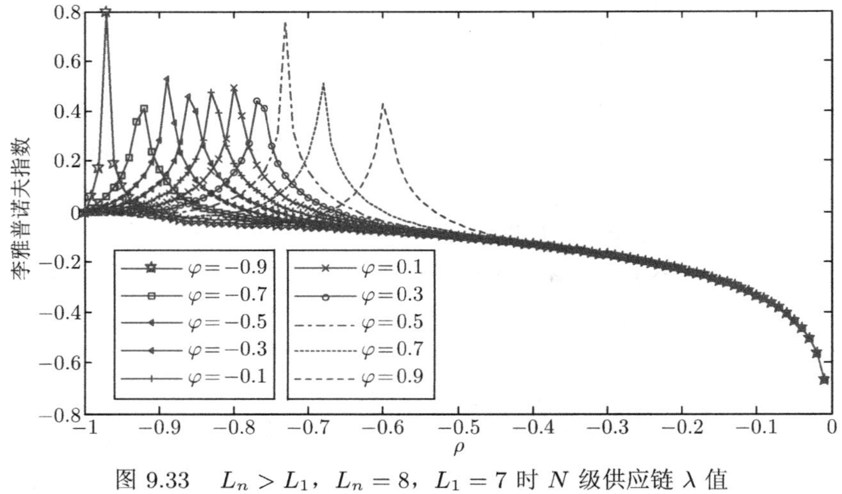

图 9.33　$L_n>L_1$，$L_n=8$，$L_1=7$ 时 N 级供应链 λ 值

根据上述数值结果可以看出，在不同的参数组合 $(\rho,\ \varphi,\ L_n,\ L_1)$ 下，λ 存在明显的差异。当 $\lambda>0$ 时，系统存在混沌现象，一方面，通过混沌预测的方法对需求进行预测，从而达到缓解牛鞭效应的目的；另一方面，可以通过调节参数 ρ、φ、L_n、L_1 来降低混沌，也就是降低李雅普诺夫指数，由于李雅普诺夫指数与牛鞭效应存在显著的联系，所以可以在一定程度上起到缓解牛鞭效应的作用。

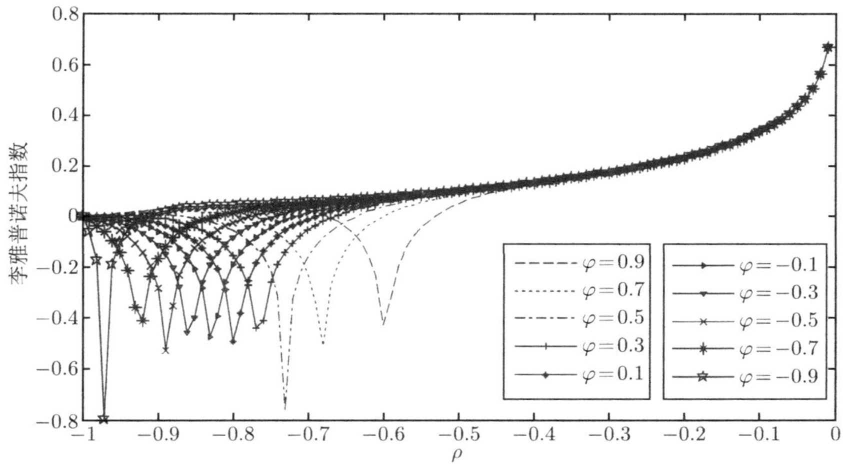

图 9.34　$L_n < L_1$，$L_n = 7$，$L_1 = 8$ 时 N 级供应链 λ 值

9.5　平行供应链间销量博弈下的牛鞭效应

随着互联网销售平台和网络直销的快速发展，出现了网络零售寡头。分销商和零售商直接从制造商那里购买商品，并通过网络平台向消费者出售。例如，小米手机同时通过小米商城和京东商城的官方网站销售。京东商城的价格可能高于小米商城的价格，但大多数时候，它们的表现相对稳定，作为零售商，它们通过服务和声誉将销售作为竞争的目标。零售寡头的销售博弈会导致需求、订单和库存的波动，因此有必要研究供应链销售竞争下的牛鞭效应。特别是，当零售商进行下一期的预测需求或预期销售量时，运营者经常会考虑是否可以获得更多利润，而不仅仅考虑以往的市场需求信息。因此，本节研究平行供应链之间有限理性的销售博弈造成的牛鞭效应。

Lee 等 (1997) 在研究牛鞭效应时指出，造成需求沿供应链放大的主要原因是需求的不确定性和市场价格波动。在完全竞争市场格局下，零售商对某产品下期市场需求的预测完全按照此产品上期的价格，如果价格波动不大，在不考虑其他因素的前提下，此产品当期需求相对不变，所以价格决定了市场需求的变化，市场价格的不可预测性会造成产品需求的随机性。再加上当需求沿供应链内部向上传递时，各种不确定因素的影响，造成了供应量整体对价格预测的扭曲，形成了牛鞭效应。所以，价格–需求模型已经成为供应链不确定性研究中的新热点，众多国内外学者展开了深入的研究。基于 Jarmain (1963)、Gallego 和 Ryzin (1994) 的工作，需求与价格存在递减关系，可以用线性方程表示出来。

9.5.1 平行供应链模型

本节构建包含一个制造商和两个零售商的供应链系统。两个零售商向共同的市场销售同一种产品，两者之间具备竞争关系，并且假设两个零售商根据市场信息，以产品的销量作为决策变量，构成一种古诺模型，如图 9.35 所示。

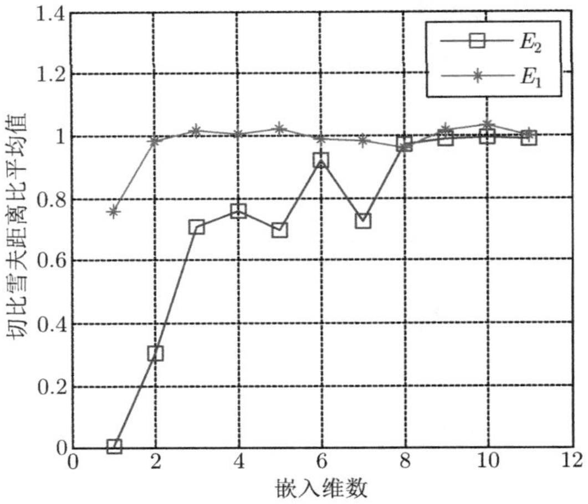

图 9.35　平行供应链模型

9.5.2 需求模型

零售商 1 和零售商 2 都选择销量作为决策变量，两者之间面对共同的市场，销售同一种产品，于是他们的逆需求函数可以写为

$$\begin{cases} p_{1,t} = a_1 - b_1 d_{1,t} - c_1 d_{2,t} \\ p_{2,t} = a_2 - b_2 d_{2,t} - c_2 d_{1,t} \end{cases} \tag{9.37}$$

其中，$d_{1,t}$、$d_{2,t}$ 分别为零售商 1 和零售商 2 在 t 时刻的市场需求；$p_{1,t}$、$p_{2,t}$ 分别为零售商 1 和零售商 2 的销售价格。假设零售商 1 和零售商 2 均从生产商购进商品，从而可分别得到零售商 1 和零售商 2 的利润函数：

$$\begin{cases} \Pi_{1,t} = d_{1,t}(a_1 - c - b_1 d_{1,t} - c_1 d_{2,t}) \\ \Pi_{2,t} = d_{2,t}(a_2 - c - b_2 d_{2,t} - c_2 d_{1,t}) \end{cases} \tag{9.38}$$

分别计算两个零售商的边际利润：

$$\begin{cases} \dfrac{\partial \Pi_{1,t}}{\partial d_{1,t}} = a_1 - c - 2b_1 d_{1,t} - c_1 d_{2,t} \\ \dfrac{\partial \Pi_{2,t}}{\partial d_{2,t}} = a_2 - c - 2b_2 d_{2,t} - c_2 d_{1,t} \end{cases} \tag{9.39}$$

由于零售商对市场情况和对手的信息了解并不完全，假设两个零售商基于有限理性预期，根据本期的边际利润对下一期的销量进行决策。当本期的边际利润大于零时，下一期零售商可以通过增加销量从而获得更多的利润，零售商下一期的销售策略为增加销量；在边际利润小于零的情况下，零售商则通过减少销量来增加价格，从而达到获取更多利润的目的。零售商 1 和零售商 2 基于有限理性决策准则的博弈系统可表示为

$$\begin{cases} d_{1,t+1} = d_{1,t} + \alpha d_{1,t}(a_1 - c - 2b_1 d_{1,t} - c_1 d_{2,t}) \\ d_{2,t+1} = d_{2,t} + \beta d_{2,t}(a_2 - c - 2b_2 d_{2,t} - c_2 d_{1,t}) \end{cases} \tag{9.40}$$

9.5.3　订单决策过程

假设两个零售商都采用订至点的库存策略。在第 t 期开始，零售商 1 知道自己第 $t-1$ 期的需求 $d_{1,t-1}$，零售商 1 必须估计出自己第 t 期的库存 S_t，并且向供应商发送订单 q_t。经过前置期 L_1 后，零售商 1 收到供应商的货物。S_t 是零售商 1 第 $t+L_1$ 期的预期库存量，由前置期的预测需求来决定：

$$S_{1,t} = \hat{D}_{1,t}^{L_1} + z\hat{\sigma}_{1,t}^{L_1} \tag{9.41}$$

其中，$\hat{\sigma}_{1,t}^{L_1} = \sqrt{\mathrm{Var}(D_{1,t}^{L_1} - \hat{D}_{1,t}^{L_1})}$，表示前置期的实际需求与预测需求之间的标准差。$z$ 为安全因子，表示预期的服务水平。为了达到预期的库存目标，在第 t 期开始的时候，零售商 1 必须向生产商发送订单。经过前置期 L_1 后，零售商 1 在第 $t+L_1$ 开始的时候收到生产商发来的货物。因此：

$$q_{1,t} = y_{1,t} - y_{1,t-1} + d_{1,t-1} = (\hat{D}_{1,t-1}^{L_1} - \hat{D}_{1,t}^{L_1}) + z(\hat{\sigma}_{1,t}^{L_1} - \hat{\sigma}_{1,t-1}^{L_1}) + d_{1,t-1} \tag{9.42}$$

在第 t 期开始的时候，消费者对零售商 1 的实际需求 $d_{1,t-1}$ 已知，但是前置期内的实际需求 $d_{1,t}, d_{1,t+1}, \cdots, d_{1,t+L_1-1}$ 未知，因此要对它们进行预测。这里用 $\hat{d}_{1,t}, \hat{d}_{1,t+1}, \cdots, \hat{d}_{1,t+L_1-1}$ 表示 $d_{1,t}, d_{1,t+1}, \cdots, d_{1,t+L_1-1}$ 相应的预测值。前置期的预测需求总和为

$$\hat{D}_{1,t}^{L_1} = \hat{d}_{1,t} + \hat{d}_{1,t+1} + \cdots + \hat{d}_{1,t+L_1-1} = \sum_{i=0}^{L_1-1} \hat{d}_{1,t+i} \tag{9.43}$$

指数平滑预测方法因为其使用便捷、灵活，而成为牛鞭效应的研究中最为常用的预测方法之一。本章也将采用指数平滑预测法来预测前置期内的各期需求。因此有

$$\hat{d}_{1,t} = \gamma d_{1,t-1} + (1-\gamma)\hat{d}_{1,t-1} \tag{9.44}$$

这里，$\gamma \in (0,1)$。为了预测前置期的需求 $\hat{D}_{1,t}^{L_1}$，需求 $d_{1,t}, d_{1,t+1}, \cdots, d_{1,t+L_1-1}$ 在第 t 期开始就要被预测，所以有

$$\hat{d}_{1,t} = \hat{d}_{1,t+1} = \cdots = \hat{d}_{1,t+L_1-1} = \gamma d_{1,t-1} + (1-\gamma)\hat{d}_{1,t-1} \tag{9.45}$$

将式 (9.45) 代入式 (9.43)，这样，前置期的预测需求 $\hat{D}_{1,t}^{L_1}$ 可以写为

$$\hat{D}_{1,t}^{L_1} = \sum_{i=0}^{L_1-1} \hat{d}_{1,t+i} = L_1\hat{d}_{1,t} = L_1(\gamma d_{1,t-1} + (1-\gamma)\hat{d}_{1,t-1}) \tag{9.46}$$

将式 (9.46) 代入式 (9.42)，可以得到

$$\begin{aligned} q_{1,t} &= L_1(\hat{d}_{1,t} - \hat{d}_{1,t-1}) + z(\hat{\sigma}_{1,t}^{L_1} - \hat{\sigma}_{1,t-1}^{L_1}) + d_{1,t-1} \\ &= L_1((\gamma d_{1,t-1} + (1-\gamma)\hat{d}_{1,t-1}) - \hat{d}_{t-1}) + z(\hat{\sigma}_{1,t}^{L} - \hat{\sigma}_{1,t-1}^{L_1}) + d_{1,t-1} \\ &= (1+\gamma L_1)d_{1,t-1} - \gamma L_1\hat{d}_{1,t-1} + z(\hat{\sigma}_{1,t}^{L_1} - \hat{\sigma}_{1,t-1}^{L_1}) \end{aligned} \tag{9.47}$$

为了研究的便利，我们进一步假设安全因子 $z=0$。这时，零售商 1 发送给生产商的订单量为

$$q_{1,t} = (1+\gamma L_1)d_{1,t-1} - \gamma L_1\hat{d}_{1,t-1} \tag{9.48}$$

零售商 2 也采用订至点的库存策略，并且利用同样的指数平滑方法来预测前置期的需求。这里假设零售商 2 的前置期为 L_2。此时，零售商 2 发送给生产商的订单量为

$$q_{2,t} = (1+\gamma L_2)d_{2,t-1} - \gamma L_2\hat{d}_{2,t-1} \tag{9.49}$$

9.5.4　系统复杂性分析

1. 平衡点及局部稳定性分析

为研究博弈系统的稳定性，令系统中 $d_{i,t+1} = d_{i,t}, i=1,2$，可以得到该系统的四个平衡点：

$$E_0 = (0,0),\quad E_1 = \left(0, \frac{a_2-c}{2b_2}\right),\quad E_2 = \left(\frac{a_1-c}{2b_1}, 0\right) \tag{9.50}$$

$$E^* = \left(\frac{2a_1b_2 - 2b_2c - a_2c_1 + cc_1}{4b_1b_2 - c_1c_2}, \frac{2a_2b_1 - 2b_1c - a_1c_2 + cc_2}{4b_1b_2 - c_1c_2}\right) \tag{9.51}$$

其中，E_0、E_1、E_2 为边界均衡点，只有 E^* 是唯一的纳什均衡点。

定理 9.3　系统的边界平衡点 E_0、E_1、E_2 是不稳定的。

证明：通过对系统雅可比矩阵的特征值进行分析，我们可以分析平衡点的稳定性。系统的雅可比矩阵为

$$J(p_1,p_2) = \begin{pmatrix} j_{11} & \alpha c_1 p_1 \\ \beta c_2 p_2 & j_{22} \end{pmatrix} \tag{9.52}$$

其中，$j_{11}=1+\alpha(a_1-b_1p_1+c_1p_2+b_1(c-p_1))-2\alpha b_1p_1, j_{22}=1+\beta(a_2-b_2p_2+c_2p_1+b_2(c-p_2))-2\beta b_2p_2$。在平衡点 E_0 处，系统的雅可比矩阵为

$$J(E_0)=\begin{pmatrix}\alpha(a_1-c)+1 & 0\\ 0 & \beta(a_2-c)+1\end{pmatrix}\tag{9.53}$$

该矩阵的特征值为 $\lambda_1=1+\alpha(a_1-c),\lambda_2=1+\beta(a_2-c)$。因为 $\alpha>0,\beta>0$, 当 $c<\min(a_1,a_2)$ 时，显然有 $\lambda_i>1, i=1,2$，所以边界平衡点为源，是不稳定的。在平衡点 E_1 处，系统的雅可比矩阵为

$$J(E_1)=\begin{pmatrix}1-\alpha\left(c-a_1+\dfrac{c_1(a_2-c)}{2b_2}\right) & 0\\ -\dfrac{\beta c_2(a_2-c)}{2b_2} & 1-\beta(a_2-c)\end{pmatrix}\tag{9.54}$$

此时，矩阵的特征值为 $\lambda_1=1-\alpha\left(c-a_1+\dfrac{c_1(a_2-c)}{2b_2}\right),\lambda_2=1-\beta(a_2-c)$。

由于 $\alpha>0,\beta>0$, 当 $c<\min(a_1,a_2)$ 时，显然有 $\lambda_1>1$，所以边界平衡点 E_1 是不稳定的，同时可以发现 $\lambda_2<1$，所以边界平衡点 E_1 是鞍点。在平衡点 E_2 处，系统的雅可比矩阵为

$$J(E_2)=\begin{pmatrix}1-\alpha(a_1-c) & -\dfrac{\alpha c_1(a_1-c)}{2b_1}\\ 0 & 1-\beta\left(c-a_2+\dfrac{c_2(a_1-c)}{2b_1}\right)\end{pmatrix}\tag{9.55}$$

此时，矩阵的特征值为 $\lambda_1=1-\alpha(a_1-c),\lambda_2=1-\beta\left(c-a_2+\dfrac{c_2(a_1-c)}{2b_1}\right)$。

因为有 $\alpha>0,\beta>0,c>0,a_i>0,b_i>0,c_i>0(i=1,2)$, 显然有 $\lambda_2>1$，所以平衡点 E_2 为不稳定的平衡点。可以发现 $\lambda_1<1$，所以边界平衡点也为系统的鞍点。

在平衡点 E^* 处，系统的雅可比矩阵为

$$J(E^*)=\begin{pmatrix}j_{11}^* & -\dfrac{\alpha c_1s_3}{s_1}\\ -\dfrac{\beta c_2s_2}{s_1} & j_{22}^*\end{pmatrix}\tag{9.56}$$

其中，$j_{11}^*=1-\dfrac{2\alpha b_1s_3}{s_2}-\alpha\left(c-a_1+\dfrac{2b_1s_3+c_1s_2}{s_1}\right), j_{22}^*=1-\dfrac{2\beta b_2s_2}{s_1}-\beta\cdot\left(c-a_2+\dfrac{2b_2s_3+c_2s_3}{s_1}\right), s_1=4b_1b_2-c_1c_2, s_2=2a_2b_1-a_1c_2-2b_1c+c_1c_2, s_3=2a_1b_2-a_2c_1-2b_2c+c_1c_2$。为保证平衡点处的价格为正，我们规定 $4b_1b_2-c_1c_2>0$。

纳什均衡点 E^* 处，两个零售商的销量均不为 0，更符合经济学意义。由于其计算的复杂性，我们可以通过 Jury 条件来给出其稳定的充要条件:

$$\begin{cases} 1+\mathrm{Tr}(J(E^*))+\mathrm{Det}(J(E^*))>0 \\ 1-\mathrm{Tr}(J(E^*))+\mathrm{Det}(J(E^*))>0 \\ 1-\mathrm{Det}(J(E^*))>0 \end{cases} \tag{9.57}$$

2. 分岔分析

以零售商的价格调整速度 α、β 为分岔变量，系统的二维分岔图如图 9.36 所示。随着 α、β 的逐渐增大，稳定区域、2 倍周期区域、4 倍周期区域构成了倍周期分岔通往混沌的道路，在离散系统中也称为 Flip 分岔；值得注意的是，系统在混沌区域也存在间歇的奇周期点，也称为拓扑混沌点。

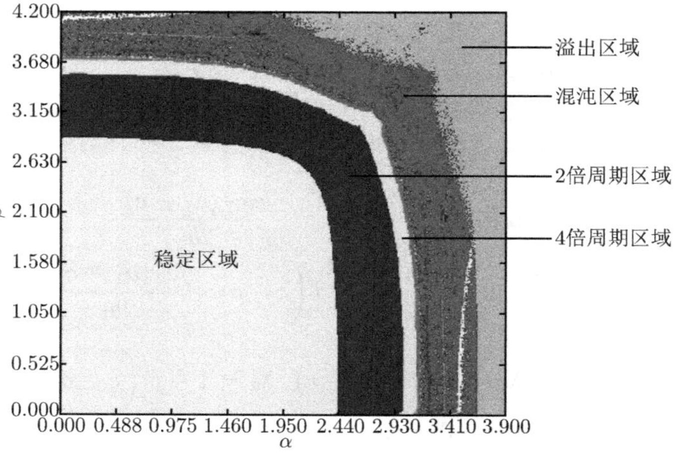

图 9.36　系统的二维分岔图

从图 9.36 可以看出系统存在两条通往混沌的道路：① 当零售商的价格调整速度从稳定区域依次穿过 2 倍周期区域和 4 倍周期区域到达混沌区域时，系统会通过 Flip 分岔进入混沌状态。在混沌状态下，如果零售商再继续增大调整速度，系统就会溢出，这意味着其中某一个零售商将退出市场。图 9.37 给出了当 $\alpha=1.5$,β 变化时,系统的分岔图,图 9.38 给出了相应的最大李雅普诺夫指数图。从图 9.37 可以看出，系统通过 Flip 分岔进入混沌后，随着参数的调整，又进入 5 倍周期分岔 (拓扑混沌)，再次进入混沌状态。② 当零售商的价格调整速度从稳定区域经过 2 倍周期区域后直接进入混沌区域时，系统从 2 周期通过 Neimark-Sacker 分岔进入混沌。图 9.39 给出了当 $\alpha=2.75$ 时，β 从 2.0~3.6 变化时，系统关于销量的分岔图，图 9.40 给出了相应的最大李雅普诺夫指数。从图 9.39 可以看出，系统通过 Neimark-Sacker 分岔进入混沌后，随着参数的调整，也经过了一系列拓扑混沌点。

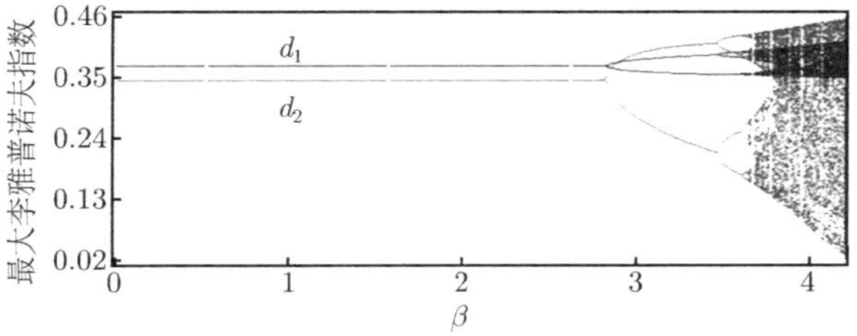

图 9.37　当 $\alpha=1.5$，β 变化时，系统的分岔图

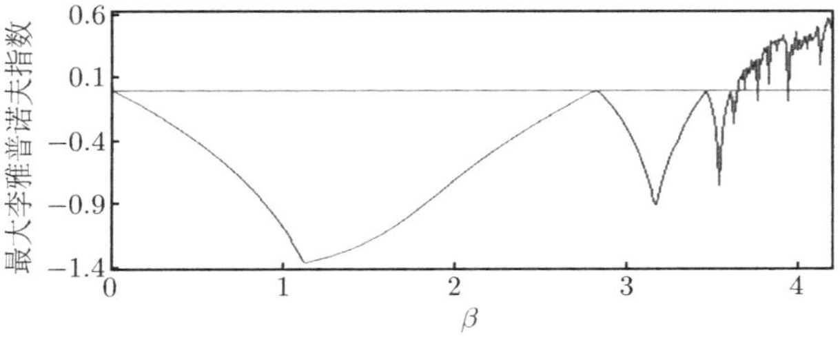

图 9.38　当 $\alpha=1.5$，β 变化时，系统的最大李雅普诺夫指数

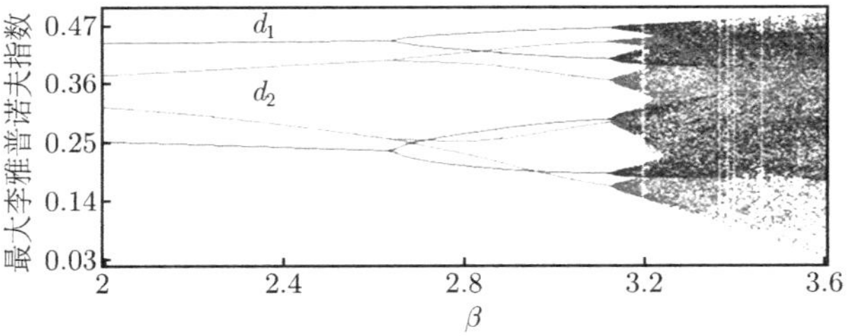

图 9.39　当 $\alpha=2.75$，β 变化时，系统的分岔图

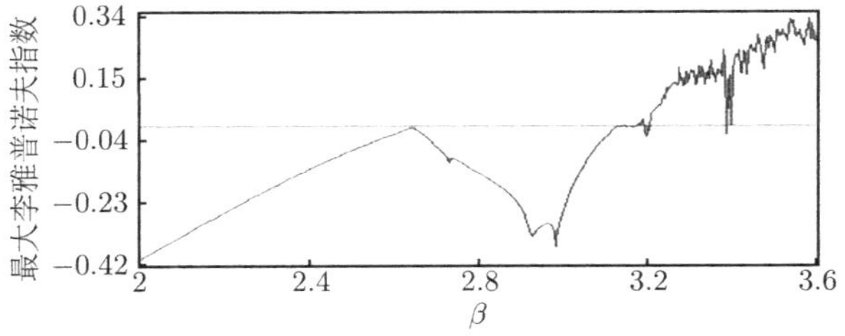

图 9.40　当 $\alpha=2.75$，β 变化时，系统的最大李雅普诺夫指数

3. 奇怪吸引子和初值敏感性

当 $\alpha=1.5$，$\beta=3.9$ 时，如图 9.37 所示，系统具有正的最大李雅普诺夫指数，图 9.41 给出了系统的奇怪吸引子。此时系统对初值具有敏感性，如图 9.42 所

示，图 9.42 (a) 中黑色曲线表示零售商 1 的初始销量为 $d_{1,0}=0.35$，灰色曲线表示零售商 1 的初始销量为 $d_{1,0}=0.3501$，初值的变化量 $\Delta d_{1,0}=0.0001$。图 9.42 (b) 中黑色曲线表示零售商 2 的初始销量为 $d_{2,0}=0.3$，灰色曲线表示零售商 2 的初始销量为 $d_{2,0}=0.3001$，初值的变化量 $\Delta d_{2,0}=0.0001$。当 $\alpha=2.75$，β 增大时，系统由一个稳定点变为 2 个周期点，进而进入 4 倍周期，4 个周期点通过 Neimark-Sacker 分岔产生光滑的极限环，随着 β 增大，极限环逐渐失去光滑性，形成了 4 个奇怪吸引子，并进一步扩张变为两个，继续扩张最终变为一个吸引子，图 9.43 给出了系统进入混沌后奇怪吸引子的演变过程。

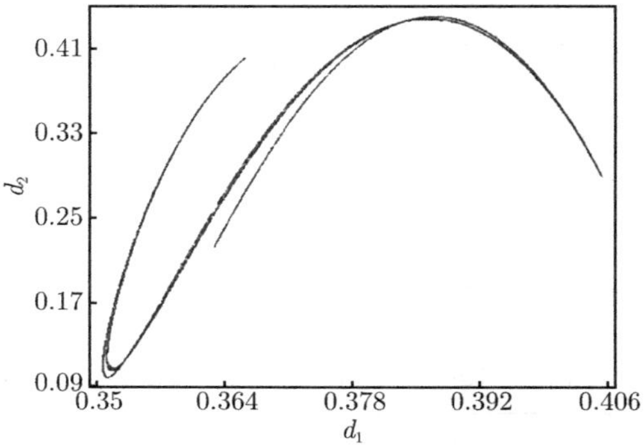

图 9.41　当 $\alpha=1.5$，$\beta=3.9$ 时，系统的奇怪吸引子

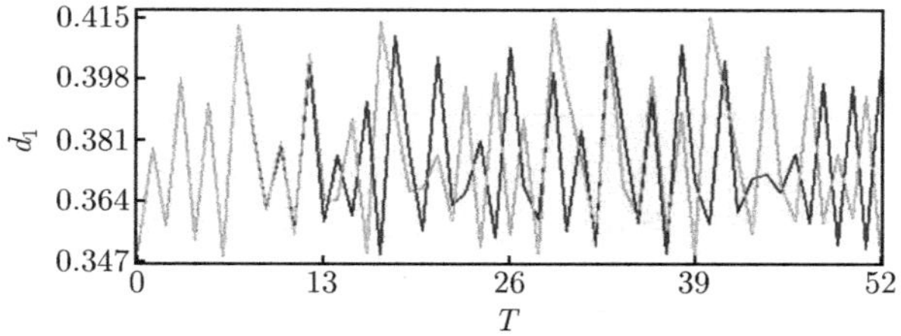

(a)

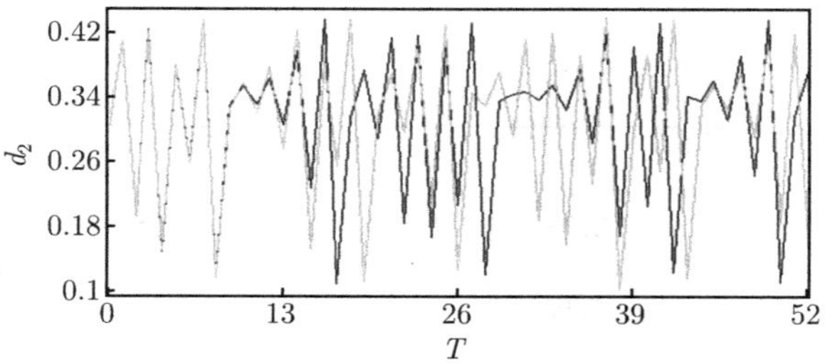

(b)

图 9.42　当 $\alpha=1.5$，$\beta=3.9$ 时，零售商销量的初值敏感性

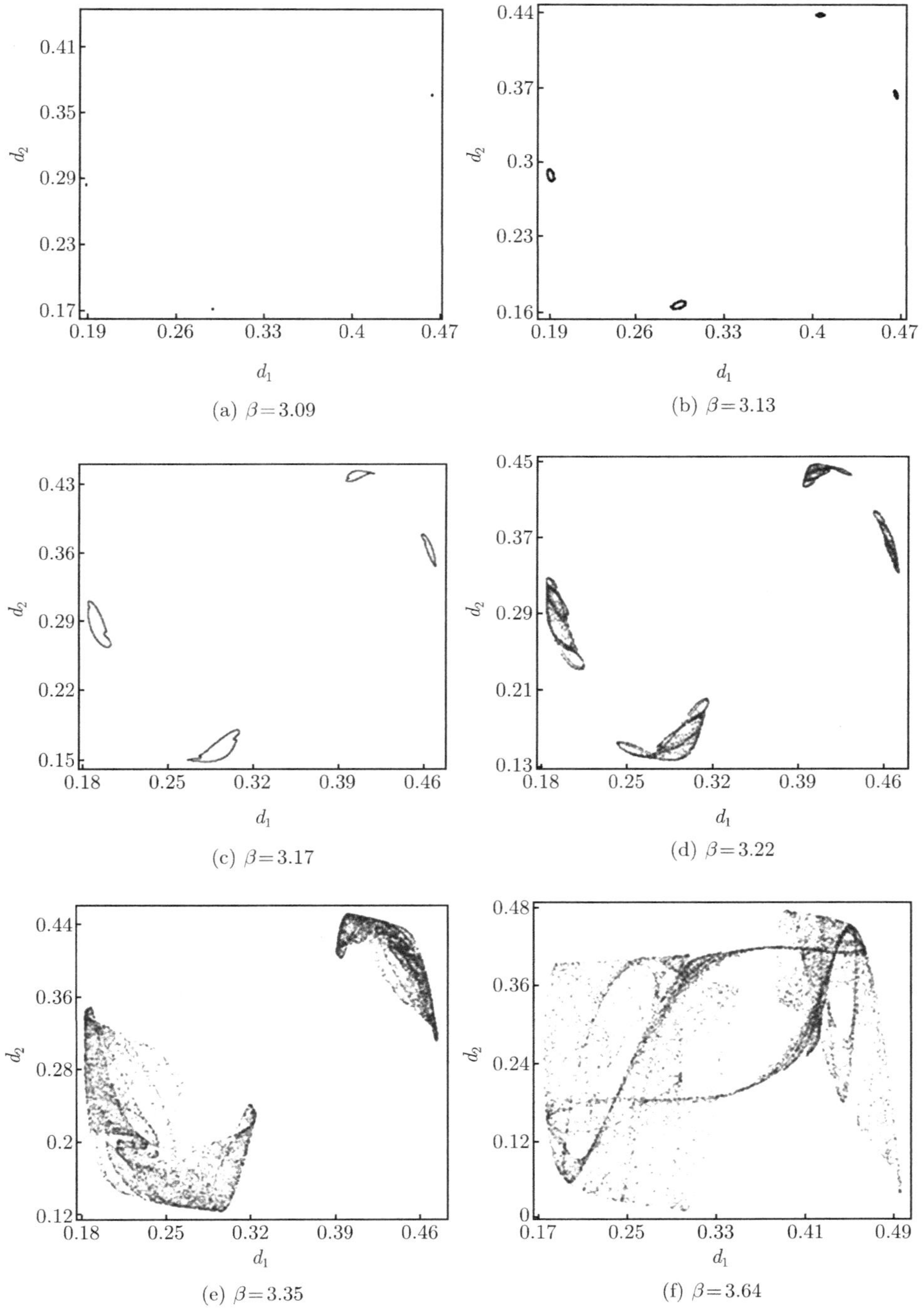

(a) $\beta=3.09$　(b) $\beta=3.13$

(c) $\beta=3.17$　(d) $\beta=3.22$

(e) $\beta=3.35$　(f) $\beta=3.64$

图 9.43　当 $\alpha=2.75$，β 变化时，系统奇怪吸引子的演变过程

9.5.5 实验设计与数值分析

从 9.5.4 节的分析中可以看出随着零售商价格调整速度的不断变化，系统从稳定期经过了倍周期，最终进入混沌状态。下面将设计一个实验来考察系统处于不同状态时牛鞭效应和库存的波动率。

从图 9.38 可以看出：当 $\alpha = 1.5$ 时，随着零售商 2 的销量调整速度 β 不断增大，系统从稳定期进入倍周期，最后进入混沌状态 (包含一些拓扑混沌状态)。取三个不同的 β 值，分别让系统处于稳定、倍周期分岔和混沌状态。① 稳定期：$\alpha = 1.5, \beta = 0.5$。② 周期状态：$\alpha = 1.5, \beta = 3.3$。③ 混沌期：$\alpha = 1.5, \beta = 3.8$。设定库存策略与预测方法中相应的参数：① 零售商 1 和零售商 2 的订货前置期 $L_1 = L_2 = 3$；② 零售商 1 和零售商 2 的安全因子 $z = 0$；③ 零售商 1 和零售商 2 采用指数平滑预测方法的参数 $\gamma = 0.3$；④ 数值实验的周期长度 $T = 52$。实验所考察变量包括：① 订单波动率 (order variance ratio，OVR)：$\text{OVR} = \dfrac{\sigma_q^2/\mu_q}{\sigma_d^2/\mu_d}$。② 库存波动率 (inventory variance ratio，IVR)，$\text{IVR} = \dfrac{\sigma_I^2/\mu_I}{\sigma_d^2/\mu_d}$。实验 1：当系统处于三种不同状态时，计算每一期 (总期 $T = 52$) 实时的订单波动率和库存波动率，然后进行比较分析。实验 2：根据总期 $T = 52$ 内的数据，计算出总期内的订单波动率和库存波动率。并考察随着零售商 1 的销量调整速度变化时，订单波动率和库存波动率的变化趋势。

在三种不同的状态下，分别计算订单波动率和库存波动率，通过计算可以发现一些规律。总体而言，系统的库存波动率要明显高于订单波动率。图 9.44 给

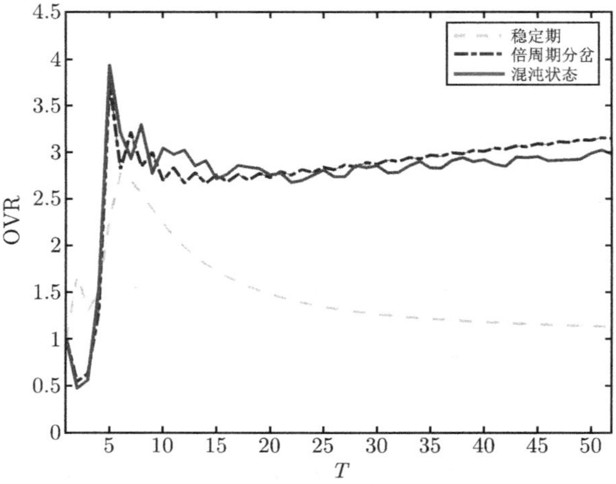

图 9.44 订单波动率的时序图

出了系统分别处于稳定期、倍周期分岔和混沌状态时系统的订单波动率图，显然，在稳定期，随着时间的推移，系统的订单波动会逐步降低，而在倍周期分岔和混沌状态下，订单波动会居高不下，并且有明显的振荡现象，尤其是在混沌状态下。图 9.45 给出了系统分别处于稳定期、倍周期分岔和混沌状态时，系统的库存波动率图，在稳定期，随着时间的推移，系统的库存波动没有出现逐步降低的趋势，反而有一些增长，总体而言保持了比较稳定的过程，而在倍周期分岔和混沌状态下，库存波动率有明显的振荡，尤其是在混沌状态下，振荡幅度大并且呈现递增趋势，在倍周期分岔状态下，库存波动率的振荡幅度和变化趋势均逐渐降低。

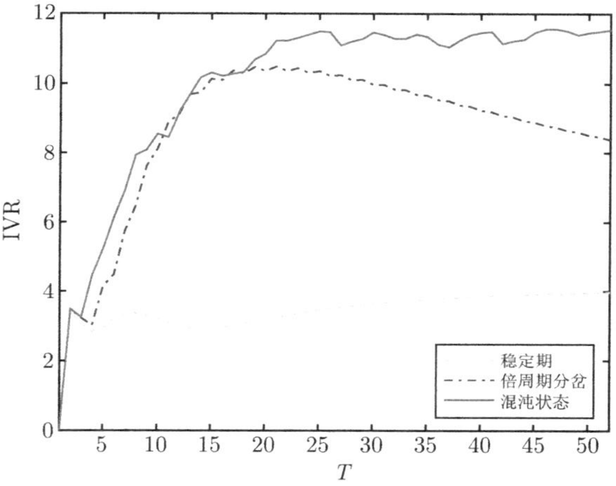

图 9.45　库存波动率的时序图

为了进一步研究零售商销量调整速度对零售商订单波动率和库存波动率的影响，考虑到当 $\alpha = 1.5$ 时，随着零售商 2 的销量调整速度 β 不断增大，系统从稳定期进入倍周期分岔，最后进入混沌状态。分别观察零售商订单波动率和库存波动率在 β 值不断增大的情况下的变化趋势。图 9.46 给出了零售商 2 的调整速度对订单波动率的影响，从图中可以发现，在零售商刚刚加入调整机制时，随着零售商销量调整速度的增大，牛鞭效应的值会有明显的降低，但是这个调整区间不大，达到最小值之后，它会缓慢地持续增长，直到系统失去稳定状态，进入倍周期分岔时，牛鞭效应的值会突然迅速增大，并出现一定的振荡现象。此时，继续加大销量调整幅度，随着系统进入混沌状态，牛鞭效应值将进入剧烈振荡阶段，很难控制和预测。从总体上来看，随着系统从稳定期经过倍周期分岔进入混沌状态，牛鞭效应的值呈现出逐渐增大的趋势。对于零售商 2，显然，在系统处于稳定期时，存在一种最优的销量调整策略，使得供应链系统的牛鞭效应的值达到最小。

如图 9.47 所示，在零售商采取调整机制后，随着零售商销量调整幅度的从无到有，在一个较小的区间内，库存波动率会明显降低，但是这个调整区间不大，达到最小值之后，它会迅速反弹，成倍增长，并伴随些许波动现象。当系统进入倍周期分岔时，库存波动率的值下降，但仍然存在一定的振荡现象。随着销量调整幅度继续加大，系统进入混沌状态，明显的下降趋势消失，供应链的库存波动率进入剧烈振荡阶段。从总体上来看，随着系统从稳定期经过倍周期分岔进入混沌状态，库存波动率的值呈现出逐渐增大的趋势，继续加大调整幅度，虽然可以降低一些库存波动，但是仍然无法低于稳定期时取得的最小波动率，基本保持在最小波动率的 2 倍以上。对于零售商 2，很显然，当系统处于稳定状态时，存在一个最优的销量调整策略，使得供应链系统的库存波动率达到最小。

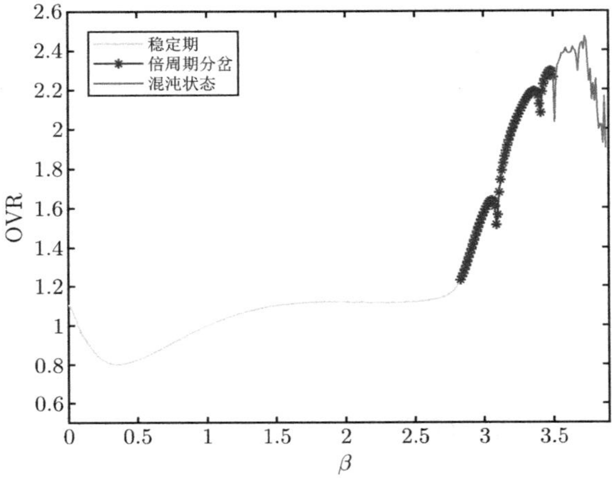

图 9.46　销量调整速度对订单波动率的影响

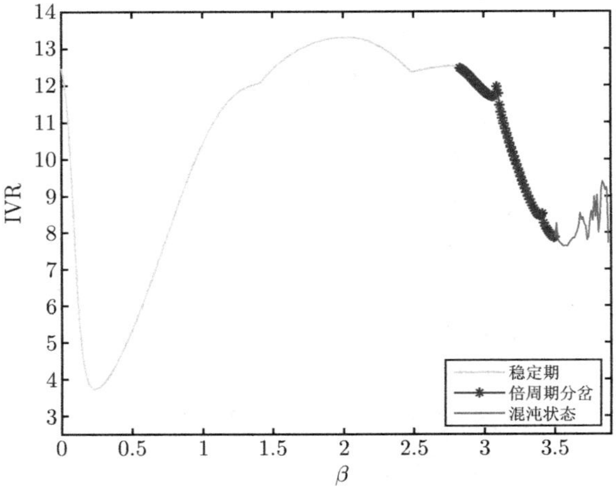

图 9.47　销量调整速度对库存波动率的影响

9.6 小　　结

本章构建了一个包含生产商和两个零售商的平行供应链模型，考虑销售价格受到销量影响的逆需求模型，假设零售商采用有限理性确定产品销量，以及采用经典的订至点库存策略进行补货，研究了供应链间的销量博弈模型。分析了零售商销售博弈系统的非线性特征，结论显示：随着零售商销量调整速度的不断增大，系统可以通过 Flip 和 Neimark-Sacker 两种分岔进入混沌状态。针对系统处于不同的运动状态，比较了供应链系统实时的牛鞭效应和库存的波动率。结论表明：系统的牛鞭效应和订单波动率、库存波动率的最小值均出现于稳定期，并且两者在稳定期变化比较平稳；当定价系统处于混沌状态时，牛鞭效应和订单库存波动率较大并且振荡比较激烈。本章最后还分析了销量调整速度对牛鞭效应和订单波动率的影响。结论表明：在系统处于稳定期的时候，牛鞭效应先突然下降后平稳增长，库存波动率在剧烈下降后急速增长，并持续在较高水平；随着调整参数的增大，系统变为倍周期运动，牛鞭效应急剧增长，并有小幅振荡，库存波动率下降并有小幅振荡；当系统处于混沌状态时，牛鞭效应和库存波动率都存在激烈振荡。在稳定期，系统都有一个最优的销量调整速度，使得牛鞭效应和库存波动率达到最小值。

第 10 章　分数阶微积分在管理经济系统中的应用

10.1　基础知识简介

分数阶微积分的发展史几乎与整数阶微积分的发展史相同。早在 1695 年 L'Hospital 和 Leibniz 就曾经探讨过一个有关函数分数阶导数的问题。但是到 124 年以后，也就是 1819 年，Lacroix 才首次给出简单的分数阶导数的结果：$\dfrac{\mathrm{d}^{1/2}x}{\mathrm{d}x^{1/2}}=\dfrac{2}{\sqrt{\pi}}\sqrt{x}$。1823 年，Abel 在求解一个积分方程的过程中涉及分数阶微积分。直到 1832 年，Liouville 才给出了分数阶导数的第一个合理的定义。1847 年，Riemann 对分数阶微积分的定义作了进一步的补充。之后，Weyl、Erdelyi、Kober、Osler 等数学家对分数阶微积分进行过专门的研究。然而，他们的研究由于长期没有得到实际应用背景的促进而发展缓慢。直至 1982 年，Mandelbrot 首次指出自然界和许多技术科学中存在大量分数维的事实，并在整体与部分之间存在自相似现象之后，分数阶微积分成为研究分形几何和分数维动力学的有力工具，并且在松弛、振荡、扩散和输运理论、生物组织、高分子材料的解链、混沌和湍流、随机游走、统计与随机过程、黏弹性力学及非牛顿流体力学等诸多领域得以应用，而这些领域的应用研究反过来又促进了分数阶微积分的理论研究的进一步发展，成为当前国际上的一个热点研究课题 (Wang et al.，2009；Wang et al.，2011；Pan et al.，2012；Wang et al.，2012；Wong et al.，2012；Zhang et al.，2012；Pan et al.，2015；Xin and Zhang，2015)。

当前，关于分数阶微积分有很多种定义，这里采用 Riemann-Liouville (R-L) 型微积分算子理论。对于任意复数 $\beta(\mathrm{Re}(\beta)>0)$，函数 $f(t)$ 的 β 阶积分定义为

$$
{}_0\mathrm{I}_t^{\beta}f(t)={}_0\mathrm{D}_t^{-\beta}f(t):=\int_0^t\frac{(t-\tau)^{\beta-1}}{\Gamma(\beta)}f(\tau)\mathrm{d}\tau \tag{10.1}
$$

Gamma 函数的定义为

$$
\mathrm{Re}(z)>0,\quad \Gamma(z)=\int_0^{\infty}\mathrm{e}^{-t}t^{z-1}\mathrm{d}t \tag{10.2}
$$

利用递推关系

$$
\Gamma(z+1)=z\Gamma(z) \tag{10.3}
$$

Gamma 函数可解析延拓到 $\mathrm{Re}(z) > 0$。由关系式 (10.3) 可知，Gamma 函数是一半纯函数，$z = 0, -1, -2, \cdots$ 为一阶极点。

算子 ${}_0\mathrm{D}_t^{-\beta} f(t)$ 称为 Riemann-Liouville 分数阶积分算子：

$$ {}_0\mathrm{D}_t^{-\beta} f(t) = \frac{f(0)}{\Gamma(\beta+1)} t^{\beta} + \int_0^t \frac{(t-\tau)^{\beta}}{\Gamma(\beta+1)} f'(\tau)\mathrm{d}\tau \tag{10.4} $$

利用式 (10.4)，当 $f(t)$ 连续时，可以证明

$$ \lim_{\beta \to 0^+} {}_0\mathrm{D}_t^{-\beta} f(t) = f(t), \quad t > 0 \tag{10.5} $$

因此，我们记 ${}_0\mathrm{D}_t^{0} f(t) = f(t)$。

Riemann-Liouville 分数阶微分算子 ${}_0\mathrm{D}_t^{\lambda}(\lambda > 0)$ 定义为 $n-\lambda(n-1 < \lambda \leqslant n)$ 阶的积分算子与 n 阶导数的合成，即

$$ {}_0\mathrm{I}_t^{\lambda} f(t) = \frac{\mathrm{d}^{\lambda} f(t)}{\mathrm{d}t\lambda} := \frac{\mathrm{d}^n}{\mathrm{d}t^n}({}_0\mathrm{D}_t{}^{-(n-\lambda)} f(t)), \quad \lambda > 0, \quad n-1 < \lambda \leqslant n \tag{10.6} $$

显然，当 λ 为正整数时，${}_0\mathrm{D}_t^{\lambda} f(t)$ 即整数阶导数 $f^{(\lambda)}(t)$。

引入函数

$$ k_{\beta}(t) = \begin{cases} \dfrac{t^{\beta-1}}{\Gamma(\beta)}, & t > 0 \\ 0, & t \leqslant 0 \end{cases} \tag{10.7} $$

设 $t < 0$ 时，$f(t) = 0$，则函数 $f(t)$ 的 β 阶积分式 (10.1) 可写成卷积的形式：

$$ {}_0\mathrm{D}_t^{-\beta} f(t) = k_{\beta}(t) * f(t) \tag{10.8} $$

将 $k_{\beta}(t)$ 看作广义函数 $\dfrac{t_+^{\beta-1}}{\Gamma(\beta)}$，式 (10.8) 对一切实数 β 均有意义，故式 (10.8) 也可作为分数阶微积分的定义。当 $\beta = -n(n = 0, 1, 2, \cdots)$ 时，有

$$ k_{-n}(t) = \left.\frac{t_+^{\beta-1}}{\Gamma(\beta)}\right|_{\beta=-n} = \delta^{(n)}(t) \tag{10.9} $$

由式 (10.8) 也可得到 ${}_0\mathrm{D}_t^{n} f(t) = f^{(n)}(t)$。

按照分数阶积分的定义 (10.1)，函数 $f(t) = t^{\mu}(t > 0, \mu > -1)$ 的 β 阶积分为

$$ {}_0\mathrm{D}_t^{-\beta} t^{\mu} = \int_0^t \frac{(t-\tau)^{\beta-1}}{\Gamma(\beta)} \tau^{\mu} \mathrm{d}\tau $$

由公式

$$ \int_0^t (t-\tau)^{a-1} \tau^{b-1} \mathrm{d}\tau = t^{a+b-1} B(a, b) \tag{10.10} $$

这里 $a>0,b>0,t>0,B(a,b)$ 为 Beta 函数，与 Gamma 函数的关系为

$$B(a,b)=\frac{\Gamma(a)\Gamma(b)}{\Gamma(a+b)} \tag{10.11}$$

我们可得到

$$_0\mathrm{D}_t^{-\beta}t^{\mu}=\frac{\Gamma(\mu+1)}{\Gamma(\mu+\beta+1)}t^{\mu+\beta} \tag{10.12}$$

按式 (10.6)，还可进一步得到幂函数的 λ 阶微分：

$$_0\mathrm{D}_t^{\lambda}t^{\mu}=\frac{\Gamma(\mu+1)}{\Gamma(\mu-\lambda+1)}t^{\mu-\lambda} \tag{10.13}$$

注意到上面两式可合写到一起，特别地，1 的分数阶积分和微分是

$$_0\mathrm{D}_t^{\lambda}1=\frac{1}{\Gamma(1-\lambda)}t^{-\lambda} \tag{10.14}$$

它一般不等于零。

10.2　分数阶微积分的性质

我们假设以下函数的分数阶积分和微分均存在。

性质 1：

$$_0\mathrm{D}_t^{\lambda}(Cf(t))=C{}_0\mathrm{D}_t^{\lambda}f(t),\quad \lambda\in\mathbb{R},\quad C\text{ 为常数} \tag{10.15}$$

性质 2：

$$_0\mathrm{D}_t^{\lambda}(f_1(t)+f_2(t))={}_0\mathrm{D}_t^{\lambda}f_1(t)+{}_0\mathrm{D}_t^{\lambda}f_2(t),\quad \lambda\in\mathbb{R} \tag{10.16}$$

性质 3：

$$_0\mathrm{D}_t^{-\lambda}{}_0\mathrm{D}_t^{-\beta}f(t)={}_0\mathrm{D}_t^{-\lambda-\beta}f(t),\quad \lambda,\beta\in\mathbb{R} \tag{10.17}$$

性质 4：

$$_0\mathrm{D}_t^{\lambda}{}_0\mathrm{D}_t^{-\beta}f(t)={}_0\mathrm{D}_t^{\lambda-\beta}f(t),\quad \lambda,\beta\in\mathbb{R} \tag{10.18}$$

特别地，

$$_0\mathrm{D}_t^{\lambda}{}_0\mathrm{D}_t^{-\lambda}f(t)=f(t),\quad \lambda>0$$

性质 5：

$$_0\mathrm{D}_t^{\delta}\left[t^{\alpha}(a+bt)^{\beta}\right]=a^{\delta}\frac{\Gamma(\alpha+1)}{\Gamma(\alpha+1-\beta)}t^{\alpha-\delta}(a+bt)^{\beta-\delta} \tag{10.19}$$

这里，$\delta=\alpha+\beta+1,\alpha>-1,\beta+\alpha<-1$。

10.3　分数阶微积分的拉普拉斯变换

函数 $f(t)(t>0)$ 的拉普拉斯变换定义为

$$\tilde{f}(p)=L\left[f\left(t\right),p\right]=\int_{0}^{\infty}f\left(t\right)\mathrm{e}^{-pt}\mathrm{d}t \tag{10.20}$$

由分数阶积分的卷积表达式 (10.8) 及拉普拉斯变换公式

$$L\left[k_{\beta}\left(t\right)\right]=L\left[\frac{t^{\beta-1}}{\Gamma(\beta)},p\right]=p^{-\beta},\quad \beta>0 \tag{10.21}$$

得到分数阶积分的拉普拉斯变换为

$$L\left[{}_{0}D_{t}^{-\beta}f\left(t\right),p\right]=L\left[k_{\beta}\left(t\right)\right]\tilde{f}\left(p\right)=p^{-\beta},\quad \beta>0 \tag{10.22}$$

对于 Riemann-Liouville 分数阶导数 ${}_{0}\mathrm{D}_{t}^{\lambda}f\left(t\right)(\lambda>0)$ 的拉普拉斯变换，利用整数阶导数的拉普拉斯变换公式，我们有

$$\begin{aligned}L\left[{}_{0}\mathrm{D}_{t}^{\lambda}f\left(t\right),p\right]&=L\left[\frac{\mathrm{d}^{n}}{\mathrm{d}t^{n}}\left({}_{0}\mathrm{D}_{t}^{-(n-\lambda)}f\left(t\right)\right)\right]\\&=p^{n}L\left[{}_{0}\mathrm{D}_{t}^{-(n-\lambda)}f\left(t\right)\right]-\left[\frac{\mathrm{d}^{n-1}}{\mathrm{d}t^{n-1}}\,{}_{0}\mathrm{D}_{t}^{-(n-\lambda)}f\left(t\right)\right]_{t=0}\\&\quad -p\left[\frac{\mathrm{d}^{n-2}}{\mathrm{d}t^{n-2}}{}_{0}\mathrm{D}_{t}^{-(n-\lambda)}f\left(t\right)\right]_{t=0}-\cdots-p^{n-1}\left[{}_{0}\mathrm{D}_{t}^{-(n-\lambda)}f\left(t\right)\right]_{t=0},\\&\quad n-1<\lambda\leqslant n\end{aligned}$$

由式 (10.8) 和式 (10.22) 得到

$$\begin{aligned}L\left[{}_{0}\mathrm{D}_{t}{}^{\lambda}f\left(t\right),p\right]=&\,p^{\lambda}\tilde{f}\left(p\right)-\left[{}_{0}\mathrm{D}_{t}^{\lambda-1}f\left(t\right)\right]_{t=0}\\&-p\left[{}_{0}\mathrm{D}_{t}^{\lambda-2}f\left(t\right)\right]_{t=0}-\cdots-p^{n-1}\left[{}_{0}\mathrm{D}_{t}^{\lambda-n}f\left(t\right)\right]_{t=0}\end{aligned} \tag{10.23}$$

$\lambda>0,n-1<\lambda\leqslant n$，特别地，当 $0<\lambda\leqslant 1$ 时，式 (10.23) 化简为

$$L\left[{}_{0}\mathrm{D}_{t}^{\lambda}f\left(t\right),p\right]=p^{\lambda}\tilde{f}\left(p\right)-\left[{}_{0}\mathrm{D}_{t}^{\lambda-1}f\left(t\right)\right]_{t=0} \tag{10.24}$$

如果 $f\left(t\right)$ 在 $t=0$ 附近有界，$\left|f\left(t\right)\right|\leqslant M$，则当 $0<\lambda<1$ 时，有

$$\begin{aligned}\left|{}_{0}\mathrm{D}_{t}^{\lambda-1}f\left(t\right)\right|&=\left|\int_{0}^{t}\frac{\left(t-\tau\right)^{-\lambda}}{\Gamma\left(1-\lambda\right)}f\left(\tau\right)\mathrm{d}\tau\right|\\&\leqslant M\left|\int_{0}^{t}\frac{\left(t-\tau\right)^{-\lambda}}{\Gamma\left(1-\lambda\right)}\mathrm{d}\tau\right|=\frac{M}{\Gamma\left(2-\lambda\right)}t^{1-\lambda}\rightarrow 0\left(t\rightarrow 0\right)\end{aligned}$$

这时可得到

$$L\left[{}_0\mathrm{D}_t^{\lambda}f(t),p\right]=p^{\lambda}\tilde{f}(p) \tag{10.25}$$

其中，$0<\lambda\leqslant 1$, 且 $f(t)$ 在 $t=0$ 附近可积。

10.4 广义有限 Hankel 变换

设函数 $f(t)$ 在区间 $(0,a)$ 内满足狄利克雷条件，它在此区间的有限 Hankel 变换式定义为

$$F(s)=\int_0^a xf(x)J_n(sx)\,\mathrm{d}x \tag{10.26}$$

其中，s 为超越方程 $J_n(ax)=0$ 的正根，并用符号 $J_n(f(x))$ 表示，即

$$J_n(f(x))=F(s)=\int_0^a xf(x)J_n(sx)\,\mathrm{d}x \tag{10.27}$$

其反演公式是

$$f(x)=\frac{2}{a^2}\sum_s F(s)\frac{J_n(sx)}{\left(J_n{}'(as)\right)^2} \tag{10.28}$$

x 为连续点，和式 $\sum$ 是关于方程 $J_n(as)=0$ 的一切正根之和。

$n=0$ 时的特殊情形更为重要，此时

$$J_0{}'(x)=-J_1(x)$$

反演公式为

$$f(x)=\frac{2}{a^2}\sum_s F(s)\frac{J_0(sx)}{\left(J_1(as)\right)^2} \tag{10.29}$$

10.5 Mittag-Leffler 函数及其性质

Mittag-Leffler 函数在求解分数阶微积分方程时起到非常重要的作用，这里简单地介绍该函数。经典的单参数 Mittag-Leffler 函数是经典指数函数 e^z 的直接推广和延伸，其定义为

$$E_{\alpha,1}(z)\equiv E_{\alpha}(z):=\sum_{n=0}^{\infty}\frac{z^n}{\Gamma(n\alpha+1)} \tag{10.30}$$

其中，$\alpha>0, z\in\mathbb{C}$。

而广义或称双参数 Mittag-Leffler 函数的定义为

$$E_{\alpha,\beta}(z):=\sum_{n=0}^{\infty}\frac{z^n}{\Gamma(n\alpha+\beta)} \tag{10.31}$$

其中，$\alpha > 0, \beta > 0, z \in \mathbb{C}$。

长期以来，Mittag-Leffler 函数特别是广义 Mittag-Leffler 函数都不为人们所熟悉。事实上，在 1991 年的数学分类科目 (Mathematics Subject Classification) 中都没有 Mittag-Leffler 函数的介绍和相关内容，直到 2000 年美国数学学会新的分类预测中才有了它的条目 (33E12)。近年来，广义 Mittag-Leffler 函数在分形动力学、分数阶反常扩散与分形随机场的研究以及量子场论相干态的研究中均得到了广泛的应用。这些领域的应用反过来又促进了该函数的研究发展。例如，在广义分数阶微积分的理论研究中，最近发展起来的多指标 Mittag-Leffler 函数 (multi-index M-L function) 获得了充分的应用。

其中，Mittag-Leffler 函数的一个重要公式如下：

$$L\left\{t^{k\alpha+\beta-1}E_{\alpha,\beta}^{(k)}\left(\mp at^{\alpha}\right),p\right\}=\frac{k!p^{\alpha-\beta}}{\left(p^{\alpha}\pm a^{k+1}\right)} \tag{10.32}$$

其中，$\mathrm{Re}\,(p) > |a|^{1/\alpha}$，$E_{\alpha,\beta}^{(k)} = \dfrac{\mathrm{d}^k}{\mathrm{d}z^k}E_{\alpha,\beta}\,(z)$。

10.6　分形理论在反应动力学中的应用

10.6.1　分形介质中的传输

最近几年出现的一些书和文献，讨论了分形介质中传输现象的不同方面，以及它们在科学、技术方面的应用。下面是对在描述分形介质传输过程中起重要作用的关键参数的定义。

在物理和应用的文献中，利用质量半径来定义集合的分数维是方便的。我们用 r 表示到中心质量的距离，$m(r)$ 作为质量，特殊地，如果密度是常数，有

$$m(r) \propto r^{df} \tag{10.33}$$

式 (10.33) 表明，对一个分形结构，体密度 ρ_b 可表示为

$$\rho_b = \rho_b^0 r^{df-d} \tag{10.34}$$

其中，ρ_b^0 为欧几里得空间 $(df = d)$ 中个体的体密度。类似的对分形结构的讨论启发我们得到结论:

$$\theta = \theta^0 r^{df-d} \tag{10.35}$$

其中，θ^0 为欧几里得空间的多孔。

当试着去度量一个扩散的平均平方位移时，分形自然介质的主要特征就表现出来了，对于长时间，我们已经得到平均平方位移对于时间尺度的关系：

$$\left\langle r^2(t)\right\rangle \sim t^{\beta_0} \tag{10.36}$$

对欧几里得空间中个体的扩散 (常被称为 Fickian 扩散)，$\beta_0 = 1$。然而在分形结构中，$\beta_0 < 1$。事实上，分形介质中 $\beta_0 < 1$ 表明扩散因几何非均匀性而受阻。$r^2(t)$ 按时间展开呈现的非线性行为引导我们考虑把扩散系数作为位置 r 的函数：

$$D = D' r^{-\phi} \tag{10.37}$$

其中，D' 为 Fickian 扩散系数。

以上方程表明：较大的 r 处的结构密度趋于 0，因此，扩散因结构的几何和拓扑受阻。参数 ϕ 的值介于 0 与 1 之间，且很容易从物体的结构来定义，与谱指数也是相互联系的。例如，对一个二维的渗流团，$df = 1.896, \phi = 0.8$。

10.6.2　反应扩散方程中的一些应用

这些年来，一些分数阶方程受到关注，它们被广泛地研究，并且被认为是刻画反常扩散过程的重要工具 (在扩散过程中不管包含还是不包含外力或速度场)。

首先 O'Shaughnessy 和 Procaccia (1985) 给出了标准扩散方程的推广：

$$\frac{\partial W}{\partial t} = r^{1-df}\frac{\partial}{\partial r}\left(r^{df-1}K(r)\frac{\partial}{\partial r}W(r,t)\right) \tag{10.38}$$

其中，df 为分形维数；$K(r) = Kr^{-\phi}$ 为依赖于半径 r 的扩散系数，K 为常数。并可求得该方程的解，但此精确解却不满足分形中的传播子的渐近形式。

在上述方程的基础上，很多文献给出了无序分形介质中反常扩散方程的各种形式，时间分数阶导数和分数维拉普拉斯算子代替整数阶时间导数和空间拉普拉斯算子，从而得到在分形介质中的分数阶扩散方程。Metzler 和 Klafter (2000) 给出的方程是其中的代表，方程如下:

$$ {}_0\mathrm{D}_t^{2/dw} p(r,t) = r^{1-ds}\frac{\partial}{\partial r}\left(r^{ds-1}\frac{\partial}{\partial r}p(r,t)\right) \tag{10.39}$$

此方程的解满足分形中的传播子的渐近形式，也和式 (10.36) 是相容的。

物理量 (如示踪剂的浓度) 的测量，特别是在分形介质中所测到的不是其概率密度，而是其散射函数，也即在傅里叶和拉普拉斯空间中所对应的像。徐明瑜和谭文长 (2006) 分别求解了在无序分形介质和欧几里得空间中由瞬时点源反常扩散所形成的浓度概率密度分布，并给出了散射函数的解析表达式。散射函数仍具有代表分形特征的尺度函数的特征，它为测量分形维数提供了理论依据，具有较重要的理论和应用价值。

在分数阶的反常扩散方程中，如果考虑扩散系数是半径的某种函数，或浓度的幂函数，尽管是分数阶非线性方程，但应用变换群技术有时仍然可以找出有物理意义的解析解，但此时大多数解均出现了类行波的解。

很多文献中求解了分数阶的非线性扩散方程，刘艳芹 (2011) 对分形介质中的非线性扩散方程进行了研究。分形介质中分子扩散的非线性关系的基础是流与浓度梯度的非线性关系、扩散系数对于浓度的依赖关系。在此基础上，其建立了含有外力的分数阶非线性对流–扩散方程:

$$\begin{aligned}\frac{\partial c(x,t)}{\partial t}+v\frac{\partial c}{\partial x}=&-D\frac{\partial}{\partial x}\left(x^{-\theta}c^{m}\left(-\frac{\partial^{\mu-1}c}{\partial x^{\mu-1}}\right)^{n}\right)\\&-\frac{\partial}{\partial x}\left(F(x,t)\,c(x,t)\right)+\alpha(t)\,c(x,t)\end{aligned}\tag{10.40}$$

其中，扩散系数和外力是时间独立的。通过引入尺度变量，求得了一系列的解。对整数阶的非线性对流–扩散方程得到了以 q-指数函数和 q-对数函数表示的解析解，这种推广的指数函数来自非广延统计学。对分数阶的非线性对流-扩散方程得到了它的一个特解，并研究了解的渐近性质。

最近，分形理论和分数阶算子在描写黏弹性的本构关系时取得了成功。但目前只限一维，已证明高维是不稳定的，尚需发展。

10.7 分数阶微分方程组经济系统

在经济学中，很多模型可以通过微分方程或者微分方程组来表示，例如，微观经济学中的供需模型，宏观经济学中的 Logistic 模型、最优增长模型、通胀失业模型、IS-LM (investment saving-liquidity preference-money) 模型等。分数阶算子是非局部的，具有记忆效应，而经济系统中的大部分变量也都具有记忆性，在相同的条件下，经济的走势基本是相似的，具有自相似性和周期性行为特征，因而采用分数阶微分系统来描述经济系统中的模型从理论上来讲更符合实际情况。本章以三元自治分数阶微分方程组为例，主要介绍分数阶系统的数值解法、分数阶系统的平衡点及稳定性分析和分数阶系统的混沌控制，最后给出了一个分数阶经济系统的实例。

10.7.1 分数阶系统的数值解法

分数阶系统是非局部的，这给其数值求解带来了很大的困难，传统的欧拉离散和 Runge-Kutta 方法都不适用于分数阶系统，本节主要介绍常用的求解分数阶微分方程的预估-校正法。

一个三元自治整数阶微分方程组可表示为

$$\begin{cases}\dfrac{\mathrm{d}x}{\mathrm{d}t}=f(x,y,z)\\ \dfrac{\mathrm{d}y}{\mathrm{d}t}=g(x,y,z)\\ \dfrac{\mathrm{d}z}{\mathrm{d}t}=h(x,y,z)\end{cases}\tag{10.41}$$

其分数阶形式为

$$\begin{cases}\dfrac{\mathrm{d}^{q_1}x}{\mathrm{d}t^{q_1}}=f(x,y,z)\\ \dfrac{\mathrm{d}^{q_2}y}{\mathrm{d}t^{q_2}}=g(x,y,z)\\ \dfrac{\mathrm{d}^{q_3}z}{\mathrm{d}t^{q_3}}=h(x,y,z)\end{cases}\tag{10.42}$$

其中，$0<q_1,q_2,q_3\leqslant 1$，$\mathrm{D}^{\alpha}y(x)=J^{m-\alpha}y^{(m)}(x),\alpha>0,m=\lceil\alpha\rceil$，$m$ 为不小于 α 的最小整数, $y^{(m)}$ 为整数阶导数, J^{β} 为 β 阶 Riemann-Liouville 算子, 定义为

$$J^{\beta}z(x)=\frac{1}{\Gamma(\beta)}\int_a^x(x-t)^{\beta-1}z(t)\mathrm{d}t,\quad \beta>0\tag{10.43}$$

算子 D^{α} 通常称为 α 阶 Caputo 算子，若初值为 0，则算子 D^{α} 记为 D_{*}^{α}。

若 $q_1=q_2=q_3$，则称为对称的，否则称为非对称的。

考虑如下的分数阶微分方程

$$\mathrm{D}^{q}y(x)=f(t,y(t)),\quad 0\leqslant t\leqslant T\tag{10.44}$$

$y^{(k)}(0)=y_0^{(k)}$，$k=0,1,\cdots,m-1$，其中 $m=\lceil q\rceil$。

式 (10.44) 等价于 Volterra 方程

$$y(t)=\sum_{k=0}^{m-1}y_0^{(k)}\frac{t^k}{k!}+\frac{1}{\Gamma(q)}\int_0^t(t-s)^{q-1}f(s,y(s))\mathrm{d}s\tag{10.45}$$

Diethelm 等 (2002) 基于式 (10.45) 的 Adams-Bashforth-Moulton 算法给出了求解式 (10.42) 的预估–校正算法。

令 $h=T/N$，$t_n=nh$，$n=0,1,\cdots,N\in\mathbb{Z}^{+}$，式 (10.42) 可写为

$$x_{n+1}=x_0+\frac{h^{q_1}}{\Gamma(q_1+2)}f(x_{n+1}^p,y_{n+1}^p,z_{n+1}^p)+\frac{h^{q_1}}{\Gamma(q_1+2)}\sum_{j=0}^{n}\alpha_{1,j,n+1}f(x_j,y_j,z_j)$$

$$y_{n+1}=y_0+\frac{h^{q_2}}{\Gamma(q_2+2)}g(x_{n+1}^p,y_{n+1}^p,z_{n+1}^p)+\frac{h^{q_2}}{\Gamma(q_2+2)}\sum_{j=0}^{n}\alpha_{2,j,n+1}g(x_j,y_j,z_j)$$

$$z_{n+1} = z_0 + \frac{h^{q_3}}{\Gamma(q_3+2)} h(x_{n+1}^p, y_{n+1}^p, z_{n+1}^p) + \frac{h^{q_3}}{\Gamma(q_3+2)} \sum_{j=0}^{n} \alpha_{3,j,n+1} g(x_j, y_j, z_j)$$

其中

$$x_{n+1}^p = x_0 + \frac{1}{\Gamma(q_1)} \sum_{j=0}^{n} \beta_{1,j,n+1} f(x_j, y_j, z_j)$$

$$y_{n+1}^p = y_0 + \frac{1}{\Gamma(q_2)} \sum_{j=0}^{n} \beta_{2,j,n+1} g(x_j, y_j, z_j)$$

$$z_{n+1}^p = z_0 + \frac{1}{\Gamma(q_3)} \sum_{j=0}^{n} \beta_{3,j,n+1} h(x_j, y_j, z_j)$$

$$\alpha_{i,j,n+1} = \begin{cases} n^{q_i+1} - (n - n^{q_i})(n+1)^{q_i}, & j = 0 \\ (n-j+2)^{q_i+1} + (n-j)^{q_i+1} - 2(n-j+1)^{q_i+1}, & 1 \leqslant j \leqslant n \\ 1, & j = n+1 \end{cases}$$

$$\beta_{i,j,n+1} = \frac{h^{q_i}}{q_i}((n-j+2)^{q_i} + (n-j)^{q_i}), \quad 0 \leqslant j \leqslant n, \quad i = 1,2,3$$

该方法的误差为 $\max_{j=0,1,\cdots,N}\{|y(t_j) - y_h(t_j)|\} = O(h^p)$，其中 $p = \min(2, 1+q_i)$，$q_i > 0$，$i = 1,2,3$。

10.7.2 分数阶系统的平衡点及稳定性分析

分数阶系统 (10.42) 与系统 (10.41) 具有相同的平衡点，但平衡点的稳定条件却不相同，即使出现正实部的特征值，其平衡点仍然有可能是稳定的，分数阶系统稳定区域示意图如图 10.1 所示。

求解方程组 $f(x,y,z) = 0$，$g(x,y,z) = 0$，$h(x,y,z) = 0$，得到系统(10.42)的平衡点，系统的特征矩阵为

$$\begin{pmatrix} \partial f/\partial x & \partial f/\partial y & \partial f/\partial z \\ \partial g/\partial x & \partial g/\partial y & \partial g/\partial z \\ \partial h/\partial x & \partial h/\partial y & \partial h/\partial z \end{pmatrix} \tag{10.46}$$

设系统在平衡点 E 处的特征方程为

$$P(\lambda) = \lambda^3 + a_1\lambda^2 + a_2\lambda + a_3 \tag{10.47}$$

其特征根为 λ_1、λ_2、λ_3。

特征方程的特征多项式为

$$D(P) = 18a_1a_2a_3 + (a_1a_2)^2 - 4a_3a_1^3 - 4a_2^3 - 27a_3^2 \tag{10.48}$$

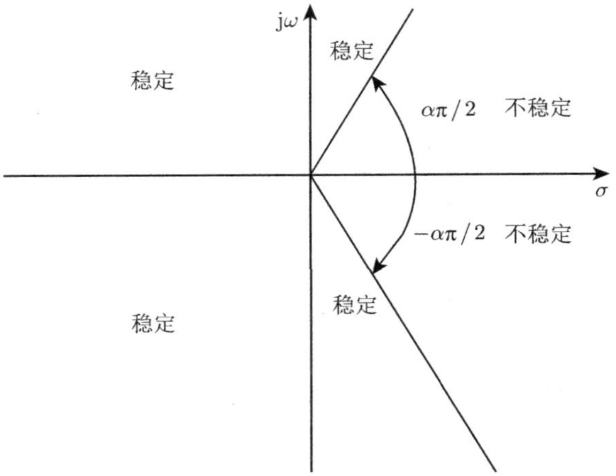

图 10.1　分数阶系统稳定区域示意图

定理 10.1　若系统 (10.42) 在平衡点 E 的特征根满足

$$|\arg(\lambda_i)| > \max_i \{\alpha_i \pi/2\} \tag{10.49}$$

则系统在 E 点是渐近稳定的。

定理 10.2　系统(10.42)出现混沌的必要条件是

$$\min_i |\arg(\lambda_i)| \leqslant \min_i\{\alpha_i \pi/2\}, \quad i = 1, 2, 3 \tag{10.50}$$

定理 10.1 是平衡点渐近稳定的充分条件，定理 10.2 是系统出现混沌的必要条件，要确定出现混沌的最小阶数，一般要通过数值方法，以阶数作为参数，通过计算李雅普诺夫指数和分岔图来确定。

类似整数阶系统，分数阶系统也有相应的分数阶 Routh-Hurwitz 条件。考虑系统(10.42)的对称系统

$$\begin{cases} \dfrac{\mathrm{d}^q x}{\mathrm{d}t^q} = f(x, y, z) \\ \dfrac{\mathrm{d}^q y}{\mathrm{d}t^q} = g(x, y, z) \\ \dfrac{\mathrm{d}^q z}{\mathrm{d}t^q} = h(x, y, z) \end{cases} \tag{10.51}$$

定理 10.3　对称分数阶系统(10.51)在平衡点 E 处有以下结论：

(1) 若 $D(P) > 0$，则平衡点 E 渐近稳定的充分且必要条件为 $a_1 > 0$，$a_3 > 0$，$a_1 a_2 - a_3 > 0$。

(2) 若 $D(P)<0$，$a_1\geqslant 0$，$a_2\geqslant 0$，$a_3>0$，则当 $\alpha<2/3$ 时，平衡点 E 是局部渐近稳定的；若 $D(P)<0$，$a_1<0$，$a_2<0$，$\alpha>2/3$，则系统(10.51)在平衡点 E 的所有特征根满足 $|\arg(\lambda)|<\pi\alpha/2$。

(3) 若 $D(P)<0$，$a_1>0$，$a_2>0$，$a_1a_2-a_3=0$，则对于任意的 $\alpha\in[0,1)$，平衡点 E 是局部渐近稳定的。

(4) 平衡点 E 局部渐近稳定的必要条件是 $a_3>0$。
其证明可以通过定理 10.1 和定理 10.2 得到。

10.7.3　分数阶系统的混沌控制

分数阶系统的混沌控制与整数阶类似，本章主要介绍线性反馈控制方法，通过适当地选取反馈强度因子，可以使系统稳定在平衡点或者周期解。

系统(10.42)的线性反馈控制系统为

$$\begin{cases}\dfrac{\mathrm{d}^{q_1}x}{\mathrm{d}t^{q_1}}=f(x,y,z)-k_1(x-x^*)\\ \dfrac{\mathrm{d}^{q_2}y}{\mathrm{d}t^{q_2}}=g(x,y,z)-k_2(y-y^*)\\ \dfrac{\mathrm{d}^{q_3}z}{\mathrm{d}t^{q_3}}=h(x,y,z)-k_3(z-z^*)\end{cases}\tag{10.52}$$

其中，$k_1,k_2,k_3\geqslant 0$ 为反馈强度因子，$E(x^*,y^*,z^*)$ 为平衡点，根据定理 10.1～定理 10.3 可以得到系统稳定在平衡点时反馈强度因子所满足的条件。

10.7.4　实例：一个分数阶经济系统的稳定性分析和混沌控制

黄登仕和李后强 (1993) 在分析宏观经济运行规律的基础上建立了一个由生产子块、货币、证券子块和劳动力子块所组成的混沌金融系统，通过适当的坐标变换和量纲处理，得到了仅含三个变量的模型：

$$\begin{cases}\dfrac{\mathrm{d}x}{\mathrm{d}t}=z+(y-a)x\\ \dfrac{\mathrm{d}y}{\mathrm{d}t}=1-by-x^2\\ \dfrac{\mathrm{d}z}{\mathrm{d}t}=-x-cz\end{cases}\tag{10.53}$$

Chen 等 (2000) 给出了其分数阶系统：

$$\begin{cases}\dfrac{\mathrm{d}^{q_1}x}{\mathrm{d}t^{q_1}}=z+(y-a)x\\ \dfrac{\mathrm{d}^{q_2}y}{\mathrm{d}t^{q_2}}=1-by-x^2\\ \dfrac{\mathrm{d}^{q_3}z}{\mathrm{d}t^{q_3}}=-x-cz\end{cases}\tag{10.54}$$

当 $c-b-abc\leqslant 0$ 时，系统 (10.54) 有唯一的平衡点 $E_0(0,1/b,0)$。

当 $c-b-abc>0$ 时，系统 (10.54) 有三个平衡点：

$$E_1=(0,1/b,0),\quad E_{2,3}=\left(\pm\sqrt{\frac{c-b-abc}{c}},\frac{1+ac}{c},\mp\frac{1}{c}\sqrt{\frac{c-b-abc}{c}}\right)$$

令 $a=3.0$，$b=0.1$，$c=1.0$，初值为 $(2.0,3.0,2.0)$，关于系统出现混沌的阶数有以下结论。

结论 1：当 $q_1=q_2=q_3=q$ 时，系统 (10.54) 为对称系统，在 $0.85\leqslant q\leqslant 1$ 时出现混沌，$q=0.85$ 时最大李雅普诺夫指数为 0.130。$q=0.85$ 时系统 (10.54) 的相空间图如图 10.2 所示。

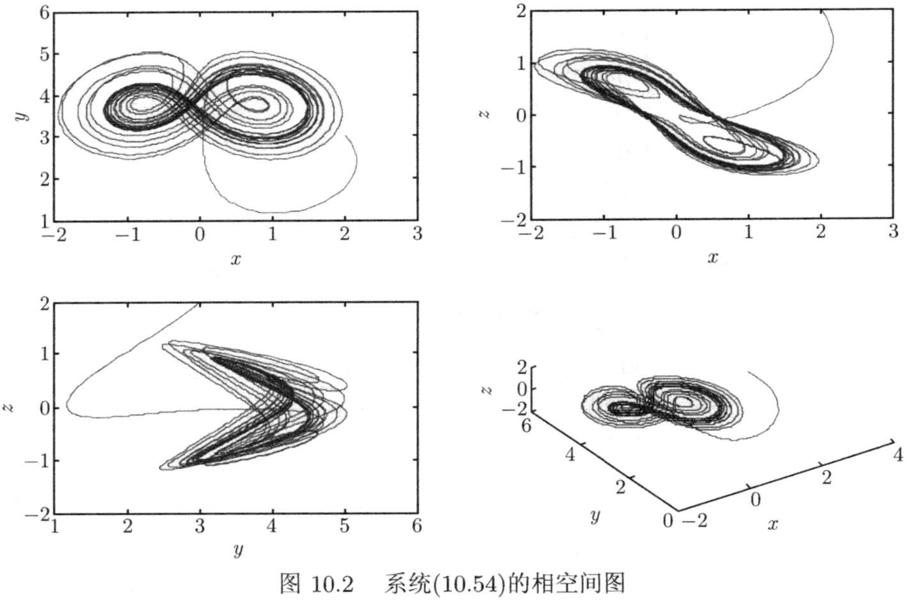

图 10.2　系统(10.54)的相空间图

结论 2：当 $q_2=q_3=1$ 时，系统 (10.54) 在 $0.69\leqslant q_1\leqslant 1$ 时出现混沌，$q_1=0.69$ 时最大李雅普诺夫指数为 0.150。

结论 3：当 $q_1=q_3=1$ 时，系统 (10.54) 在 $0.895\leqslant q_2\leqslant 1$ 时出现混沌，$q_2=0.895$ 时最大李雅普诺夫指数为 0.104。

结论 4：当 $q_1=q_2=1$，q_3 变化时，系统 (10.54) 同时存在阵歇性混沌和周期分岔通向混沌，其动态行为比较复杂。图 10.3 给出了系统倍周期分岔通向混沌的路径。

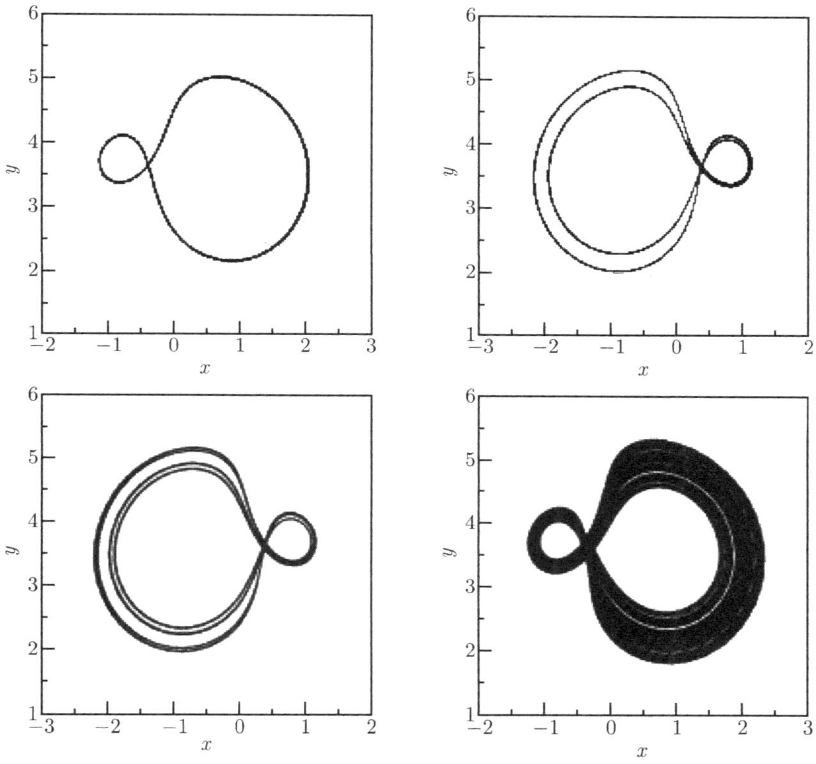

图 10.3　$q_3 = 0.83, 0.84, 0.845, 0.86$ 时系统倍周期分岔通向混沌的路径

当 $(a, b, c) = (3.0, 0.1, 1.0)$，$q_1 = q_2 = q_3 = q$ 时，系统 (10.54) 的平衡点为 $E_1 = (0, 10, 0)$、$E_2 = (-0.774\,597, 4, 0.774\,597)$、$E_3 = (0.774\,597, 4, -0.774\,597)$，关于平衡点的稳定性有以下结论。

结论 1：平衡点 E_1 处的特征值为 $\lambda_1 = -0.872\,983, \lambda_2 = -0.1, \lambda_3 = 6.872\,98$，对任意的 $q \in (0, 1)$，平衡点 E_1 是不稳定的。

结论 2：平衡点 $E_{2,3}$ 处的特征值为 $\lambda_1 = -0.725\,564$，$\lambda_{2,3} = 0.312\,782 \pm 1.247\,42\mathrm{j}$，$\lambda_{2,3}$ 辅角主值的绝对值为 1.325 12，当 $q < 0.843\,596$ 时，平衡点 $E_{2,3}$ 是稳定的。

考虑系统(10.54)的线性反馈系统

$$
\begin{cases}
\dfrac{\mathrm{d}^{q_1} x}{\mathrm{d}t^{q_1}} = z + (y - a)x - k_1(x - x^*) \\
\dfrac{\mathrm{d}^{q_2} y}{\mathrm{d}t^{q_2}} = 1 - by - x^2 - k_2(y - y^*) \\
\dfrac{\mathrm{d}^{q_3} z}{\mathrm{d}t^{q_3}} = -x - cz - k_3(z - z^*)
\end{cases}
\tag{10.55}
$$

适当地选取反馈因子，可使系统稳定在任意的平衡点或者周期解。令 $k_1 = k_2 = k_3 = k$，有以下结论。

结论 1：当 $k > 6.872\ 98$ 时，在平衡点 E_1 有 $D(P) > 0$，$a_1 > 0$，$a_3 > 0$，$a_1a_2 > a_3$，由分数阶的 Routh-Hurwitz 条件，系统(10.55)将稳定在平衡点 E_1。图 10.4 给出了 $k_1 = k_2 = k_3 = k = 7$、$\alpha = 0.95$ 时的系统演化图，初值为 $(2.0, 3.0, 2.0)$，时间步长为 0.1s，为对比控制效果，当 $t \geqslant 80$s 时，施加控制。

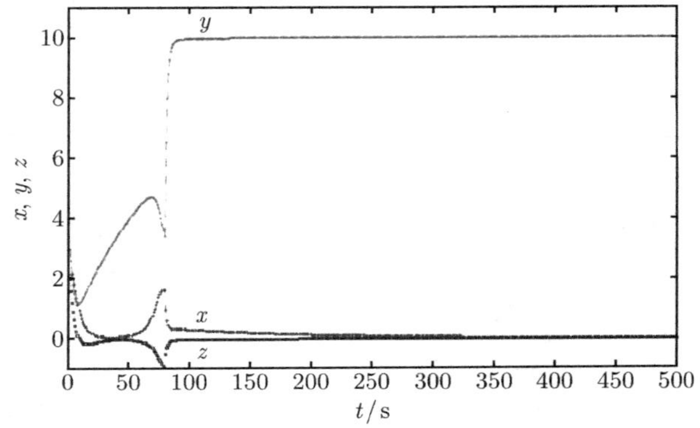

图 10.4　当 $k_1 = k_2 = k_3 = k = 7$、$\alpha = 0.95$ 时，系统稳定于平衡点 $E_1(0, 10, 0)$

结论 2：对任意的 $k \in \mathbb{R}$，有 $D(P) < 0$，$a_1 \geqslant 0$，$a_2 \geqslant 0$，$a_3 > 0$，则当 $\alpha < 2/3$ 时，平衡点 E_2 和 E_3 是渐近稳定的。

结论 3：当 $k = 0.312\ 782$ 时，在平衡点 $E_{2,3}$ 有 $D(P) < 0$，$a_1 > 0$，$a_2 > 0$，$a_1a_2 = a_3$，系统的特征值为 $\lambda_1 = -1.038\ 35$，$\lambda_2 = -7.240\ 89 \times 10^{-8} + 1.247\ 42\mathrm{j}$，$\lambda_3 = -7.240\ 89 \times 10^{-8} - 1.247\ 42\mathrm{j}$，对任意的 $q \in (0, 1)$，系统均可以稳定在平衡点 $E_{2,3}$。图 10.5 给出了系统演化图。

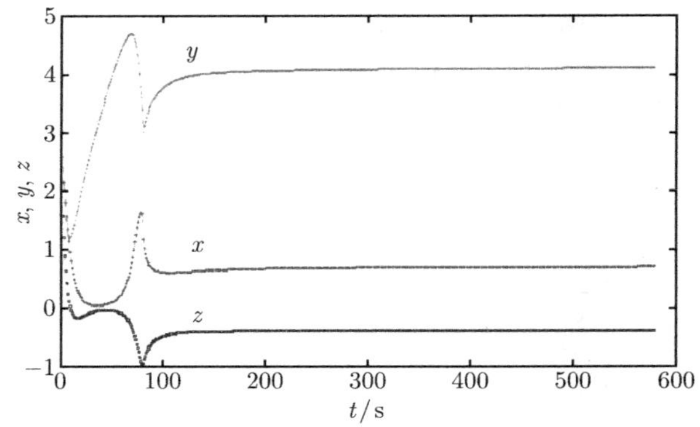

图 10.5　当 $k = 0.312\ 782$、$\alpha = 0.5$ 时，系统稳定在平衡点 $E_2(-0.774\ 597, 4, 0.774\ 597)$

结论 4：当 $k=0.3$ 时，在平衡点 $E_{2,3}$ 有 $D(P)<0$，$a_1\geqslant 0$，$a_2\geqslant 0$，$a_3>0$，系统的特征值为 $\lambda_1=-1.025\ 56$，$\lambda_2=0.012\ 781\ 9+1.247\ 42\mathrm{j}$，$\lambda_3=0.012\ 781\ 9-1.247\ 42\mathrm{j}$，虽然特征值具有正实部，但系统依然可以稳定在平衡点 $E_{2,3}$。图 10.6 给出了系统演化图。

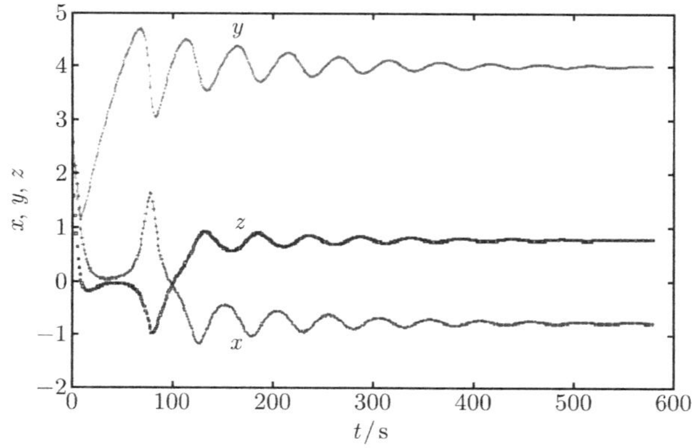

图 10.6　当 $k=0.3$、$\alpha=0.95$ 时，系统稳定在平衡点 $E_2(-0.774\ 597, 4, 0.774\ 597)$

10.8　前景与展望

理论分析和实验研究表明，在分形介质中分子扩散现象不能用标准的扩散方程来描述，称为反常扩散。作为分形几何和分数维动力学的基础，分数阶微积分在描述反常扩散现象中起了非常重要的作用。

近年来，将分数阶微积分、微尺度传热传质理论引入生物力学和非牛顿流体力学的研究中，在动脉粥样硬化的流体力学机理、生物系统的反常扩散、多孔介质内黏弹性流体的非定常流动、心肌细胞内钙信号传导的动力学研究等方面取得了一系列新颖的有意义的研究成果。但是在一些领域中仍然有很多问题没有解决。例如：① 分数阶非线性方程的求解和解的特性的研究尚未完全展开；② 分数阶算子在随机分析中应用广泛，在其他测度下的理论研究尚未开展等。

因为分数阶算子的记忆性符合经济系统中变量的运行规律，所以分数阶微分系统是研究复杂经济系统的一个重要工具，但在实际应用过程中，分数阶算子的非局部性，给系统的求解带来了很大的困难，同时根据实际情况选取适当的阶数也是一个很困难的问题，目前，大多是根据系统的要求采用经验的方法来确定阶数，研究都是定性的。

参 考 文 献

陈芳, 2008. 寡头垄断电信市场价格博弈模型及其复杂性研究 [D]. 天津: 天津大学.

陈予恕, 唐云, 陆启韶, 1992. 非线性动力学中的现代分析方法 [M]. 北京: 科学出版社.

费智, 杜建国, 2005. 寡头垄断市场下量本利复杂性分析 [J]. 东南大学学报 (自然科学版), 35(3):493-497.

高琴, 2006. 一类随机非线性动力系统的混沌运动研究 [D]. 天津: 天津工业大学.

韩茂安, 顾圣士, 2001. 非线性系统的理论和方法 [M]. 北京: 科学出版社.

何小兰, 1997. 一种计算 Lyapunov 指数的方法 [J]. 上饶师专学报, 17(3): 20-23.

黄登仕, 李后强, 1993. 非线性经济学的理论和方法 [M]. 成都: 四川大学出版社.

吉伟卓, 马军海, 2007. 寡头垄断电力市场重复博弈模型及其内在复杂性 [J]. 系统管理学报, 16(3): 251-256.

蒋晓芸, 徐明瑜, 2003. 分形介质分数阶反常守恒扩散模型及其解析解 [J]. 山东大学学报 (理学版), 38(5): 29-32.

李红权, 邹琳, 2007. 股票市场混沌吸引子的特征量——基于 G-P 算法与小数据量算法 [J]. 计算机工程与应用, 43(6): 229-232.

刘艳芹, 2011. 一类分数阶非线性种群扩散模型的研究 [D]. 天津: 天津大学.

卢亚丽, 2012. 具有差异决策规则的产量博弈混沌复杂性研究 [J]. 系统工程学报, 27(2): 208-213.

马军海, 2005. 复杂非线性系统的重构技术 [M]. 天津: 天津大学出版社.

牟玲玲, 陈立文, 张俊玲, 2010. 非均衡房地产市场博弈行为复杂性研究 [J]. 系统工程学报, 25(6): 824-828, 860.

彭靖, 2010. 寡头垄断市场价格博弈模型复杂性及其应用研究 [D]. 天津: 天津大学.

钱学森, 2011. 一个科学新领域: 开放的复杂巨系统及其方法论 [J]. 上海理工大学学报, 33(6): 526-532.

孙志慧, 马军海, 2009. 我国钢铁市场价格的动态重复博弈模型研究 [J]. 西安电子科技大学学报 (社会科学版), 19(4):43-47.

王洪礼, 张琪昌, 郭树起, 等, 2002. 非线性动力学理论及应用 [M]. 天津: 天津科学技术出版社.

王洪武, 2013. 基于非线性理论的古诺-伯川德混合模型研究及应用 [D]. 天津: 天津大学.

邢秀梅, 2006. 具时滞综合国力模型的 Hopf 分支分析 [D]. 长春: 东北师范大学.

徐峰, 盛昭瀚, 姚洪兴, 等, 2007. 延迟决策对一类双寡头广告博弈模型的影响分析 [J]. 管理科学学报, 10(5): 1-10.

徐明瑜, 谭文长, 2006. 中间过程、临界现象——分数阶算子理论、方法、进展及其在现代力学中的应用 [J]. 中国科学 G 辑: 物理学、力学、天文学, (3): 225-238.

姚洪兴, 徐峰, 2005. 双寡头有限理性广告竞争博弈模型的复杂性分析 [J]. 系统工程理论与实践, 25(12): 32-37.

Agiza H N, Elsadany A A, 2004. Chaotic dynamics in nonlinear duopoly game with heterogeneous players[J]. Applied Mathematics and Computation, 149(3): 843-860.

Agiza H N, Hegazi A S, Elsadany A A, 2001. The dynamics of Bowley's model with bounded rationality[J]. Chaos, Solitons & Fractals, 12(9): 1705-1717.

Agiza H N, Hegazi A S, Elsadany A A, 2002. Complex dynamics and synchronization of a duopoly game with bounded rationality[J]. Mathematics and Computers in Simulation, 58(2): 133-146.

Behnia S, Mobadersani F, Yahyavi M, et al., 2013a. Chaotic behavior of gas bubble in non-Newtonian fluid: a numerical study[J]. Nonlinear Dynamics, 74(3): 559-570.

Behnia S, Zahir H, Yahyavi M, et al., 2013b. Observations on the dynamics of bubble cluster in an ultrasonic field[J]. Nonlinear Dynamics, 72(3): 561-574.

Bischi G I, Mammana C, Gardini L, 2000. Multistability and cyclic attractors in duopoly games[J]. Chaos, Solitons & Fractals, 11(4): 543-564.

Cai G L, Yu H J, Li Y X, 2012. Localization of compact invariant sets of a new nonlinear finance chaotic system[J]. Nonlinear Dynamics, 69(4): 2269-2275.

Carbonell F, Jimenez J C, Biscay R J, 2002. A numerical method for the computation of the Lyapunov exponents of nonlinear ordinary differential equations[J]. Applied Mathematics and Computation, 131(1): 21-37.

Chen A M, Lu J N, Lü J, et al., 2006. Generating hyperchaotic Lü attractor via state feedback control[J]. Physica A: Statistical Mechanics and Its Applications, 364: 103-110.

Chen F, Drezner Z, Ryan K J, et al., 2000. The impact of exponential smoothing forecasts on the bullwhip effect[J]. Naval Research Logistics, 47:269-286.

Chen F, Ma J H, Chen X Q, 2009. The study of dynamic process of the triopoly games in Chinese 3G telecommunication market[J]. Chaos, Solitons & Fractals, 42(3): 1542-1551.

Chen T Q, He J M, Wang J N, 2013. Bifurcation and chaotic behavior of credit risk contagion based on Fitzhugh-nagumo system[J]. International Journal of Bifurcation and Chaos, 23(7): 1350117.

Chen W C, 2008a. Dynamics and control of a financial system with time-delayed feedbacks[J]. Chaos, Solitons & Fractals, 37(4): 1198-1207.

Chen W C, 2008b. Nonlinear dynamics and chaos in a fractional-order financial system[J]. Chaos, Solitons & Fractals, 36(5): 1305-1314.

Chen Y Y, Changming S, 2008. Stability and Hopf bifurcation analysis in a prey-predator system with stage-structure for prey and time delay[J]. Chaos, Solitons & Fractals, 38(4): 1104-1114.

Devaney R L, 2003. An Introduction to Chaotic Dynamical Systems[M]. Boulder : Westview Press.

Diethelm K, Ford N J, Freed A D, 2002. A predictor-corrector approach for the numerical solution of fractional differential equations[J]. Nonlinear Dynamics, 29(1): 3-22.

Ding Y T, Cao J, 2015. Bifurcation analysis and chaos switchover phenomenon in a nonlinear financial system with delay feedback[J]. International Journal of Bifurcation and Chaos, 25(12): 1550165.

Ding Y T, Jiang W H, Wang H B, 2012. Hopf-pitchfork bifurcation and periodic phenomena in nonlinear financial system with delay[J]. Chaos, Solitons & Fractals, 45(8): 1048-1057.

Dragone D, Lambertini L, Palestini A, 2012. Static and dynamic best-response potential functions for the non-linear Cournot game[J]. Optimization,61(11):1283-1293.

Dubiel-Teleszynski T, 2011. Nonlinear dynamics in a heterogeneous duopoly game with adjusting players and diseconomies of scale[J]. Communications in Nonlinear Science and Numerical Simulation, 16(1):296-308.

Efstathiou J, Kariuki S, 2001. The relationship between information theoretic and chaos theoretic measures of the complexity of manufacturing systems[R]. University of Oxford, Department of Engineering Science.

Elsadany A A, 2010. Dynamics of a delayed duopoly game with bounded rationality[J]. Mathematical and Computer Modelling, 52(9): 1479-1489.

Elsadany A A, Agiza H N, Elabbasy E M, 2013. Complex dynamics and chaos control of heterogeneous Quadropoly game[J]. Applied Mathematics and Computation, 219(24): 11110-11118.

Farmer J D, Sidorowich J J, 1987. Predicting chaotic time series[J]. Physical Review Letters, American Physical Society, 59(8): 845-848.

Gallego G, Ryzin G, 1994. Optimal dynamic pricing of inventories with stochastic demand over finite horizons[J]. Management Science, 40(8):999-1020.

Goodwin R M, 1951. The nonlinear accelerator and the persistence of business cycles[J]. Econometrica, 19(1): 1-17.

Grassberger P, Procaccia I, 1983. Characterization of strange attractors[J]. Physical Review Letters, American Physical Society, 50(5): 346-349.

Guo G, Li K, Wang Y H, 2015. Exact solutions of a modified fractional diffusion equation in the finite and semi-infinite domains[J]. Physica A: Statistical Mechanics and Its Applications, 417: 193-201.

Guo S M, Mei L Q, Li Y, 2013. Fractional variational homotopy perturbation iteration method and its application to a fractional diffusion equation[J]. Applied Mathematics and Computation, 219(11): 5909-5917.

He J H, 2004. The homotopy perturbation method for nonlinear oscillators with discontinuities[J]. Applied Mathematics and Computation, 151(1): 287-292.

He S B, Sun K H, Wang H H, 2016. Multivariate permutation entropy and its application for complexity analysis of chaotic systems[J]. Physica A: Statistical Mechanics and Its Applications, 461: 812-823.

Hicks J R, 1950. A Contribution to the Theory of the Trade Cycle[M]. Oxford: Clarendon Press Oxford.

Holmes P J, Marsden J E, 1982. Melnikov's method and Arnold diffusion for perturbations of integrable Hamiltonian systems[J]. Journal of Mathematical Physics, 23(4): 669-675.

Hommes C H, 1995. A reconsideration of Hicks'non-linear trade cycle model[J]. Structural Change and Economic Dynamics, 6(4): 435-459.

Hosoda T, Disney S M, 2006. On variance amplification in a three-echelon supply chain with minimum mean square error forecasting[J].Omega, 34:344-358.

Huang C X, He Y G, Huang L H, et al., 2007. Hopf bifurcation analysis of two neurons with three delays[J]. Nonlinear Analysis-real World Applications, 8(3): 903-921.

Jajarmi A, Hajipour M, Baleanu D, 2017. New aspects of the adaptive synchronization and hyperchaos suppression of a financial model[J]. Chaos, Solitons & Fractals, 99: 285-296.

Jarmain W E, 1963. Problem in Industrial Dynamics[M]. Cambridge: MIT Press.

Lapedes A, Farber R M, 1987. How neural nets work[C]. International Conference on Neural Information Processing Systems January: 442-456.

Lee H L, Padmanabhan V, Whang S, 1997. The bullwhip effect in supply chains[J]. Sloan Management Review, 38(3): 93-101.

Li T Y, Yorke J A, 1975. Period three implies chaos[J]. The American Mathematical Monthly, 82(10): 985-992.

Li X C, Xu M Y, Jiang X Y, 2009. Homotopy perturbation method to time-fractional diffusion equation with a moving boundary condition[J]. Applied Mathematics and Computation, 208(2): 434-439.

Liu F, Li Y G, 2016. Complex nonlinear dynamic system of oligopolies price game with heterogeneous players under noise[J]. International Journal of Bifurcation and Chaos, 26(11): 1650183.

Liu Y Q, Dong L H, 2015. Approximate solutions of multi-order fractional advection-dispersion equation with non-polynomial conditions[J]. International Journal of Numerical Methods for Heat & Fluid Flow, 25(1): 57-67.

Liu Y Q, Ma J H, 2009. Exact solutions of a generalized multi-fractional nonlinear diffusion equation in radical symmetry[J]. Communications in Theoretical Physics, 52(5): 857-861.

Liu Y Q, Sun H G, Yin X L, et al., 2017. A new Mittag-Leffler function undetermined coefficient method and its applications to fractional homogeneous partial differential equations[J]. The Journal of Nonlinear Sciences and Applications, 10(8): 4515-4523.

Ma J H, Ji W Z, 2009. Complexity of repeated game model in electric power triopoly[J]. Chaos, Solitons & Fractals, 40(4): 1735-1740.

Ma J H, Liu Y Q, 2010. Exact solutions for a generalized nonlinear fractional Fokker-Planck equation[J]. Nonlinear Analysis-real World Applications, 11(1): 515-521.

Ma J H, Ren H, 2018. Influence of government regulation on the stability of dual-channel recycling model based on customer expectation[J]. Nonlinear Dynamics, 94: 1775-1790.

Ma J H, Sun T, Liu L X, 2008. The inherent complexity in nonlinear business cycle model in resonance[J]. Chaos, Solitons & Fractals, 37(4): 1104-1112.

Ma J H, Xie L, 2016. The comparison and complex analysis on dual-channel supply chain under different channel power structures and uncertain demand[J]. Nonlinear Dynamics, 83(3): 1379-1393.

May R M, 1973. Time-delay versus stability in population models with two and three trophic levels[J]. Ecology, 54(2): 315-325.

Metters R, 1997. Quantifying the bullwhip effect in supply chains[J]. Journal of Operations Management, 15(2): 89-100.

Metzler R, Klafter J, 2000. The random walk's guide to anomalous diffusion: a fractional dynamics approach[J]. Physics Reports, 339(1): 1-77.

Mircea G, Neamţu M, Bundău O, et al., 2012. Uncertain and stochastic financial models with multiple delays[J]. International Journal of Bifurcation and Chaos, 22(6): 1250131.

Novotná V, Štěpánková V, 2015. Parameter estimation for dynamic model of the financial system[J]. Acta Universitatis Agriculturae et Silviculturae Mendelianae Brunensis, 63(6): 2051-2055.

O'Shaughnessy B, Procaccia I, 1985. Analytical solutions for diffusion on fractal objects[J]. Physical Review Letters, 54(5): 455-458.

Osedelec V I, 1968. Multiplicative ergodic theorem: Lyapunov characteristic exponent for dynamical systems[J]. Moscow Mathematical Society, 19: 539-575.

Ott E, Grebogi C, Yorke J A, 1990. Controlling chaos[J]. Physical Review Letters, American Physical Society, 64(11): 1196-1199.

Owolabi K M, 2018. Mathematical analysis and numerical simulation of chaotic noninteger order differential systems with Riemann-Liouville derivative[J]. Numerical Methods for Partial Differential Equations, 34(1): 274-295.

Pan I, Das S, Das S, 2015. Multi-objective active control policy design for commensurate and incommensurate fractional order chaotic financial systems[J]. Applied Mathematical Modelling, 39(2): 500-514.

Pan I, Korre A, Das S, et al., 2012. Chaos suppression in a fractional order financial system using intelligent regrouping PSO based fractional fuzzy control policy in the presence of fractional Gaussian noise[J]. Nonlinear Dynamics, 70(4): 2445-2461.

Pecora L M, Carroll T L, 1990. Synchronization in chaotic systems[J]. Physical Review Letters, American Physical Society, 64(8): 821-824.

Puu T, 1997. Nonlinear Economic Dynamics[M]. 4th ed. Berlin: Springer-Verlag.

Puu T, Sushko I, 2004. A business cycle model with cubic nonlinearity[J]. Chaos, Solitons & Fractals, 19(3): 597-612.

Ruiz G, Parmananda P, 2007. Experimental observation of strange nonchaotic attractors in a driven excitable system[J]. Physics Letters A, 367(6): 478-482.

Saura D, Vazquez F J, Vegas J M, 1998. Non-chaotic oscillations in some regularized Hicks models a restatement of the ceiling and floor conditions[J]. Journal of Economic Dynamics and Control, 22(5): 667-678.

Shao S Y, Chen M, Yan X H, 2018. Prescribed performance synchronization for uncertain chaotic systems with input saturation based on neural networks[J]. Neural Computing and Applications, 29(12): 1349-1361.

Son W S, Park Y J, 2011. Delayed feedback on the dynamical model of a financial system[J]. Chaos, Solitons & Fractals, 44(4/5): 208-217.

Song Y L, Han M A, Peng Y H, 2004. Stability and Hopf bifurcations in a competitive Lotka-Volterra system with two delays[J]. Chaos, Solitons & Fractals, 22(5): 1139-1148.

Song Y L, Wei J J, 2005. Local Hopf bifurcation and global periodic solutions in a delayed predator-prey system[J]. Journal of Mathematical Analysis and Applications, 301(1): 1-21.

Sun Z H, Ma J H, Dong T T, 2010. Research on complexity of price games in Chinese steel market[J]. Journal of Computational Information Systems, 6:2383-2388.

Szumiński W, 2018. Integrability analysis of chaotic and hyperchaotic finance systems[J]. Nonlinear Dynamics, 94(1): 443-459.

Tacha O I, Volos C K, Kyprianidis I M, et al., 2016. Analysis, adaptive control and circuit simulation of a novel nonlinear finance system[J]. Applied Mathematics and Computation, 276: 200-217.

Takens F, 1981. Detecting strange attractors in turbulence[A]//Rand D, Young S L. Dynamical Systems and Turbulence, Warwick 1980. Berlin: Springer Berlin Heidelberg: 366-381.

Tam L M, Chen J H, Chen H K, et al., 2008. Generation of hyperchaos from the Chen-Lee system via sinusoidal perturbation[J]. Chaos, Solitons & Fractals, 38(3): 826-839.

Tang S, Chen L J, Yang F Y, et al., 2017. Simple hyperchaotic memory system with large topological entropy[J]. Nonlinear Analysis-Modelling and Control, 22(2): 230-247.

Wang D L, Xiao A G, 2015. Dissipativity and contractivity for fractional-order systems[J]. Nonlinear Dynamics, 80(1): 287-294.

Wang S F, Xu D Z, 2017. The dynamic analysis of a chaotic system[J]. Advances in Mechanical Engineering, 9(3): 168781401769371.

Wang S W, Xu M Y, 2009. Axial Couette flow of two kinds of fractional viscoelastic fluids in an annulus[J]. Nonlinear Analysis-real World Applications, 10(2): 1087-1096.

Wang X Y, He Y J, Wang M J, 2009. Chaos control of a fractional order modified coupled dynamos system[J]. Nonlinear Analysis: Theory, Methods & Applications, 71(12): 6126-6134.

Wang Z, Huang X, Shen H, 2012. Control of an uncertain fractional order economic system via adaptive sliding mode[J]. Neurocomputing, 83: 83-88.

Wang Z, Huang X, Shi G D, 2011. Analysis of nonlinear dynamics and chaos in a fractional order financial system with time delay[J]. Computers & Mathematics with Applications, 62(3): 1531-1539.

Wang Z L, Zhou L L, Chen Z Q, et al., 2016. Local bifurcation analysis and topological horseshoe of a 4D hyper-chaotic system[J]. Nonlinear Dynamics, 83(4): 2055-2066.

Wen L S, Yang X F, Zhong J, et al., 2009. Canonical form of a nonlinear monetary system[J]. Applied Mathematics and Computation, 214(1): 90-94.

Wolf A, Swift J B, Swinney H L, et al., 1985. Determining Lyapunov exponents from a time series[J]. Physica D: Nonlinear Phenomena, 16(3): 285-317.

Wong W K, Li H J, Leung S Y S, 2012. Robust synchronization of fractional-order complex dynamical networks with parametric uncertainties[J]. Communications in Nonlinear Science and Numerical Simulation, 17(12): 4877-4890.

Wu C F, Chen B S, Zhang W H, 2017. Multiobjective investment policy for a nonlinear stochastic financial system: a fuzzy approach[J]. IEEE Transactions on Fuzzy Systems, 25(2): 460-474.

Wu W J, Chen Z Q, 2010. Hopf bifurcation and intermittent transition to hyperchaos in a novel strong four-dimensional hyperchaotic system[J]. Nonlinear Dynamics, 60(4): 615-630.

Xin B G, Zhang J Y, 2015. Finite-time stabilizing a fractional-order chaotic financial system with market confidence[J]. Nonlinear Dynamics, 79(2): 1399-1409.

Xu Y H, Xie C R, Wang Y L, et al., 2015. Chaos projective synchronization of the chaotic finance system with parameter switching perturbation and input time varying delay[J]. Mathematical Methods in the Applied Sciences, 38(17): 4279-4288.

Yan X P, Li W T, 2006. Hopf bifurcation and global periodic solutions in a delayed predator-prey system[J]. Applied Mathematics and Computation, 177(1): 427-445.

Yan Z Y, Yu P, 2008. Hyperchaos synchronization and control on a new hyperchaotic attractor[J]. Chaos, Solitons & Fractals, 35(2): 333-345.

Yang J H, Zhang E L, Liu M, 2016. Bifurcation analysis and chaos control in a modified finance system with delayed feedback[J]. International Journal of Bifurcation and Chaos, 26(6): 1650105.

Yassen M T, 2008. On hyperchaos synchronization of a hyperchaotic Lü system[J]. Nonlinear Analysis: Theory Methods & Applications, 68(11): 3592-3600.

Yu H J, Cai G L, Li Y X, 2012. Dynamic analysis and control of a new hyperchaotic finance system[J]. Nonlinear Dynamics, 67(3): 2171-2182.

Zarei A, Tavakoli S, 2016. Hopf bifurcation analysis and ultimate bound estimation of a new 4-D quadratic autonomous hyper-chaotic system[J]. Applied Mathematics and Computation, 291: 323-339.

Zhang J Z, Jin Z, Yan J R, et al., 2009. Stability and Hopf bifurcation in a delayed competition system[J]. Nonlinear Analysis: Theory Methods & Applications, 70(2): 658-670.

Zhang K, Wang H, Fang H, 2012. Feedback control and hybrid projective synchronization of a fractional-order Newton-Leipnik system[J]. Communications in Nonlinear Science and Numerical Simulation, 17(1): 317-328.

Zhang R Y, 2013. Bifurcation analysis for T system with delayed feedback and its application to control of chaos[J]. Nonlinear Dynamics, 72(3): 629-641.

Zhao M C, Wang J W, 2014. H∞ control of a chaotic finance system in the presence of external disturbance and input time-delay[J]. Applied Mathematics and Computation, 233: 320-327.

Zhao X S, Li Z B, Li S, 2011. Synchronization of a chaotic finance system[J]. Applied Mathematics and Computation, 217(13): 6031-6039.

Zhou X B, Wu Y, Li Y, et al., 2009. Stability and Hopf bifurcation analysis on a two-neuron network with discrete and distributed delays[J]. Chaos, Solitons & Fractals, 40(3): 1493-1505.